# Codes of Professional Ethics for Teachers

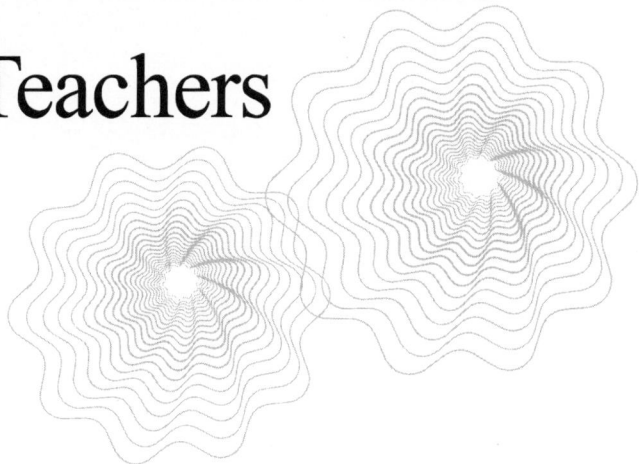

# 教师专业伦理规范论

王凯 ———— 著

ZHEJIANG UNIVERSITY PRESS
浙江大学出版社

**图书在版编目（CIP）数据**

教师专业伦理规范论 / 王凯著. —杭州：浙江大
学出版社，2021.12
ISBN 978-7-308-22159-7

Ⅰ.①教⋯ Ⅱ.①王⋯ Ⅲ.①师德—研究 Ⅳ.
①G451.6

中国版本图书馆 CIP 数据核字（2021）第 269911 号

**教师专业伦理规范论**

王　凯　著

---

| | | |
|---|---|---|
| 责任编辑 | 马一萍　李玲如 | |
| 责任校对 | 陈逸行 | |
| 封面设计 | 米　兰 | |
| 出版发行 | 浙江大学出版社 | |
| | （杭州市天目山路 148 号　邮政编码 310007） | |
| | （网址：http://www.zjupress.com） | |
| 排　　版 | 杭州青翊图文设计有限公司 | |
| 印　　刷 | 广东虎彩云印刷有限公司绍兴分公司 | |
| 开　　本 | 710mm×1000mm　1/16 | |
| 印　　张 | 13.25 | |
| 字　　数 | 267 千 | |
| 版 印 次 | 2021 年 12 月第 1 版　2021 年 12 月第 1 次印刷 | |
| 书　　号 | ISBN 978-7-308-22159-7 | |
| 定　　价 | 54.00 元 | |

---

# 目　录

# 第 一 章

## 教师专业伦理规范的前提考察

如果说教师专业化是提升教师职业社会地位的必由之路,那么探讨教师如何专业化必是紧随其后的核心议题。虽然,倡导教师专业化的呼声不绝于耳、众说纷纭,但毋庸深究,参照医生、律师此类成功的专业典范,实现教师知识的专精化、系统化是当前较为统一的关注路向。对比医生、律师的专业标准,既有的教师知识既不深奥,也缺乏系统性。教师勉强够上"半专业"或"准专业"的资格。因此,教师专业化需要在教师知识研究上有更多投入。唯有如此,教师的专业自主和社会地位才能立基于坚实的专业知识之上。然而如同罗杰·索德(Roger Soder)等人所言,这是一种基于相似性论证的专业化饰辞,这种论证实质上抛弃了教师职业的内在优势而去攀附医生的标准,注定徒劳无功。因为教师与医生的基本境况存在差异,若参照医生的标准,教师必然会产生挫败感,继而丧失职业信心,同时也会使教师专业化远离其内在优势。索德认为,教师专业化饰辞应转向对教师本质界定的基础性论证,即依据教师职业的内在优势和本质特点来论证教师专业化的标准及路向。[①] 一味地向医生、律师专业看齐,削足适履式的专业化取向,非但无助于教师职业的健康发展,反而会使教师职业特色消弭,丢失因长期发展而累积的优良传统,致使职业社会声望降低。我们将试图证明,虽然同属服务性的社会工作,但教师职业有着不同于医生、律师等专业的内在优势,它不仅需要职业的专精知识,更离不开从业者的道德修为。教师专业是一类以厚重道德为底色的事业,聚焦道德才能走出教师专业的特色发展之路。

---

① Goodlad J I, Soder R, Sirotnik K A. The Moral Dimensions of Teaching[C]. San Francisco:Jossey-Bass Publishers,1990:70-72.

## 第一节　教师专业实践的道德品性

作为一门专业,教师的实践活动体现了一般专业的基本特征。不仅如此,教师专业的目的、方式、手段,以及专业声望无不与道德密切相关,教师专业实践的道德品性远比其他专业突出。

### 一、教师以道德为教育的最高使命

在一般人看来,教育具有多种目的,既可以充实心灵,还可以发展为某种谋生技能。倘若我们将此假设为帮助和促成他者的发展,那么教育必然隐含着将他者视为目的本身,视他者为目的而非手段。在伊曼努尔·康德(Immanuel Kant)看来,教育具有强烈的道德意味,教育在本质上无疑就是道德的事业。从为人、助人的层面看,教师与医师、律师是具有共同目的的,但与医生与律师具体相较,教师是唯一一类以影响人的道德成长为目的的从业人员。虽然医生与律师也涉及伦理道德,但主要出于维护服务对象的权利、保护服务对象的利益而存在,全然没有影响服务对象的道德的主观意图。教师职业则不同,古今中外无不赋予教师道德教育的使命,甚而一度以道德为教师工作的唯一目的。在古代儒家眼中,教育等于道德教育。所谓"教,所以生德于中者也"(《性自命出》)。教师必须"教之以事而喻诸德也"(《礼记》)。教师不仅仅教授科目,更重要的是阐发其中的道德内涵。比如,儒家教"射",主要不是培养射手,而是通过射箭的活动,让学生懂得"仁者如射:射者正己而后发;发而不中,不怨胜己者,反求诸己而已矣"(《孟子·公孙丑上》)的道理。总之,在我国传统教育中,德之所存,教之所存,师之所存。弘道扬善、培育道德君子是教师的终极追求。无独有偶,西方哲人苏格拉底也将讨论道德议题作为师生之间交流的最好事情。他曾说,"每日讨论道德与其他问题,你们听我省察自己和别人,是于人最有益的事","未经省察的人生没有价值"。① 科学教育学的创建者赫尔巴特更是明确地将道德作为教育最终的、唯一的目的。虽然在科技迅猛发展的今天,知识技能学习是教育不可缺少的重要内容,但是我们仍旧应该将促进学生的道德成长置于教育的首位。教师乃是社会道德的守护者,社会道德前进的推动者。假若教师放弃道德教育的目的,那不仅是教育的灾难,更是人类社会的灾难。

---

① 柏拉图.游叙弗伦·苏格拉底的申辩·克力同[M].严群,译.北京:商务印书馆,1983:104.

## 二、教师用道德导引教育实践

医生是现代社会普遍认可的专业,其专业性体现为一种高度的科学性,主要以广博的科学知识为社会提供专业服务。医生的专业发展也主要体现于现代医疗知识的不断丰富和临床救治技能的持续提升。虽然如今社会多有批评医生医德滑坡,甚至沦丧,但是我们不能否认如果一定要在医德和医术之间做出选择,人们一般会优先考虑后者。医德与医术难以两全的时候,更多的人宁愿选择医术高超但医德有瑕疵的医生,而不会考虑医德高尚但医术欠缺的大夫。然而在挑选教师时,一般人绝不会选择一位教学技术娴熟,但德行明显缺失的人担任自己孩子的老师。教师专业固然需要较高的专业知识与技能,但是道德的具备尤为必要且优先于知识与技能。教育是这样的一种事业,它由一个已受教育的人指引学生应该如何,促进学生某一类型的发展。教师需要假定某种类型的发展优于其他,某类行为值得强化,某类人格需要培养,因此教师需要首先对目的进行取舍,而这类取舍往往是在对与错、优与劣、有无价值之间做出道德选择。实质上,教师的工作是一种道德引导的规范性社会实践,教育的工具向度从属于它的道德向度。英国教育哲学家彼得斯(Peters)指出,一个人认定某种影响或活动为"教育",意味着这个人肯定和承认这种影响或活动在内容上是有价值的,在方式上是合乎道德的,至少是道德上可以接受的。[①] 英国牛津大学教育系前系主任理查德·普林(Richard Pring)教授也指出教师的"教学不只是帮助一个特定的人学习这些或那些知识的一系列行为。它是教师带着道德目的参与的活动,即启发学生以一种值得做的方式观看世界、体验世界,以一种更为人性和可以理解的方式与他人相处。正因如此,当年轻的他或她努力去理解意义、找寻价值、参与探索、发现值得追求的理想、与思想相遇的时候,教学就是内含于特定文本与器物中的非人的客观思想世界与年轻人个体亲身经历的世界的交往。这种非人的客观世界与个人的亲身经历的世界之间的交往需要通过师生人际关系来实现。无论政府以何种利诱的方式管控学习,不可避免的是这种交往都会体现教师对于什么值得学习、什么是值得学习的方式的基本道德判断。"[②]

教育学史上的许多名家将自己提出的教学方法、程序置于道德之下。德国的赫尔巴特基于心理学提出"教学四阶段"是受"五种道念"引领,以形成学生道

---

① 黄向阳.教育专业伦理规范导论[D].上海:华东师范大学,1997:25.

② Pring R. Education as A Moral Practice[J]. Journal of Moral Education,2001(2):101-112.

德理智为旨归。① 杜威虽是赫尔巴特学派的批判者,但是他继承了赫氏开创的传统,以"民主伦理"理想②引导其"五步教学"的构建。在他们看来,教师的专业实践不是一种道德无涉的活动,而是一种广受道德左右的事业。教育从不在道德上保持中立,而总是基于某种道德精神或明或隐地向受教育者表达某种道德倾向,总是基于某种道德原则评判教育教学行为的优劣,总是基于某种道德标准选择教育教学方法。概言之,教师的教育活动是一种道德性的社会实践,卷入了价值观念,并受规范性原则的引导。③ 用布雷青卡(Brezinka)的话来说,"无论教师利用他们的专业知识和技能去做什么,都取决于他们的专业道德,也就是他们的道德态度和责任意识。一切优异的专业成就也是优异的道德成就,因为在追求优异的过程中,如果没有对善与恶的工作的区分、没有道德的努力、没有意志的约束、没有勤勉与耐心,是不可能取得优异的专业成就的"④。

## 三、教师以道德为专业服务手段

虽然教师、医生和律师专业都强调其从业人员必须学习并严守专业伦理规范,努力提升自身的道德修养。但是与医生和律师有所不同的是,教师不仅为维护专业服务对象的利益而遵守专业伦理规范,而且要将专业伦理作为专业实践的手段。如同布雷青卡所言,"教师自身是履行专业职责最重要的手段"。⑤ 教育承担培养青年一代道德品格的责任,每位教师毫无疑问地负有立德树人的使命。如何影响和促进青年一代的道德成长是教师必须在日常教育实践中深思的核心议题。道德品格不同于知识、技能,不能通过信息传递和动作操练的方式加以培养。古今中外的伦理学家、教育家无不认为青年一代的道德发展是模仿身边榜样和长期习染的结果,并把教育者的品德作为影响学生发展的重要方面而加以重视。"倘若他们(学生)没有道德榜样,没有明显或潜在的压力去学习道

① 赫尔巴特.赫尔巴特文集·教育学[M].李其龙,译.杭州:浙江教育出版社,2002:12.

② Dewey J. The Ethics of Democracy[C]//The Early Works of John Dewey,1882—1898. Vol. 1:1882—1888. Carbondale:Southern Illinois University Press,1969:248.

③ Goodlad J I,Soder R,Sirotnik K A. The Moral Dimensions of Teaching[C]. San Francisco:Jossey-Bass Publishers,1990:19.

④ Brezinka W. Belief,Morals and Education:Collected Essays on the Philosophy of Education[M]. Aldershot:Avebury,1994:177.

⑤ Brezinka W. Belief,Morals and Education:Collected Essays on the Philosophy of Education[M]. Aldershot:Avebury,1994:180.

德,没有道德暗示、训诫、格言,没有机会去模仿道德行为,他们的道德德性将会迷失,也许永不可能获得。"①因而,教师树立的道德榜样是影响学生道德成长的最生动的"教科书"。学生处于学习能力最强的时期,且善于也乐于模仿学习,而教师就是学生日常生活中的"重要他人"。美国学者班杜拉指出,对教师言行举止进行的观察学习,是学生道德学习的重要方式。教师的言行尽管只出现微小的偏离,但在眼睛像"录像机"、耳朵像"录音机"、脑子像"电子计算机"的学生面前,就会被成倍地放大,并加以迅速模仿。② 正是由于这个方面的原因,作为学生的引路人,人们历来期望教师给学生树立好的榜样,避免把学生引入歧途。

此外,教师专业的一个极为重要的特点是"制度化亲近"(institutionalised proximity)③,即要求教师与学生保持最为密切的关系。④ 教师亲近学生使他有可能比其他人,甚至是学生家长,更了解学生的真实需求、理解学生的发展状况,因而提出的教学方案可能更加适合学生。正因如此,著名的关怀伦理学家内尔·诺丁斯(Neil Noddings)提出教师最好至少与学生一起待上三年。⑤ 师生之间长期的亲近关系使得教师道德变得非常复杂,一方面,这种亲密的接触性使得教师的道德更能触及学生的心灵,对他们的道德发展产生深远的影响。教师需要时刻检点自己的道德行为,避免把学生引入歧途。教师即使不能表现为理想的道德模范,在职业上也被要求不得在学生面前表现出明显的不当行为。⑥ 另一方面,教师只有赢得学生的尊重与信任,才能履行他的职责。教师想要获得学生的尊重与信任,需要表现出某些品质以促使学生形成对他的积极态度,因此教师不仅需要诸如仁慈、耐心、公正等特殊的专业美德,而且还需要社会所珍视的一般能力和美德。因此,"唯有教师在道德上可信,道德教育才能取得成功。"⑦

---

① Goodlad J I, Soder R, Sirotnik K A. The Moral Dimensions of Teaching[C]. San Francisco:Jossey-Bass Publishers,1990:132.

② 任顺元.师德概论[M].3 版.杭州:浙江大学出版社,2005:29.

③ Colnerud G. Ethical Conflicts in Teaching[J]. Teaching and Teacher Education,1997 (6):627-635.

④ Goodlad J I, Soder R, Sirotnik K A. The Moral Dimensions of Teaching[C]. San Francisco:Jossey-Bass Publishers,1990:123.

⑤ Noddings N. Caring:A Feminist Perspective[C]//Kenneth A. S. ,Ternasky, P. L. (eds. ). Ethical for Professionals in Education. New York:Teachers College Press,1993:51.

⑥ David Carr. 教学伦理[M].张慧芝,陈延兴,译.台北:韦伯文化,2003:257.

⑦ Brezinka W. Belief, Morals and Education:Collected Essays on the Philosophy of Education[M]. Aldershot:Avebury,1994:180.

总之,教师应凭借自身的道德走近专业服务的对象,促成学生亲师信道的结果。

## 四、教师凭借道德获得社会声誉

教师专业化的主要目的是提升专业地位,获得专业自主权,赢得社会赞誉。医生、律师主要通过其深奥的专业知识和技能获得社会的认可与重视。教师职业则不然。从总体上来看,教师职业一直缺乏或许本来就没有类似医生、律师那样能直接而有效解决问题的知识体系。医生和律师等职业可以通过深奥的专业知识将非专业人士拒于领域之外,实现对本领域话语权、决策权的掌控,并通过做出实绩获得专业的社会地位。教师职业则有所不同,它是一种备受全社会关注和参与讨论的行业。教师难以用自己的专业知识建立一个他人不能介入的领域,相反教师往往希望家长与社会通过关心与参与学校教育,形成教育的合力。因而,对教师而言,他或她可能需要的不是用高深的知识赢得"无知者"的尊重,而是需要通过赢得家长和社会的信赖来加强对其专业活动的认可。一般而言,家长、社会更因为教师的人格高尚和工作尽责而愿意将孩子托付给教师,也因为教师的尽职尽责,愿意接受教师的专业判断和行为。教师要具有权威性与自主性,不仅需要有较高的学科知识和教育教学技能,更需要赢得家长、社会的信任。我们经常看到人们爱戴教师、讴歌教师,很多不是由于教师善于传递知识,而是教师善待学生、为人师表,为学生留下了难以抹去的印记。因此,道德才是教师专业的立基之本,道德才是教师获取专业声望的源泉。

教师专业为社会广泛认可在于有一大批执着于教育的专业人员的存在。此外,学生在一定程度上没有选择教师的自由,只能"被迫"接受教师的教育,教师因而没有"客户"流失的压力,虽然政府根据教师绩效考评支付教师工资,但是教师的收入总是有保障的,不同的教师之间的差异并不大。按照布雷青卡的说法,教师缺乏了一种全身心投入专业工作的经济压力,因为他们的收入完全独立于他们的业绩和声望,他们就会面临专业道德的危险——懒惰。① 倘若教师缺乏内在的专业道德自律,创新教育的精神极易在周而复始的"重复性"工作中消磨殆尽。如果第一点强调的意义在于道德自律使得教师不能妄为,那么第二点强调的意义则是道德自律使得教师不能不为。总之,道德自律保障教师在妄为与不为之间有所作为,这乃是教师赢得专业声誉的首要条件。

教师的专业活动是一种道德性的社会实践。教师以道德为教育的最高使

---

① Brezinka W. Belief, Morals and Education: Collected Essays on the Philosophy of Education[M]. Aldershot: Avebury, 1994: 181.

命,用道德导引教育实践,以道德为专业服务手段,凭借道德获得社会声誉。因此,我们需要聚焦道德维度重新思考教师专业化路径,以道德为基,重构教师专业发展的理论与实践。

综上所述,教师专业具有有别于医生、律师专业的鲜明的道德品格。道德不只是教师工作的一部分,而且是教师安身立命的根本所在。教师专业化应该突破专业知识本位,凸显道德的核心特质。作为教师专业化重要组成部分的教师专业发展也不应该只是基于知识和技能的效率型发展,更需要提升教师的专业道德境界。当前,教师专业发展存在某种去道德化的潜在危险。教师专业道德只是被看作教师专业的一部分,在教师教育课程改革中,增加的更多的是操作性的教育技术和方法类课程。教师职业的道德维度总体上是被边缘化的。倘若我们把道德性作为教师专业的核心特色来加以建设,基于道德的核心特色来发展,避免在与其他专业做简单比较时,既丢弃了职业本身的特色,更丢弃了我国几千年来所积累的教师职业的道德传统,那么,关心支持教师专业的所有人都需要重视教师专业的道德面向,以道德为基,重构教师专业发展的理论与实践,引导教师了解专业实践中那些复杂深奥的规范性与价值性问题,不断加强教师道德修养,增进教师在专业活动中实践道德信念的意识,提升他们从事道德性实践的能力。

## 第二节　教师伦理实践的专业特性

在传统观念中,人们习惯于将职业与专业混为一谈。实质上,此二者属于两个不同的概念。专业的内涵更为复杂。不是所有的职业都能被称为专业。某项职业被称为专业,不仅需要以强大的理论为基础,还需要过硬的技能做支撑。只有经过系统培训或学习的人员才有可能从事相关专业。本书将教师职业作为一门专业看待。我们只有在理解专业内涵的基础上,才能更好地理解专业伦理的内涵。专业伦理是指一个职业群体为更好地履行职业责任、满足社会需要、维护专业声誉而制定的自我约束的行为规范——一套一致认可的伦理标准。[①] 不同专业具有相应的专业伦理。尽管教师专业伦理与其他专业伦理同属社会专业伦理的范畴,具有专业伦理的共同特点,但教师专业的教育性、劳动对象的主体参与性以及教师劳动的复杂性等特征,显著说明教师伦理具有独特的专业特点,有着与一般专业不同的标准和要求。以下主要从五个方面讨论教师伦理的专业特性。

---

① 刘婕.专业化:挑战 21 世纪的教师[M].北京:教育科学出版社,2004:62.

## 一、教育性

教师专业伦理不仅是指导专业行为的准则,而且还是教育学生的手段。教师专业要求师德具有教育性,对学生的道德要求首先必须成为对教师的道德要求。教师专业伦理不但是约束、鞭策和教育教师的道德手段,也是鼓舞和教育学生的道德手段。从教师专业伦理的教育性层面上说,教师伦理应该比其他专业伦理体现出更高的道德水准。教师应该从一切方面提升自身的道德素质,树立以身示范的道德榜样。"教师只有学会改善自我,才能充分履行专业职责。""'教育你自己'是对所有教师的基本要求。"①教师专业伦理作为教师专业素质的重要组成部分,对于教师充分履行专业职责,实施一切有益于学生和社会的行为,消除一切对学生和社会有害的影响,具有极其重要的意义。说到底,没有优良的教师道德,就无法成就一流的教育业绩。

教育活动专业区别于其他专业活动的特点是教育活动的主体与教育手段的同一性,即教师既是教育活动的主体,也是教育活动的工具。尤其在道德教育方面,教师树立的道德榜样是影响学生道德成长的最生动的"教科书"。因此,身为人师,不可不苛责自己的点滴道德瑕疵。苏联教育家米哈伊尔·伊万诺维奇·加里宁曾生动地说:"一个教师也必须好好检点自己,他应该感觉到,他的一举一动都处在最严格的监督之下,世界上任何人都没有受着这样严格的监督。孩子们几十双眼睛盯着他,须知天地间再也没有什么东西,能比孩子的眼睛更加精细,更加敏捷,对于人心理上各种细微变化更富于敏感的了,再没有任何人像孩子的眼睛那样能捉摸一切最细微的事物。这点是应当记住的。"

教师专业伦理还具有智育作用。从表面上看,似乎教师专业伦理与学生的智力发展关系不大,但实则不然。教师道德在三个方面深刻地影响着学生的智力发展。第一,教师有了高尚的道德品质,就会勤奋学习文化知识、刻苦钻研教学业务,不断地端正教学思想,改进教学方法。这就为学生智力的发展提供了根本保证。第二,勤奋学习、治学严谨等本身就是教师专业伦理的重要内容。一个勤奋学习、严谨治学的教师,在教育劳动中,必然会认真钻研教材,深入了解学生,严格按照科学规律进行教学,使教学具有科学性、知识性、发展性,学生的智力会得到促进。第三,教师专业伦理还会直接影响学生的心理状

---

① Brezinka W. Belief, Morals and Education: Collected Essays on the Philosophy of Education[M]. Aldershot: Avebury, 1994: 180.

态,从而影响学生的智力发展。教学过程是一个错综复杂的心理活动过程,学生的心理状态与智力发展关系极大。教师如果能遵循教师专业伦理的要求,真正关爱学生、尊重学生,就能提高学生学习的兴趣,增强学生学习的信心,激发学生的创造力;反之,教师如果对学生不关心、不体贴、不尊重,那么就会影响到学生学习的心理状态,使学生在学习时分心,久而久之,学生的智力就得不到开发。①

## 二、示范性

教育的对象是人,这决定了教师劳动具有示范性的特点。教师主要通过自身的思想、言行、学识影响教育对象。教师行为本身的示范性对受教育者的道德发展水平起着潜移默化的作用。一方面,儿童具有较强的向师性,容易仿效教师的言行;另一方面,儿童不具有与成年人一样的判断力,他们会不加选择地模仿教师的言行。因此,身为人师,教师应当时刻注意自己的言行,发挥正面示范作用。其他专业与教师相比,服务主体对服务对象并没有直接的道德示范作用,对服务对象的影响更直接表现在服务质量与效果上。

教师专业伦理对社会道德发展具有重要的促进作用。首先,教师向来被奉为"社会的良心""道德的楷模",教师、医生等职业的道德水平直接反映了社会道德的基本水平。加强教师专业伦理建设,提高师德水平,不仅能够提升教师职业的社会地位,赢得社会的赞誉与信任,还能影响社会道德风尚,乃至在一定程度上带动社会道德的发展。从这层意义上说,教师通过自身的道德素质直接地参与了社会人际关系和良好道德生活的建设。其次,教师的劳动是社会生产的组成部分,教师通过对教育对象的塑造参与了物质文明的建设。教育对象最终会成为生产力的关键要素,教师以德育德,对学生这一生产力的关键要素影响深远,②在某种意义上影响了国家未来经济建设、物质文明的总体水平。

## 三、自律性

教育是一种需要高度道德自律的专业。教师专业难以进行有效的外部监管,需要教师具有高度的专业道德自律。首先,教师在一个与外界相对隔绝的空

① 任顺元.师德概论[M].3 版.杭州:浙江大学出版社,2005:31-32.
② 檀传宝.教师伦理学专题——教育伦理范畴研究[M].北京:北京师范大学出版社,2000:16.

间——教室——里开展专业活动。学生的心智水平和社会经验都不足以对教师的专业活动水平做出判断,教育行政管理者、家长或社会人员也不可能随时随地知晓教师的一切所作所为,外在的制度不可能将教师的一言一行置于有效的监督之下,教室始终是一个"黑箱",教师具有较大的专业自主空间。假如教师没有一个约束自己的内在机制,教育就有可能陷入失控的境地。其次,教师的专业活动具有迟效性,在短期内很难显现效果,不像医生的专业行为体现为药到病除,不像律师的专业行为会立竿见影。任何短期的管理和评价都不可能准确地反映教师的实际工作投入,这需要教师有一种守望精神和职业耐心,安于寂寥、甘于等待,不计名、不牟利,坚守教育的神圣职责。

## 四、弥散性

绝大多数专业提供的服务范围有限,仅涉及服务对象某一特定的需求,因而从业人员的行为目的指向和承担的相应责任比较明确。比如,医生以患者的身体健康为专业目的,不同专科的医生更是以患者身体局部的医治为目的,医疗责任界限相当明确。律师以维护法律权威、维护当事人利益为行动目的,其中诉讼可以分为刑事诉讼、民事诉讼、经济诉讼和行政诉讼四种,律师需针对不同类型的案件,确定相应范围,选择合适的诉讼方式。然而,教师需承担的责任,不仅仅是简单地引导学生学习知识,更重要的是促进学生的全面发展。这就决定教师专业服务的范围必须具有广泛性,教师必须承担涉及学生全面发展的一切责任,教师必须具有更高的道德使命感。社会大众及专业团体因此比较容易对这些专业人员进行监控与问责。教师以教导学生的学习和全面发展为己任,其专业的服务范围看似非常明确,其实颇为广泛而弥散。教师需要了解、处理一切与学生各方面发展有关的事情,特别是在社会分工愈发精细、家庭教育功能日趋衰弱的今天,社会和家长对学校寄予了更多更高的期望,也要求教师承担涉及学生全面且健康发展的一切责任。我们一方面感慨教师专业责任界限的模糊和宽泛,另一方面也不得不承认教师专业需要较高的责任担当、更强的道德使命感。

## 五、接触性

教师专业的一个极为重要的特点是要求教师与学生保持最为密切的关系。[①]师生之间的工作关系也能够派生出长期而稳定的私人关系。这使得教师道德变

---

① Goodlad J I, Soder R, Sirotnik K A. The Moral Dimensions of Teaching[C]. San Francisco: Jossey-Bass Publishers, 1990: 128.

得非常复杂,师德不仅对教育活动中的公共行为做出指导,而且还对教师的某些私人行为也有一定程度的约束。因为,师德的接触性使得教师的道德更能触及学生的心灵,对他们的道德发展产生深远的影响。

师生之间的关系主要体现在长期性、密切性以及共育性三个方面。一是长期性。长期性是教师劳动的一个重要特点。一方面,人才的培养周期长、见效慢。我们通常会说:"十年树木,百年树人。"一个人需要经历幼儿园、小学、初中、高中、大学甚至更高层级的学习,才有可能成才,故而教育的成效非常缓慢。相对于其他专业而言,教师至少要连续教授学生一学期或一学年,有时甚至连续负责几个学年。换言之,教师和学生待在一起的时间少则几个月,多则几年。而律师、医生等专业服务周期相对较短,一旦病患痊愈或者官司结束,律师、医生针对这一服务对象的工作就结束了,效果立即显现。另一方面,教育的影响具有长期性。教师对于学生的影响是长远的,学生学习结束并不意味着教师的影响结束,随着实践的深入,这种影响会日趋深刻、完善。而律师、医生等在服务过程中并不会对服务对象产生道德影响,即便存在,也会随着服务的结束而终止。二是密切性。教师劳动的长期性决定了教师和学生之间联系的密切性。教师专业的一个极为重要的特点是要求教师与学生保持最为密切的关系。教师与学生之间不仅仅存在师生关系,也可能发展成为朋友关系。我们通常会说:亦师亦友。除此以外,学生会成为联系家长和教师的桥梁,促进教师和家长之间私人关系的建立。这种私人关系进一步加强了教师与学生的联系。反观其他专业,医生和病患之间存在联系仅限于治疗期间,一旦疗程结束,关系自动解除;律师与客户之间的关系也会随着官司的结束而结束。三是共育性。道德的发展并不是一个单向过程,不是仅指教师道德对学生的影响。相反,教师道德与学生道德相互依赖,彼此制约,共同发展。一方面,教师在培育学生道德的过程中,不仅以自身道德感染教育学生,同时也受学生道德发展影响,深化自我道德;另一方面,道德培育过程单靠一方的努力是不够的,需要教师和学生双方共同努力。无论教师具备多高的道德水平,使用多巧妙的德育方法,学生缺乏动机,不配合,不努力,德育也无法实施。反观其他专业,主要强调的是服务主体的作用。例如,医生给患者治病,效果如何关键在于医生的技术是否精湛;官司的胜负也多半取决于律师水平的高低。这些都和服务对象的主动性联系不大。

总之,教师专业伦理具有与其他专业伦理不同的专业属性,因而,我们在建设教师专业伦理规范、促进师德发展的时候,不能一味套用其他专业伦理建设的模式,而是需要从教师专业实践的特殊的道德意义入手,构建属于教师本专业、体现教师专业特色的专业伦理规范体系。

# 第二章

## 教师专业伦理规范的理论阐释

一旦个人选择进入教师专业领域,就必须接受相应的专业伦理规范。如同乔纳斯·索尔蒂斯(Jonas Soltis)所言:"当一个人接受专业成员资格之后,他就不是一个自由的个体。成为一名专业人员的行动,意味着承诺遵守专业共同体的成员伦理原则与规范,以及追求专业服务的总目标。"①从某个方面来说,教师专业伦理规范是教师进入教师专业、获得专业身份的重要条件。那么,对教师专业身份如此重要的教师专业伦理规范是什么,其内涵与类型、结构与功能、语言与表达各有何种意涵与特征是值得深入讨论的理论主题。

### 第一节 教师专业伦理规范的内涵与类型

教师专业伦理规范归属伦理规范领域,具有一般伦理规范的内在规定性,同时,它又是一般伦理规范在教师专业中的具体化,反映教师专业的特殊性。厘清教师专业伦理规范的基本内涵与类型,是系统探讨教师专业伦理规范发展演进的前提。

#### 一、教师专业伦理规范的内涵

(一)教师专业伦理规范是一类道德要求

教师专业伦理规范是对教师的道德要求,认识它需要将道德要求和非道德

---

① Soltis J. Teaching Professional Ethics[J]. Journal of Teacher Education,1986(3):2-4.

要求加以区分。①

第一，道德要求有别于业务要求。社会大众对教师在知识、能力和理论素养各方面提出了许多要求。就教师知识结构及理论素养而言，要成为一名合格的教师，应熟悉掌握广博的科学文化知识、精深的系统专业知识、深入的教育理论知识等。就教师能力而言，合格的教师应当具备课堂教学、教学评价、教育科研、课程资源开发与利用、学术交流以及管理等多方面能力。社会普遍认为，对教师提出这些方方面面的要求十分重要，也十分合理。比如，要求教师应当爱岗敬业，对工作高度负责，认真备课上课，认真批改作业，认真辅导学生，不能敷衍塞责；教师应当树立终身学习的观念，潜心钻研业务，勇于探索创新，不断提高专业素养和教育教学水平。以上这些是针对教师知识、能力和理论素养方面提出的要求，多半属于业务要求，并不属于道德要求的范畴。

第二，道德要求有别于思想政治要求。在讨论教育领域的道德规范专业性时，要分清到底哪些属于道德要求，哪些属于政治思想要求。例如，爱国守法、热爱祖国，热爱人民，拥护中国共产党领导，拥护社会主义，这更强调教师思想政治层面的觉悟。因此，将上述内容归入思想要求或政治要求的范畴要比将其归入道德要求的范畴更为合理。

第三，道德要求有别于礼仪要求。一般情况下，人们很容易区分以正式条款形式表述的政治规范和道德规范。然而，人们习惯将礼仪规范纳入道德规范的范畴，从而导致它们之间的界限模糊。教师衣着得体、语言规范、举止文明，这些要求强调教师外表以及语言行为方面，属于礼仪要求的范畴。礼仪要求并不等同于道德要求。因此，明确二者的界限十分必要。

第四，道德要求有别于法律要求。道德要求和法律要求之间的界限不是很明显，但仍存在许多差异。一是作用机制不同。法律是由国家制定或认可的，靠国家强制力保证实施；而道德主要依靠社会舆论、传统习俗以及人们的自律来维持。二是表现形式不同。法律往往以正式条款的形式表述，具有明确的内容，表现为规范性的文件；而道德规范的内容大多存在于人们的意识之中，个人的道德水平一般通过言行体现。道德规范有文本形式的表述，但一般不以文字表述，多是不成文地存在于人们的行为规范之中。三是调整范围不同。法律制约着人的外在行为；而道德规范不仅调整人的外在行为，而且影响人的内在动机和思想。换句话说，法律强调服从，凡是法律明文规定的，都必须遵守；而道德强调选择，激励个人向更高层次发展。个人依靠自制力遵守道德要求，违反道德不一定违

---

① 黄向阳.教师专业伦理规范导论[D].上海:华东师范大学,1997:34.

反法律。换言之,法律是道德的最低标准。四是违反后果不同。社会大众 一旦违反法律,必定要受到法律的制裁;有失道德,则不会受到法律追究,但会受到社会舆论以及自我良心的谴责。

### (二)教师专业伦理规范是约束教师群体的规则体系

欲知专业伦理,必先通晓伦理道德之内涵。中国伦理思想源远流长,"伦理""道德"较早见于典籍。最初,"伦""理"分用。"伦"(其繁体为"倫")字本义作"辈",既指车横行排列,也指人的"辈分",就像车列一样,层次井然,纵横有序。"伦"字从"人",右边大人字下面的"册"代表编排,如此排列式,为使一群人如车列般井然有序。① 许慎在《说文解字》中解释:"伦,辈也。",还提到,"群,辈也。""伦"与"群"均训"辈","伦""群"似乎互通。"理"指玉石纹理。古代工匠"治玉"必顺其纹理,才不致毁玉。后来,"理"又为做事应当顺应的物理,引申为处世的人理。由此,伦理就是人群相处应该如何做的道理。简言之,伦理即"群道"。在中国古代,伦理常常就表达为在群体中不同角色的人应该如何去做。如"父慈、子孝、兄良、弟弟、夫义、妇听、长惠、幼顺、君仁、臣忠"。

"道"原是会意字,以"首"之所向,从"行"从"止","道"即譬如道路一般,可行可止。后来,"道"被抽象为至高无上的"原理原则",向上可推至形而上的宇宙根源,是为"天道"。"德"通"得",是人得"道"的结果。所谓"道者物之所由,德者物之所得"。"道者人之所共由,德者人之所自德"。德即是人对至高无上之天道的领悟、内化和践行。德也是天道的人化。据此,道德既含有普遍存在的秩序之意,更强调个体内化秩序后的行动。

在英汉翻译中,人们常将"伦理"对应于"ethics","道德"对应于"moral"或"morality"。"ethics"源自希腊语"ethos",意思是"品格"(character),以及"作为一个人如何能够成为最好的存在",其中还包括了"人应该或不应该做的行为",因为那些行为塑造人的品格。② 因而,"ethics"意指为了成就个人或群体卓越的引导与他们行动的规范。"moral"或"morality"源自拉丁语"mores",指的是风俗或行为习惯,尤指应该做得最好的行为。

虽然东西方文化存在差异,对伦理道德的理解略有不同,但是鉴于上述分析,各方均表达了成为好人、规范行为的意思。因而,如同许多学者所认为的,"伦理"和"道德",即"ethics"和"moral"或"morality"是可以互用的。除此,更为

---

① 贾馥茗.教育伦理学[M].南京:江苏教育出版社,2008:1-2.

② Becker L C,Becker C B. Encyclopedia of Ethics[M]. London:Routledge,2001:485.

重要的是,通过如上分析,不难看出伦理道德的多种存在样态。一是作为品格的道德存在,关注人内在的善良品质;二是作为规范的道德存在,强调引导与约束行为的外部规定;三是作为善行的道德存在,突出具体情境的道德实践智慧。由此,我们不难推断教师的伦理道德也有三种存在样态:一是教师德性的存在样态;二是教师伦理规范的存在样态;三是教师道德实践的存在样态。

对于第一种存在样态,我们并不陌生。因为当我们说起传统师德时,就会联想到优秀教师的道德品格。虽然早期儒家教师伦理涉及道德的多种存在样态,但延续千年之后为人所继承的主要是教师德性。第三种样态存在于教师个体的道德决策过程之中,是教师个体层面的道德。本书探讨的是第二种存在样态。当人们提及师德,许多教师的脑海里浮现的是《中小学教师职业道德规范》,或是要求他们"应该做什么"和"不应该做什么"的一组来自外部的约束性行为规则。比如,教师应该平等、公正地对待学生,教师不应该接受家长送礼。由于这些规则往往是教育行政机构以公文、决议、规定等形式下发给教师,并以此考评教师绩效的,它们对教师的日常教育教学行为具有较强的规范性和指导性。我们将这些约束教师道德行为的规范称为教师专业伦理规范,它是指教师在从事教育教学这一专业工作时应该遵守的基本伦理规范和行为准则。①

我们认为,所有的道德都有一套规则体系。人们可以通过遵守道德规范去体验与把握道德的实质,但遵守道德规范并不一定是出于道德的目的。有人可能因为惧怕不遵守规范或违背规范后遭受惩罚或谴责而被动做出合乎规范的行为。他并非真心认同规范和规范体现的道德精神。但是,完全忽视教师专业伦理规范,一味强调教师内在的品性,也可能导致教师专业伦理规范虚无论和相对主义。教育虽是人类社会的特有现象,各种有关教师专业伦理规范的认识都是历史的产物,没有绝对恒定的教师专业伦理规范观念,但是不能忽视教师专业伦理规范观念的历史沉积和观念共识。随着社会进步和教育活动的专业化,教师专业团体逐渐形成一些共识性的教师专业伦理规范,用以约束教师团体中的所有成员。这些教师专业伦理规范不仅起到约束教师行为的作用,更是透过教师专业伦理规范让教师领会教师专业团体共同认可的基本的教师专业道德价值观和教师专业精神。对于进入教师队伍的新成员,教师专业伦理规范是不可否定或逾越的入职准则。所有的教师都可以通过教育实践领悟教师专业伦理规范精神,超越现有教师专业伦理规范,但是需要在认可与接受既定规范的前提下才能进行,因为这些既定规范构成了当前教师专业的基本,违逆它们相当于破坏了专

---

① 　徐廷福.论我国教师专业伦理的建构[J].教育研究,2006(7):48-51.

业本身。

### （三）教师专业伦理规范是体现专业要求的道德规范

我们应当从专业的视角看待教师专业伦理规范问题,明确教师专业伦理规范与一般社会公德与私德要求的差异。虽然,教师专业伦理规范与社会公德要求存在密切联系,但是教师专业伦理规范不等同于社会公德,其差异性可从约束对象、涉及范围、违反后果等方面体现。一是约束对象。教师专业伦理规范是针对活动于教育领域中的教师所提出的一系列道德要求,所指的对象仅仅是教师,并不涉及每一个社会个体。而社会公德指的是存在于社会群体之间的约定俗成的一套道德规范,它对每一个社会成员规定了相同的标准,提出了我们该做什么、不该做什么等一些要求。不论阶级、民族或者背景,每个社会成员都应当自觉遵守社会公德。社会公德所指的对象不仅仅包括教师,还包括医生、律师、作家、自由职业者、失业者等每一个社会个体。二是涉及范围。教师专业伦理规范旨在明确教师在本行业中应遵循的规范,并以此作为最低标准约束教师的行为;社会公德规范每一个个体在日常生活中的行为,涉及社会生活的方方面面,如"文明礼貌""助人为乐""爱护公物""保护环境""遵纪守法"等。这里值得注意的是,教师专业伦理规范指向的是教师在工作领域应遵循的道德规范,并不涉及教师的私人生活领域。我们应避免将教师专业伦理规范的规范领域与私德的规范领域相混淆,对教师个人私德提出更高的要求,而损害了教师作为社会个体的权益。三是违反后果。教师一旦出现情节较为严重的违反教师专业伦理规范的行为,不仅会受到社会大众的谴责、上级部门的处分,也有可能丢掉工作;公民如若出现违反社会公德的行为,一般情况下并不会被采取强制性措施,多表现为社会舆论以及自我良心的谴责,但并不需要承担严重后果,也不会被严肃处理。二者相比较,违反教师专业伦理规范的后果更为严重。

教师专业伦理规范也与个人私德有别。个人私德属于个人生活规范,教师专业伦理规范并不涉及私人生活领域。然而,教师通常以"集体的形象呈现","个体被认为只是一个角色的载体,机械而忠实地扮演社会对教师强大的期待以及教师的角色规范"①。因此,社会上常常会出现将个人私德纳入教师专业伦理规范的现象,不自觉地提高了对教师个体的道德要求。例如,我国现行的《中小学教师职业道德规范》第五条提到作风正派。准确来说,这应该属于教师个人私

----

① 艾沃·古德森.教师生活与工作的质性研究[M].蔡碧莲,等译.北京:教育科学出版社,2013:5.

德而不是专业道德。有些教师专业伦理规范著作以及教材把涉及教师婚姻、家庭甚至邻里之间的道德要求都归入了教师专业伦理规范的范畴。"相互忠诚""家庭和睦""邻里互助"等一系列要求也都属于私德的范畴。模糊教师专业伦理规范和私德的界限,容易干涉教师的私人生活,不自觉地对教师提出更高的私德标准,从而剥夺教师作为社会个体平等享受私人生活的权利,这是很不道德的。此外,教师的专业生活也需要有专业道德规范予以保障,以确保教师在行使专业权利时免受非专业人士的非理性指责与侵犯。因此,维护教师私人生活的正当权利,划分清楚教师专业伦理规范和个人私德的界限显得十分必要。

## 二、教师专业伦理规范的类型

教师专业伦理规范主要有两种类型:教师伦理规范(code of ethics)和教师行为规范(code of conduct)。在国际上,这两种表述常常可相互替代。在概念界定上,二者有时也难以区分。比如,米丽埃尔·普瓦松(Miriel Poisson)将教师行为规范界定为,"具体阐述一组公认的伦理规范(或价值观),以及专业成员必须遵守的专业行为标准"。[①]雪莉·努兰德(Shirley Nuland)认为,教师伦理规范主要陈述有关教育专业的一系列道德信念。这些道德信念常用关爱、正直、公正等道德语词进行表达。[②] 事实上,许多国家在制定规范时也没有进行区分,用教师行为规范指代教师伦理规范的情形比较普遍。

但是,不可忽视的是,ethics 和 conduct 之间确实存在差别,由此,两类规范也不尽相同。雪莉·努兰德认为,教师伦理规范侧重于陈述教育专业的道德信念,而教师行为规范则倾向于规定专业行为的原则与标准。教师行为规范陈述的是"可以接受的最低专业行为(minimally acceptable behavior)且可强制施行的准则"。有效的行为规范具有五个特征:①行为规范表现为非选择性、非理想性、非琐碎性,任何违规行为都要受到正式的处罚;②行为规范的主要目的是维护团体利益;③行为规范应尽可能清晰地表明哪些行为可以接受,哪些不被接受;④行为规范只约束教师的行为,不涉及教师专业判断的内容与结果;⑤行为规范应一目了然,不需要过度解释或附加说明。[③] 教师专业伦理规范属于专业

---

① Poisson M. Guideline: For the Design and Effective Use of Teacher Codes of Conduct [M]. Paris: Unesco, 2009: 16.

② Nuland S V. Teacher Codes: Learning from Experience [M]. Paris: UNESCO, 2009: 19.

③ Crook K, Truscott D. Ethics and Law for Teachers [M]. Toronto: Nelson Education, 2007: 5.

道德价值的倡议型规范,教师专业行为规范属于专业行为的规制型规范。前者阐明专业的核心道德价值,更多地发挥专业引领功能,而后者详述具体的行为要求,主要用于加强教师专业行为的管理。后者不适合放入教师专业伦理规范或师德规范之中。克鲁克(Crook)和特拉斯科特(Truscott)认为:"虽然某些教师伦理规范包含支持与禁止特定行为的规定,但是它们并不适合属于伦理规范,而是属于专业标准和专业法规。"①将二者分开,有助于充分发挥各自的作用。

但是,我们不能忽视上述两类规范之间的联系。教师专业伦理规范为教师专业行为规范的制定提供专业伦理基础,教师专业行为规范是基于师德价值拟定的行为标准。前者陈述专业道德价值观或基本伦理原则,后者陈述教师应该遵守的专业行为原则和标准。后者基于前者的道德价值观而建立。离开伦理规范,行为规范将丧失判断行为对错的道德标准。比如,澳大利亚维多利亚州教学研究院同时制定了教师伦理规范和教师专业规范。制定前者的目的是"阐明了我们渴望的理想",简明扼要地阐述支撑教师专业的三项专业道德价值观,即正直(integrity)、尊重(respect)和责任(responsibility)(见表 2-1)。"其目的是:①阐述指导我们实践与行动的价值观;②使我们能够作为一个整体的专业公开言明我们的公共责任;③增进公众对我们专业的信心。"②澳大利亚维多利亚州教育学院指出,教师专业伦理规范应该具有激励性。规范可以用于评判教师的专业行为与道德行为,也可在教师的实践没有达到预期标准时,用作教师申诉的依据。"规范应该被视为一种有助于专业工作的教育手段:①定义和重新定义专业价值观;②帮助教师个体对伦理关系保持警醒状态;③帮助教师发展解决问题的伦理方式。"③后者的制定则"立基于教师伦理规范中所阐述的道德价值观""描述同行与社会所期望的专业行为、个人行为和专业能力"。其目的之一就是促进教师恪守专业道德价值观。维多利亚州的教师行为规范主要由"专业行为""个人行为""专业能力"三个部分组成,每一部分阐述了教师应该遵照的行动原则,共计 11 条原则(见表 2-2)。

①　Crook K, Truscott D. Ethics and Law for Teachers [M]. Toronto: Nelson Education, 2007:41.

②　Victorian Institute of Teaching. Code of Conduct and Ethics [EB/OL]. https://www.vit.vic.edu.au/professional-responsibilities/conduct-and-ethics.

③　Victorian Institute of Teaching. Code of Conduct and Ethics[EB/OL]. https://www.vit.vic.edu.au/professional-responsibilities/conduct-and-ethics.

表 2-1　维多利亚州教师伦理规范

| 核心价值观 | 表现方式 |
| --- | --- |
| 正直 | 1.为实现学生的最大利益而行动<br>2.与学生、家长、同事和社区保持专业关系<br>3.以尊重和发展专业的方式行动 |
| 尊重 | 1.以关心和同情的方式行动<br>2.平等无私地对待学生<br>3.高度尊重同事<br>4.承认家长是孩子教育的合作伙伴 |
| 责任 | 1.提供高质量的教学<br>2.维持与发展专业实践<br>3.为学生的最大利益与同事合作共事 |

表 2-2　维多利亚州教师行为规范①

| 专业行为部分 | 教师与学生的关系 | 原则1:教师为所有学生提供学习机会<br>原则2:教师尊重学生,善意对待学生<br>原则3:教师在专业知识范围工作<br>原则4:教师保持与学生关系的客观性<br>原则5:无论在校内或校外,教师总是与学生保持专业关系 |
| --- | --- | --- |
| | 教师与家长、家庭和社区的关系 | 原则6:教师与家长或监护人保持专业关系<br>原则7:教师与学生家庭和社区保持协作关系 |
| | 教师与同事的关系 | 原则8:与同事合作是教师工作的组成部分 |
| 个人行为部分 | 原则9:教师的个人行为会对教师的专业地位及整个专业声誉造成影响 | |
| 专业能力部分 | 原则10:教师重视自己的专业素养,树立和维护较高能力标准 | |
| | 原则11:教师意识到专业所属的法规要求,特别是知道某些相关的法律责任 | |

---

① Victorian Institute of Teaching. Code of Conduct and Ethics［EB/OL］. https://www. vit. vic. edu. au/professional-responsibilities/conduct-and-ethics.

## 第二节　教师专业伦理规范的功能与结构

教育是一类复杂的社会性实践。这种实践的成功离不开多种社会规范。教师专业伦理规范是众多规范中的一类。清晰明确的教师专业伦理规范,不仅有助于指导教师的专业行为,维护学生的利益,而且有利于教师获得社会信任,取得专业上的成就。

### 一、教师专业伦理规范的功能

许多国家和组织在制定教师专业伦理规范的时候,都会明确指出教师专业伦理规范的功能与作用。如澳大利亚维多利亚州教师组织制定的教师专业伦理规范:①促进教师恪守专业价值观;②提供指导教师日常生活的一套原则,帮助他们解决伦理难题;③宣布教师专业的公共责任;④提升公众对教师专业的信心。再如,加拿大安大略省教师组织制定的教师专业伦理规范:①激励成员反思和维护教学专业尊严与荣耀;②明确教学专业的伦理责任与义务;③指导教学专业中的伦理决策与行动;④提升公众对教学专业的信任与信心。① 虽然,不同国家对教师专业伦理规范的功能的表述不一,但是,一般包含以下几个方面。

#### (一)指导教师专业行为

教师可以根据自己对学生的认知、学科的理解、方法的掌握程度,自主做出行动决策。在某些时候,教师面临多种教学行为选择的压力,比如,在教授某个内容时,是多向某类学生提问,还是采用某种办法让全体同学都有回答的机会?对此,部分教师的态度模棱两可。因而,教师需要指导专业实践的行为指南。一般而言,有两类指导教师专业实践的行为指南。一类是基于心理学、技术学等科学研究而提出的有效专业行为指南。教师依据有效专业行为指南,做出高效教学行为的决策。另一类是基于伦理道德而制定的教师专业伦理指南,为教师表现出善的教学行为提供指导。教师需要教师专业伦理规范来帮助他们在具体情境中做出符合现场情境的最好决定。教师是反思性实践者。优秀的教育专业人

---

① Ontario College of Teachers. Foundations of Professional Practice[M]. Toronto, ON: Author, 2012: 7-9.

员总是在实践过程中不断反思和调整自己的行为。教师专业伦理规范可以为教师反思教学行为的善恶提供道德尺度,促进专业成员能够评价和反思他们的教学决策。

### (二)树立道德修养标准

教师道德本身就是一种教育资源。教师不仅是提供教育服务的教育工作者,是具有反思、批判、探究精神的专业教育教学研究者,而且还是不断进行道德学习和道德实践的专业道德守护者。在职业生活中,教师道德会对学生产生道德影响,正是从这一意义出发,人们要求教师的公德与私德不能危及其职业任务的完成。诚然,不是所有教师道德都应当纳入教师专业道德评价标准和运行机制中,教师道德只有在涉及学生的道德成长或与职业品质有所牵连时,才与教师职业道德有大的关联。[①] 但是,通过教师专业伦理规范,树立教师专业人员应该具有的道德素养标准,有助于指导教师不断加强道德修养,提高个人道德水准,不仅为学生做出良好的榜样示范,而且有利于维护其作为专业人员的社会形象。

### (三)保护师生基本权益

教师拥有相当的教育权力,如果使用不当,势必造成侵害学生权益的结果。广大中小学生是未成年人,他们辨别是非的能力不强,也不具备判断教师专业水平的能力,甚至难以鉴别可能对他们造成身心伤害的行为。因此,面对作为成年人的教师,学生是一群弱小的、容易受到伤害的人。为了保护学生不受伤害、歧视、恐吓、骚扰及羞辱,帮助教师在面对学生时维持道德品格、信誉与权威,避免教师滥用专业权力,制定和实施教师专业伦理规范便显得非常必要。尤其是明确专业不端行为,不仅可以让教师清楚地知道哪些行为会侵害学生,而且还可以通过公布教师专业伦理规范,引起公众、教师群体的关注与监督。

教师专业伦理规范也可以用来维护教师自身的权益。今天的社会纷繁复杂,某些家长或社区对学校教育和教师提出过高或不现实的要求,出于保护教师权益的目的,有必要对合理和不合理的要求做出明确的区分。制定教师专业伦理规范,可以向社会公开教师所应承担的专业道德责任,明确学校和家庭、社会的道德责任边界,明文规定教师的基本专业权利。

---

① 檀传宝.走向新师德——师德现状与教师专业道德建设研究[M].北京:北京师范大学出版社,2009:23.

（四）维护教师社会形象

教师专业伦理规范不仅强调专业的社会责任和公共义务，而且表达教育专业的积极形象，以此赢得社会的广泛支持。教师受社会委托，从事对未成年人的教育。社会对教师寄予厚望，也关注学校教育的效果。因学校与社会相对隔离，社会人员不可能全面了解学校教育的内容情况。他们往往通过教师的言行预测学校教育的成效，因此，教师言行所反映的教师形象易受社会关注。通过制定和施行教师专业伦理规范，可以规范教师队伍的言行，提高教师的社会形象，提升社会对学校教育的信心。

## 二、教师专业伦理规范的结构

在这里，结构指的是教师专业伦理规范的要素或成分，以及各要素或成分之间的关系。不同的构成要素、不同的构成关系，不仅决定教师专业伦理规范呈现的具体样态，体现不同制定者对教师专业伦理规范的独特理解，而且还将决定教师专业伦理规范的功能与使用方式。

一般而言，教师专业伦理规范包括序言、意图、价值观、原则、标准、规则、程序等多种构成要素。有些组织制定的教师专业伦理规范包含较多要素，比如，美国教育协会的《教师专业伦理规范》（1975）包含序言、原则和规则三部分。该组织1941年版的《教师专业伦理规范》还涉及处理伦理问题的机构与程序等方面的内容。而有的组织机构制定的教师专业伦理规范则较为简易，仅有两个要素。比如，英格兰普通教学委员会发布的《专业价值观与实践》（*Professional Values and Practice*）文本仅包含八条专业价值观。澳大利亚昆士兰州教师学院的《昆士兰教师伦理规范》文本则只有序言、伦理标准两个部分。

（一）序言

序言一般侧重介绍教师专业伦理规范的制定机构，说明制定的意图，阐述道德理想，等等。其中，开门见山地亮明教育专业的道德理想是序言部分的重点内容。比如美国教育协会的《教师专业伦理规范》开宗明义：

教育工作者相信每一个人的价值和尊严，从而认识到追求真理、力争卓越和培养民主信念具有至高无上的重要性。这些目标的根本在于保障学和教的自由，并且确保所有的人享有平等的教育机会。教育工作者接受这种职责以恪守最高的伦理标准。①

序言中的意图部分文字主要说明制定教师专业伦理规范的目的和希望产生的实践效果。比如,加拿大安大略省教师学院的《教师专业伦理标准》(2006)提出了四点制定意图:

(1)激励成员反思和维护教学专业尊严与荣耀。
(2)明确教学专业的伦理责任与义务。
(3)指导教学专业中的伦理决策与行动。
(4)提升公众对教学专业的信任与信心。

再如,南澳大利亚教师注册委员会发布的《南澳大利亚教学专业伦理规范》(*Code of Ethics for the Teaching Profession in South Australia*)陈述了三条意图:

(1)恪守作为教学专业的正直、尊重和负责等核心价值观。
(2)指导教师就专业问题做出决策。
(3)鼓励、促进和加强公众对教学专业的信心。②

意图的内容主要涉及两个方面:一是针对教师个人来说,明确教育伦理原则,指导他们的专业决策;二是针对专业而言,希望通过教师专业伦理规范,增进公众对教育专业的信心。

(二)主体内容

这一部分是教师专业伦理规范的核心组成部分,也是文字内容最多的一部分。这部分一般包含核心价值观(core values)、伦理原则(ethical principle)、伦理标准(ethical standards)、伦理规则(ethical rule)和运作程序(procedure)。

---

① 黄向阳.教育专业伦理规范导论[D].上海:华东师范大学,1997:62.
② Teachers Registration Board of South Australia. Code of Ethics for the Teaching Profession in South Australia[S/OL]. https://www. trb. sa. edu. au/publications.

### 1.核心价值观

核心价值观是教育专业的关键性道德价值观,是描述教育专业基本价值取向区别于其他专业的核心价值诉求。英国、加拿大、澳大利亚等国的教师专业伦理规范较为关注教育专业核心价值观的陈述,但不同组织对核心价值观的选择与表述存在较大差异。从表达方式上来看,英格兰普通教学委员会采用表达道德期望的语句陈述专业价值观,如"教师应展现和强调他们希望学生具有的积极价值观、态度和行为"。澳大利亚和加拿大的教师组织较多采用道德术语陈述核心价值观,并且不同的教师组织所陈述的核心价值观的范围有所不同。比如,南澳大利亚教师注册委员会制定的教师专业伦理标准只涉及正直、责任和尊重三个核心价值观。加拿大安大略省教师学院的教师专业伦理规范则包含关爱、尊重、信任和正直四个核心价值观。澳大利亚昆士兰教师学院的教师专业伦理规范中的核心价值观多达六个,它们是正直、高贵、责任、尊重、公正、关爱。

### 2.伦理原则

伦理原则是解释现象和指导行动的一般性陈述。[①] 伦理原则用来表达对教师道德行为的总体性要求。从形式上来看,它往往采用正面的、应然的话语进行表述。从内容上来看,它接近于对专业服务对象和专业的道德承诺。比如,美国教育协会的《教育专业伦理规范》陈述了两条基本的伦理原则:对学生的承诺和对专业的承诺。其中对专业的承诺如下:

教育服务的质量直接影响到国家和国民。因此,教育工作者尽一切努力提高专业水平,提高服务水平,促进一种鼓励行使专业判断的氛围,并达成吸引值得信赖的人从事教育事业的条件,并且帮助阻止不合格者从事教育专业。

### 3.伦理标准

美国学者里奇认为,伦理标准是可以用于测量的,"伦理标准使得观察者能

---

① Rich J M. Professional Ethics in Education [M]. Springfield: Charles C Thomas Publisher, 1984: 32.

够判断专业人员的行为是否符合专业规范要求"。① 但是,事实上不同人对伦理标准有不同的理解。加拿大安大略省教师学院将其教师专业伦理规范称为伦理标准。从其伦理标准的具体条款来看,伦理标准是对教师道德行为的总体性要求,与伦理原则相仿,而且该教师组织并不使用伦理标准来具体评判教师的专业行为,而是引领教师道德行为的方向。

### 4.伦理规则

伦理规则是教师专业伦理规范文本中文字量最多的条款。它是对教师具体行为的道德规定,可以采用肯定性和否定性的语句来陈述。伦理规则可以分为调节性规则(regulative rule)和构成性规则(constitutive rule)。② 前者是对已存在的行为进行约束的规则,而后者是通过约束而产生某些行为的规则。教师专业伦理规范中的伦理规则主要是调节性规则,其目的是通过使用这类规则增加或减少某类已有行为。比如,教师不得有意为难或者贬低学生,属于调节性规则。其目的是减少教师贬低学生的行为。

### 5.运作程序

为了更好地实施教师专业伦理规范,有些制定者在教师专业伦理规范中加入了运作程序的要素。这一要素主要包括教师专业伦理规范的解释与实施机构、处理违反人员的一般流程和办法。例如,英格兰普通教学委员会制定的《注册教师行为准则与实践》中就非常详细地罗列了惩处办法:

委员会有一套严格而公正的程序用于对案例的调查。

调查和听证委员会的成员多数由教师组成,也包括其他正在学习的教师。听证通常公开进行。在某些情况下,为了公众利益和司法利益,委员会可以不经过听证而裁决案例。

如果听证委员会发现教师缺乏专业资格,或是教师犯有重大的刑事犯罪的事实,可能会发布以下处罚的其中一条。

(1)警告:在档存放两年。

(2)记过:当该教师继续注册时申请解除。

---

① Rich J M. Professional Ethics in Education [M]. Springfield: Charles C Thomas Publisher,1984:32.

② Rich J M. Professional Ethics in Education [M]. Springfield: Charles C Thomas Publisher,1984:34.

(3)停职观察：注销教师资格两年，可能有附加条件。

(4)禁止从业：禁止其教师资格注册。在这一条款下，教师可能在两年或是指定时间后被允许申请恢复注册的资格。然而某些案例是不允许任何申请通过的。①

不同的教师专业伦理规范，其主体部分涉及上述构成要素存在不同的情形，因而产生了不同类型的结构形态。有些教师专业伦理规范只有核心价值观，如澳大利亚昆士兰教师学院的教师专业伦理规范。有些教师专业伦理规范涉及伦理原则与伦理规则，伦理原则正面阐述对教师道德行为的总体要求，伦理规则采用否定性的句子陈述具体的禁止性行为。美国教育协会的教师专业伦理规范是这一类型的典型。究其原因，制定者的目的影响着这些构成要素的选择。当制定者的主要目的是通过教师专业伦理规范让教师明晰教育专业的核心价值或基本取向，并激励教师根据核心价值观指导专业行为的时候，教师专业伦理规范会包含核心价值观，而当制定者倾向于用教师专业伦理规范约束教师专业行为时，制定者会主要采用伦理规则来制定教师专业伦理规范。

## 第三节　教师专业伦理规范的语言与表达

语言与表达是制定教师专业伦理规范过程中的重要议题。语言与表达不只是教师伦理规范的载体，选择不同的语言和表达方式，体现着制定者的目的，以及对教师专业伦理规范所产生功能的预期。

### 一、教师专业伦理规范的表达语气

米丽埃尔·普瓦松认为，教师专业伦理规范存在三种基本的表达语气类型：②

(1)激励性语气(an inspirational tone)，主要用于陈述伦理原则或价值观。

(2)规定性语气(a prescriptive tone)，主要用于陈述专业行为标准时，传递什么是应该做的意图。

---

① General Teaching Council of England. Code of Conduct[EB/OL].（2009-09-08）. www. gtce. org. uk.

② Poisson M. Guidelines: for the design and effective use of teacher codes of conduct [M]. Paris: Unesco, 2009: 32.

（3）禁令性语气（a prohibitive tone），主要用于陈述专业不端行为，传递不应该做什么的意图。

而雪莉·努兰德则认为表达语气可以分为：期望或激励性语气（aspirational or inspirational in tone）、否定或禁止性语气（negative or prohibitive in tone），以及前两种语气的综合。

事实上，人们在制定教师专业伦理规范的时候，会综合运用上述语气类型，也会根据预设的教师专业伦理规范功能侧重于某一类语气。比如，加拿大安大略省教师学院在修订《教师专业伦理标准》时候，提出如下三个问题：

（1）安大略省教师专业及其公众如何理解道德教育者的含义？

（2）安大略省教育者的专业伦理实践中所体现的主要伦理标准和原则有哪些？

（3）安大略省教师专业及其公众可以制定何种伦理框架用以指导教学专业的伦理实践？[①]

该组织的目的是陈述教学专业的伦理标准和原则，而非制定约束教师专业的伦理准则。因此，修订之后的《教师专业伦理标准》，通篇采用肯定性的、激励的语气表述伦理标准和原则，鼓励教师表现出符合预期伦理标准的专业行为。比如其中关于关爱的伦理标准是这样表述的：

关爱的伦理标准包含同情、接纳学生，并对学生潜能的发展富有兴趣且具有洞察力。教师需要通过积极的影响、专业的判断和移情表达对学生利益的关切。

上述论述的表述语气显然是积极的、引导性的，阐明了关爱就是去同情、接纳、洞察学生，指导教师可以去做什么，而没有规定教师不应该做什么。这种语气还表达了一种开放态度，不是去束缚教师的行动，而是鼓励教师在专业实践中探究合乎伦理标准的行动方案。

大多数教师专业伦理规范综合运用多种语气类型，既表达了起到激励作用的专业道德价值观或原则，又陈述了起到约束作用的专业行为准则。比如，我们从美国内布拉斯加州教师专业实践委员会伦理规范的节选部分可以看到，伦理原则的表述语气与专业职责的表述语气有所不同，前者采用肯定的、激励的语

---

① Smith D M. A Dialogic Construction of Ethical Standards for the Teaching Profession [J]. Issues in Teacher Education，2013(1)：49-62.

气,后者多采用禁令性的语气来表述。

原则二:对学生的承诺

考虑到专业应秉承竭诚对客户负责并为客户提供最优质的服务的宗旨,教育工作者必须真正地热爱自己的专业,关爱体谅学生。此外,教育工作者还应该为促进学生的探究的精神,对知识的获得和理解,对有意义的目标的构想。

为了履行对学生的职责,教育工作者:

(1)必须允许学生追求合理的、独立的学术成就,必须允许学生获取和表达不同的观点;

(2)不得故意隐瞒或扭曲教育工作者应该教授的课程内容;

(3)必须为保护学生防止其在学习过程中受到涉及健康或安全的伤害而做出努力;

(4)必须开展与测试教育实践成果一致的且学生感兴趣的专业教育活动;

(5)必须对在专业过程中获取的个人信息进行保密,除非用于提供专业披露的目的或经过法律许可;

(6)不得对本班学生进行有偿家教,除非经当地教育董事会批准;

(7)不得体罚学生。

## 二、教师专业伦理规范的语词使用①

教师专业伦理规范常用规范性语句进行表达。常见的规范性语句分为祈使句和包含规范词的陈述句。我们可以根据祈使句中所包含的规范词,将之分为三种类型。一种包含"应""应当""应该""要"等规范词,可以被称为道德倡议式表达,另一种包含"必须"等规范词,可以被称为道德指令式表达,还有一种包含"不得""不许""禁止"等规范词,可以被称为道德禁令式表达。教师专业伦理规范还可使用包含规范词的陈述句来表达。这些陈述句传递了某些道德要求,但是难以明确地将它们归为道德倡议或道德指令,其表达的规范性含义不如祈使句清晰。除此之外,教师专业伦理规范应该做到表述简洁、清楚,易于阅读与理解,避免造成歧义。

---

① 本部分较多参考黄向阳博士学位论文第四部分,参见黄向阳.教育专业伦理规范导论[D].上海:华东师范大学,1997:56-57.

# 第三章

## 教师专业伦理规范建设的世界近况

制定教师专业伦理规范是教师专业化运动的历史产物。英美等国家于 20 世纪初较早发起了教师专业化运动,也较早地开展了教师专业伦理规范的建设,获得了较为丰富的经验,时至今日,国外教师专业伦理规范建设方兴未艾,呈现出新思路、新方法、新样态。本章系统梳理国外教师专业伦理规范的基本状况,同时聚焦美国和加拿大的两个教师组织的专业伦理建设历程,探究 20 世纪与 21 世纪这两个不同时期教师专业伦理规范建设的不同经验,以期总体把握国外教师专业伦理建设的基本经验。

### 第一节 基于核心价值观构建伦理规范体系

世界各国在取得教育事业进一步发展的同时,出现了教育公平、教育腐败、教师渎职、侵害学生等诸多教育伦理问题。教师专业伦理规范方面的理论研究与实务工作也由此获得了前所未有的重视,尤其是西方主要发达国家加强了教师专业伦理建设,提出了新的思路,并积累了丰富多样的成功经验,梳理和研究这些建设经验,对于推进我国教师专业伦理建设具有重要的启示意义。

#### 一、凝练教师专业伦理核心价值

新时期世界各国注重以教师专业的核心价值观构建教师专业伦理规范体系,以此加强对教师专业行为的道德指导与约束。这种建设方向具体体现在三个方面:通过凝练教师专业伦理核心价值,激励教师做出专业的道德行为;将教师专业行为规范从教师专业伦理规范中剥离出来,单列针对教师专业行为的约束性准则;针对某个具体的教育实际问题,制定具体的、可操作的教师专业行为指南。通过上述三个方面的努力,教师专业伦理规范不仅凸显了专业道德的特性,而且为教师专业实践提供切实可行的指导。

美国较早研究和订立教师专业伦理规范。20世纪60年代,美国教育协会就制定了影响全国的教师专业伦理规范,并且对世界各国关于教师专业伦理规范的制定工作产生了深远影响。美国教育协会的教师专业伦理规范主要由约束教师专业行为的条规构成,用义务与禁令的语言写成。1968年,美国教育协会专业伦理委员会副秘书唐纳德·L.康拉德特别指出,教师专业伦理规范主要涉及教师应该履行的义务和遵照的禁令。义务与禁令的表述必须十分清晰,告诉专业实践者和服务对象什么行为是违反伦理规范的。规则表述必须明确有罪的标准。① 但是,近20年来,专注于约束性条规的教师专业伦理规范受到质疑,英国、加拿大、澳大利亚等转而突出激励性的教师专业伦理核心价值,构建以教师专业伦理核心价值为主体的规范体系。例如,英国英格兰与威尔士地区的普通教育委员会(General Teaching Council)认为教师专业伦理规范应是教师专业中基本价值与一般道德原则的表达。对这些专业价值和伦理原则的共同理解与珍视是教育专业的核心。② 2002年,英格兰普通教育委员会发布了《专业价值观与实践规范》(Code of Professional Values and Practices)。该规范"提出了构成教师专业素养的信念、价值观和态度",从教师与学生、家长、同事、其他利益相关者、学校等六个方面陈述了英格兰学校教育须秉持的专业伦理价值观。③

新西兰注册教师伦理规范首先陈述了教师专业的四大伦理原则,即自治(autonomy)、公正(just)、责任关怀(responsible care)、真实(truth),并对这四大原则做了相应的介绍。自治即教师专业人员在尊重和受保护的权利下与他人交往;公正即教师在享有教学专业权利的同时也应防止权利的滥用;责任关怀即教师应该做出对他人有益的事;真实即诚实待人待己。这四条原则等同于我们之前介绍澳大利亚各州和领地的教师伦理规范中的核心价值。这四个简洁的原则涵盖且凝聚了新西兰注册教师伦理规范的核心。④

2006年,加拿大安大略省在修订全省师德规范时,以"教育专业的核心专业价值观和伦理责任是什么?"为核心议题,将原来师德价值引领与专业行为管理

---

① Conrad D L. The Code of Ethics,a Reexamination[J]. NEA Journal,1968(4):41.

② Thompson M. Professional Ethics and the Teacher:Towards a General Teaching Council[M]. Staffordshire:Trentham Books,1997:1-2.

③ Cremin T,Arthur J. Learning to Teach in the Primary School[M]. London:Routledge,2006:434-435.

④ Code of Ethic for Certificated Teachers[EB/OL]. (2015-09-19). http://www.educationcouncil. org. nz/content/code-of-ethics-certificated-teachers-0.

混杂的 12 条伦理规范修改为仅包含关爱、尊重、信任和正直四项核心师德价值的规范体系，如表 3-1 所示。

表 3-1　加拿大安大略省《教学专业伦理标准》前后两版比较（2000 年版）

| 2000 年版内容 | 2006 年修订版内容 |
|---|---|
| 1.与学生保持专业关系<br>2.知道并重视教师与学生专业关系的优先性<br>3.将所有学生视为独特的个体、有持续学习需求与能力的个体，平等对待他们，始终如一地尊重他们<br>4.除非法律规定或出于个人安全考虑，应保守有关学生的秘密信息<br>5.尊重人类高贵的精神上的价值观、文化价值观、自由、社会公正、民主和环保的价值观<br>6.与教师学院的成员及其他人协作，营造支持学生社会性、智力、精神、文化、道德和情感发展的专业环境<br>7.在相互尊重、信任和交流的基础上，与学生家长或监护人建立合作关系<br>8.基于学生的利益，以及法律规定，与其他机构专业人员合作<br>9.行为正直、诚实、公平且有尊严<br>10.除非法律规定或危及人身安全，应对教师学院成员的专业言行保密<br>11.遵守教育法及其他规定<br>12.当现存政策与实践需要被评估和修正时，以专业的方式向恰当的人提出建议 | 1.关爱：关爱的伦理标准包含同情、接纳学生，并对学生潜能的发展富有兴趣且具有洞察力。教师需要通过积极的影响、专业的判断和移情表达对学生利益的关切<br>2.尊重：尊重的伦理标准的本质是信任和公平。教师应尊崇人格尊严、情绪健康和认知发展。教师在专业实践中，还应做尊重精神与文化价值观、社会公正、个人隐私、自由、民主和环境的模范<br>3.信任：信任的伦理标准具体表现为公平、开放与诚实。专业成员与学生、同事、家长或监护人，以及公众的关系均以信任为基础<br>4.正直：诚实、可靠及道德的行为是正直的伦理标准的具体体现。持续性反思有助于专业成员在履行专业义务和承担专业责任的过程中实践正直原则 |

资料来源：Ontario College of Teachers. The Foundations of Professional Practice. Toronto, ON: Author, 2003；Ontario College of Teachers. Foundations of Professional Practice. Toronto, ON: Author, 2012: 7-9.

澳大利亚则表现得更为明显，许多州和领地最新制定的教师专业伦理规范出现了从约束性条规向凝练教师专业伦理核心价值的转变。所有州和领地都强调了教学专业伦理中的核心价值。从各州和领地的伦理规范认同的核心价值观来看，很明显，澳大利亚的所有或是大部分州和领地教学专业认同正直（integrity）（除西澳大利亚）和尊重（respect）两个核心价值为教师道德角色的重要成分。其他的核心价值，不同的州和领地的规范间有些微不同，包括公正、尊严、关爱等，但是这些价值观基本上是正直、尊重和责任核心价值的延伸。澳大利亚各州和领地对核心价值的设置表明了在激励性规范占主导性后，澳大利亚教学专业致力于推进将核心价值聚集为一种共享的专业道德认同。这为教师提供连贯的道德观念作为教师的道德实践参照。这些核心价值凝聚教师等专业人员在共享的核心价值的旗帜下,共同推动规范的专业性建设,同时也推进教学的专业化发展,激励卓越,提升专业荣誉。与此同时,各州和领地的规范对核心价值纷纷做了阐释。这种阐释对核心价值进行了更好的澄清,使教师明晰不同核心价值间的不同强调,这样有助于帮助教师了解这些核心价值,指导教师在教学活动和处理与他人的专业关系(包括学生、家长、同事和社区成员)时选取合适的核心价值来进行道德推理、采取合适的道德行动。

## 二、单列教师专业行为具体指南

虽然各州和领地对核心价值都有基本的认同,但是在对核心价值的理解和表现方面则有些许差异,而这些差异也体现出了规范间的不同张力,如表 3-2 所示。首先,在一种规范中表现为尊重的概念,而在另一种规范中则作为对正直的解释。如维多利亚州规范中将"尊重"部分定义为"公正",即"公正对待学生",而昆士兰州的规范则将"公正"描述为"以公正、真诚、诚实的方式工作"。其次,虽然不同的核心价值各有侧重点,有利于指导教师在道德实践中选择合适的价值观作为道德决策的依据,但是如果面对复杂的伦理问题时,教师很难决定遵循何种价值观来做出最佳的决定。如塔斯马尼亚州的规范中对教师在"正直"(公正而负责的行动,对待专业义务需诚实、守信和负责)和"同情"(对他人的感情和观点给予关注、谦虚、移情性的给予回应)这两种核心价值在面对实践中个体利益和他人、集体的利益或是规章制度相冲突时该如何取舍并无说明。第三,核心价值的阐释中也体现了教师的个体工作和教师整体专业间的张力。南澳大利亚教师伦理规范将正直描述为"诚实守信的关系"来支持专业的尊严和荣誉,将教师专业组织的形象作为激励教师诚实守信的动力,但是公众可能更希望教师的正直是个体教师的内在体现,而不是因为他们注重专业的整体形象而表现出来的。① 正是这些规范中对核心价值的描述的差异和彼此间的张力为教师在教学实践中开展道德行动和进行道德决策制造了困惑。为了解决这些问题,一方面各州和领地也相应制定了行为规范或准则,将这些核心价值细化为具体的伦理原则和伦理准则,让教师明确这些核心价值并付诸实践;另一方面,各州和领地还对规范的具体运用做了相应的引导。例如,南澳大利亚州在规范的最后明确表示"该规范不是作为服从或遵守的作用,只是作为框架帮助教师来反思决策和

---

① Forster D J. Codes of Ethics in Australian Education: Towards a National Perspective[J]. Australian Journal of Teacher Education,2012(9):1-19.

伦理问题"。① 这种形式的规范则呈现出一种激励性,目的在于界定教师专业中普遍认同的核心价值和伦理原则,给予教师更多的道德自主,相信教师能够为了学生和社会的利益做出合适的道德决策,从而激发教师的更高的专业理念。② 对比澳大利亚各州和领地的规范的性质可见激励性的伦理规范占据着主导位置。规范目的和性质的不同与规范的制定者也有着一定的联系。新南威尔士州和首都领地的规范是由其教育部门制定的,倾向于对公众负责而相对忽视教师的专业自主;而其他州和北领地的规范则是由教师专业团体制定,更多的是从教师的专业性质出发。

表 3-2　澳大利亚部分州或领地的教师专业伦理核心价值

| 州或领地 | 核心价值 | 核心价值的解释 |
| --- | --- | --- |
| 维多利亚州 | 正直、尊重、责任 | 正直:代表学生最大的利益;维持和学生、家长、社区间的专业关系;以尊重和提高专业的方式行动<br>尊重:表现关爱和同情;公正对待学生;对同事十分尊敬;承认在教育中家长的伙伴地位<br>责任:提供质量教学;维持和发展自身的专业实践;为学生的最大利益和同事合作 |
| 昆士兰州 | 正直、尊严、责任、尊重、正义和关爱 | 正直:创造和维持合适的专业关系;以公正、真诚和诚实的方式工作<br>尊严:尊重不同的家庭背景多样性和平等对待学生,报以关爱和同情;尊重每个学生的努力和潜能,承认每个学生的独特性<br>尊重:和学生及其家庭的交往中基于相互尊重、信任、保密,致力于促进学生的健康和学习;和同事和更广的团体合作提高专业<br>正义:公正且公道合理;致力于个体的和社区的利益以及公共的利益;通过反思性专业讨论解决相矛盾的不同伦理原则和不同利益团体的要求<br>关爱:和学生、家庭、同事及社区维持同情和密切的关系;通过积极效应的实践、专业判断和实践中的同情来致力于学生的健康和学习 |

---

① Code of Ethics for the Teaching Profession in South Australia[EB/OL]. http://www. trb. sa. edu. au/sites/default/files/Code-of-Ethics. pdf. 2015-04-23.

② Forster D J. Codes of Ethics in Australian Education:Towards a National Perspective [J]. Australian Journal of Teacher Education,2012(9):1-19.

续表

| 州或领地 | 核心价值 | 核心价值的解释 |
|---|---|---|
| 南澳大利亚 | 正直、尊重和责任 | 正直:在我们的专业关系中应该诚实而值得信任,支持专业的尊严和荣誉<br>尊重:以谦逊和同情的方式行动,拥护学习者,认识和尊重学习者的多样背景、能力和行为。我们培养批判性思维和行动来作用于美好的未来,同时尊重我们教育团体的贡献<br>责任:通过持续的专业学习,为学习者的最大利益和教育伙伴共事、支持专业标准,以此来提高高质量的教学和关爱 |
| 塔斯马尼亚 | 尊严、尊重、正直、同情和正义 | 尊严:支持所有人的内在价值,包括自己、学生、同事和家长<br>尊重:对所有人的感情、权利和传统持有应有的尊重,基于相互尊重和信任来发展关系<br>正直:公正而负责的行动,对待专业义务需诚实、守信和负责任<br>同情:对他人的感情和观点给予关注,虚心(open-minded)而同情性地回应<br>正义:公正而合理,致力于个体的、社区的福祉和公共利益 |
| 首都领地 | 正直、尊重、责任 | 正直:展现符合教师角色的合适的专业行为和实践;创造和维持和学生、家长及社会的专业关系;维持专业和个人行为标准与社会期望;遵守本规范和其他由用人单位制定的实践、行为和伦理规范<br>尊重:对待学生尊重、公正和公平;采取恰当的方式和学生、家长、同事以及其他人员交流;对文化、种族、宗教和个人的多样化予以考虑<br>责任:维持专业知识、实践和参与;致力于教育和学生的成长;在任何时候表现合法有礼,以此提高教学专业的身份 |

出现上述转变的原因主要是,相较于规约性为主的道德规范,以呈现教师专业伦理核心价值为主的激励性规范更符合教师的专业特点。首先,约束性规范,可能忽视教师的真正内在道德动机,造成教师屈从于规范,以致教师失去作为专业人员进行道德判断的自信。教师专业伦理核心价值旨在激励教师的内在道德动机,让教师在道德实践中拥有道德自信,做出最佳道德决策。其次,教育伦理是一种应用性的伦理,有着复杂和不确定性。激励性规范为教师的道德实践留有充分的自主空间。最后,以核心价值为主的规范更容易让教师明确教育专业伦理的特殊要求,追求专业道德上的卓越。

以澳大利亚为例来看,对比澳大利亚各州和领地的规范的性质可见激励性的伦理规范占据着主导位置。相较于规约性质为主的规范,激励性的规范更符合教师的专业性。一方面,如汤普森指出:"专业伦理不能被强加,因为根据它们的特性,必须内化它们使之成为集体意识和个人良心的一部分。"①另一方面,教学伦理是一种应用性的伦理,有着复杂和不确定性。规约性的伦理规范容易将伦理价值置于静态,否定了质疑,同时也否定了教师专业伦理的复杂特性。伦理应该是动态的,激励性的规范则给教师的道德实践留有自主空间,教师可以进行自主的伦理判断,这样才更符合教学专业伦理的特性。正因为激励性的规范更体现教师专业特性,原来表现出规约性的新南威尔士州的规范现在也在向着激励性转变。正如该州教育界人士对新制定的规范的解释,新的规范不应该是一套要求教师遵守的规则,而应该为教师提供框架来指导教师思考伦理行为。早期的规范表述"教职工以公平的方式实施政府的政策和决定,行为应该和政府会部门的政策价值观相一致";而现在则变成了教师"可能有不同于政府或是部门管理的个人观点"的认知,但是教师坚持个人的观点不能凌驾于政府或是部门的政策和决策之上。② 而首都领地在2012年由教师质量协会新制定了《教师专业实践和行为规范》,该规范仅用一页纸对规范内容进行陈述,不同于以前的《教师专业实践规范》,其目的表述为"声明原则指导教师实践和行为;明确专业的公共责任;推进公众对教学专业的自信"。由此可见其规范的性质也由原来的规约性向着激励性发展。

教育是发展变化的事业,新问题不断涌现,这需要人们关注事态,推陈出新,提出解决新问题的方案。教师专业伦理建设亦是如此,固定不变的一份教师专业伦理规范,难以应对新的教师专业伦理问题,即使是教师专业行为规范,也不可能对每一种具体专业行为做出规定。因此,一些国家和地区选择依据教师专业伦理规范,针对现实出现的具体问题,制定切实可行的专业指南,从而应对教师事业的发展。

例如,加拿大安大略省教师学院③在制定教师专业伦理规范之后,逐年针对出现的新问题,以教师专业伦理规范为基础,推出了系列指导教师专业行为的《专业指南》(*Professional Adervisary*)。每一份专业指南都首先陈述建立指南的教师专业伦理规范,然后具体陈述每类专业行为的准则。2002年,该组织发布了首份专业指南《关于性侵犯和不当性行为的专业不当行为》(*Professional*

---

① 伊丽莎白·坎普贝尔.伦理型教师[M].王凯,杜芳芳,译.上海:华东师范大学出版社,2011:125.

② Forster D J. Codes of Ethics in Australian Education:Towards a National Perspective[J]. Australian Journal of Teacher Education,2012(9):1-19.

③ 加拿大安大略省教师学院是当地的教师专业自治组织,由该省正式注册教师组成,拥有教师资格授予与撤销、教师教育机构认证等专业权力。详见 https://www.oct.ca/。

Misconduct Related to Sexual Abuse and Misconduct），①旨在帮助教师辨识约束其行为的法律、伦理及专业边界，强调教师对学生做出越线、逾距行为的严重后果，以调控其言行举止，预防性侵和不正当性行为的出现。②

此后，教师学院开始例行发布专业指南，对内回应教师专业成员想要了解某方面专业实践、管理者（管理机构）如何看待某一行为的需求，对外回应公众想要了解教师专业应做/必做之事的需求。到目前为止，教师学院共发布了五份报告，除了上述首份报告，另外四份依次是：2008 年的《追加资质：拓展专业知识》（Additional Qualifications：Extending Professional Knowledge），旨在向教师澄清追加资格和追加基本资格管理制度建立的意图，并强调持续专业学习的重要意义；2011 年的《社交媒体与电子通信技术的使用》（Use of Electronic Communication and Social Media），概述了教师在使用社交媒体与电子通信技术时所负有的责任，并明确了何种行为是违背专业标准的，以引导教师行为；2013 年的《营造安全的学习环境：一份共同的责任》（Safety in Learning Environments：A Shared Responsibility），旨在帮助教师反思其实践，从而运用不断更新的知识与技能，在学生安全问题上做出负责的决策③；2015 年的《举报义务》（Duty to Report），旨在提醒全体教师与社会公众共同履行举报虐待、忽视儿童和青少年之行为的义务。④ 五份报告基本都阐明了特定责任的相关伦理内涵及教育、法律依据和背景，也明确了履行特定责任的相关机构、部门和人员，使得安大略省教师专业责任明确，问责有法可依。

总之，从当今世界各国教师专业伦理建设经验来看。教师专业伦理规范建设不是制定一份约束性的条例，而是主张教师专业伦理规范与教师专业行为规范适当分离，进一步凝练教师专业共享的道德价值观，让教师专业伦理规范愈发体现道德的意味，成为引导教师专业伦理发展，解决专业道德实践问题的有用道德指南，在此基础上建立独立的教师专业行为规范，让教师专业行为规范充分发挥约束教师专业言行，惩戒专业行为不端的有用管理工具。

---

① Ontario College of Teachers. History of the Ontario College of Teachers[EB/OL]. (2016-05-30). http://www. oct. ca/about-the-college/what-we-do/college-history.

② Ontario College of Teachers. Professional Misconduct Related to Sexual Abuse and Misconduct[R]. Toronto：Ontario College of Teachers，2002.

③ Ontario College of Teachers. Essential Advice to the Teaching Profession［R］. Toronto：Ontario College of Teachers，2013.

④ Ontario College of Teachers. Duty to Report［R］. Toronto：Ontario College of Teachers，2015.

## 第二节　基于伦理规范加强教师专业伦理实践

在很长一段时间里,研究者仅从规范的视角看待教师专业伦理,只是进行教师专业伦理价值和规范的思辨研究。自20世纪80年代以后,西方学者指出,教师专业伦理不只是一套规范体系,而是一个充满冲突困境的伦理实践领域,[①]在实践中合乎伦理的行为只能是情境性的,不能被标准化,[②]教师需要理解教育情境,学会在具体的教育情境中寻求合宜的伦理决策。情境化教师专业伦理实践能力的培养成为西方发达国家教师专业伦理建设的关注焦点。

### 一、聚焦困境,增强教师专业伦理意识

日常教育活动中,教师较少感觉到需要专业伦理规范,但教师在面对令人焦虑的伦理困境时,采用伦理规范解决道德问题,其伦理意识便会增强。伦理困境也称伦理难题或道德难题,是伦理学家持久关注的兴奋点,尤其是在抵制道德绝对主义、道德客观主义、道德理性主义的探讨中,伦理学家以伦理困境揭示某些道德理论的有限性。虽然伦理困境得到广泛提及,但是统一的定义尚未形成,有研究者认为,"伦理困境是某些情境中的某个主体要在道德上的两个(或更多)不同选择中做出一种选择,而不能同时做两种(或所有的)选择"。[③] 萨特的著作记录了这样的伦理困境。萨特的学生面临着在道德上应该留下来陪同母亲,还是应该前往英格兰参战的伦理困境,他不可能同时选择这两种可能。但是,有些哲学家认为仅有两种或两种以上的选择的情境并不一定都是伦理难题,如果冲突的道德理由不是出自义务或要求,则这种冲突就不是伦理困境。例如,如果没有承担帮助任何慈善机构的义务,在两家慈善机构之间抉择就不是伦理困境。还有些哲学家认为如果在某种伦理情境中,冲突的伦理要求中的一种完全被另一种压倒。这样的情境也不是伦理困境。比如,为了挽救生命而毁约就不是伦理

---

① Oser F. Professional Morality: a discourse approach (the case of the teaching profession)[M]//Kurines,W.,Gewirts,J.. Handbook of Moral Behavior and Development: Vol. 2. New Jersey:Lawrence Erlbaum Associates,1991:191-228.

② Colnerud G. Ethical conflicts in teaching[J]. Teaching and Teacher Education,1997 (6):627-635.

③ Sinnott-Armstrong W. Moral Dilemmas[M]//Becker L C,Becker C B (eds.). Encyclopedia of Ethics. 2nd ed. London:Routledge,2001:1125-1127.

困境,因为守约的义务被压倒。因此在这样的一些条件的约束下,伦理困境被狭义地界定为道德义务或要求之间不可解决的冲突。①

在教育领域,教师或教育、教学伦理困境也存在类似的狭义界定。芬妮(Feeney)等人指出因为在这类困境中存在核心价值观的冲突,存在着超过一种可能性的解决问题的方案,并且每一种方案都得到了有力的道德证明。伦理困境要求人们在两种可行性方案中选择。任何一种抉择都会产生有利结果,但也会造成某些损失。② 他们举例说,一位母亲要求教师阻止她4岁的儿子在学校午睡。因为她早上很早上班,希望儿子晚上早睡。教师会发现存在不止一种回应那位母亲要求的答复。这源于教师应该尊重家庭需求和教师应该满足儿童需要的价值观冲突。一方面,这位教师可能决定阻止孩子午睡,因为她知道早起工作是多么辛苦。如果问她为何采取这种办法,她可能回答说尊重家庭需求和帮助家庭养育孩子的价值观引导她如此作为。另一方面,这位教师可能拒绝母亲的请求,允许孩子午睡,如果问她为何做出这种决定,她可能说她深知午饭后多数4岁的孩子都需要睡一会儿,午睡会令孩子在下午精力充沛。无论哪种决定,都有合理的论证,也都涉及某些利益和损失,教师如何满足母亲和孩子的需求?何种原则能帮助教师平衡两方面的责任?如果不能达成妥协,何种利益应该最受重视?教师既不能简单运用相关规则和事实,也无法做出预案应对特殊的伦理困境。③ 不可否认,伦理学上确实存在某些难解的伦理冲突,但是同样也不可否认的是,许多伦理困境经过行为主体的慎思,在一定的条件下是可以得到较为圆满的解决。应用伦理学发展已经证明过去的一些伦理困境在今天看来已经是可以解决的。我们认为无视伦理困境的存在,认为任何伦理困境都被现有伦理学理论的解决,是盲目乐观信任理论的理性自大症候,固然应该遭到批判,但是过度地强调伦理冲突的不可解决,以致滑入道德相对主义的泥潭,造成放弃伦理上的理智努力,也是不足取的。

教师专业伦理困境是一个复杂的研究领域,依据不同的研究视角,教师专业伦理困境可以区分出多种不同类型。从教师个体是否具备丰富的伦理知识及对困境的认知程度,可将伦理困境分为三种。第一种伦理困境是由于教师缺乏丰

① Sinnott-Armstrong W. Moral Dilemmas[M]//Becker L C, Becker C B (eds.). Encyclopedia of Ethics. 2nd ed. London: Routledge, 2001: 1125-1127.

② Feeney S, Freeman N K. Ethics and the early childhood educator: Using the NAEYC code[M]. Washington, DC: National Association for the Education of Young Children, 2005: 25.

③ Feeney S, Freeman N K. Ethics and the early childhood educator: Using the NAEYC code[M]. Washington, DC: National Association for the Education of Young Children, 2005: 28.

富的伦理知识指导专业实践,以致他们在面临实践中相互冲突的情境时困惑不解、束手无策。第二种伦理困境是教师知道正确的道德选择,但是不知道如何去做。第三种伦理困境是教师不仅清楚地知道什么是正确的道德选择,而且还知道应该做些什么,但是由于安全、便捷、有效等原因,或者可能是被某种学校文化胁迫,而不会选择那样去做。① 也可以从教师与他者的伦理关系中发现多种类型的困境。如美国研究者芬妮(Feeney)调查了幼儿教师的专业道德困境,发现并归纳了教师与家长、教师与教师、教师与管理者、教师与机构之间经常出现的伦理困境。加拿大研究者梅洛(Melo)发现 70%的新手教师经历的伦理冲突主要与学生有关,并且他们因没有经验而有意回避伦理冲突。② 瑞典学者科尔勒鲁德(Colnerud)则从教师之间的关系中发现教师经常体验到忠诚于同事与忠诚于学生之间的道德冲突。芬兰学者则发现大多数没有得到解决的道德冲突涉及教师与家长的关系,教师与家长在"儿童最佳利益"上的认识矛盾加剧了双方的冲突。③ 以色列学者采用关键事件法归纳以色列中小学教师常见的五类学校教育实践伦理困境,即满足他人需求与遵守规范的冲突、过程公平与结果公平的冲突、学校规范与家庭规范的冲突、自主与专业忠诚的冲突、宗教信仰与学校政策的冲突。④ 我们还可以从教师面对的各种规范或要求中发现不同类型的困境。总之,教师的专业伦理实践不是一帆风顺的过程,总是经历着这样或那样的伦理困境。引导教师直面伦理困境,有助于提升教师的专业伦理意识。

## 二、运用案例,促进教师专业伦理推理

20 世纪七八十年代是行为主义式微、认知主义勃兴的时期,教师研究领域出现了由强调有效教师行为到关注教师思维过程的研究主题转向。越来越多的研究者认为,教师的行为实质受到教师思维过程的影响,其至取决于教师的思维

---

① 伊丽莎白·坎普贝尔.伦理型教师 [M].王凯、杜芳芳译.上海:华东师范大学出版社,2011:77.

② Melo P. Ethical conflicts in teaching:The novice teacher's experience[J/OL]//Roth, W. M. ( ed. ). CONNECTIONS03,2003:175-189. http://www. educ. uvic. ca/Research/conferences/connections2003/12Melo102. pdf.

③ Tirri K,Husu J. Care and Responsibility in "the Best Interest of the Child":relational voices of ethical dilemmas in teaching[J]. Teachers and Teaching:theory and practice,2002(1):65-80.

④ Shapira-Lishchinsky O. Ethical dilemmas in teaching and nursing:the Israeli case[J]. Oxford Review of Education,2010(6):731-748.

过程。① 在道德研究领域，认知主义甚大行其道，科尔伯格的道德发展理论突出了伦理推理水平对道德行为的影响。在这两股思潮的影响下，教师专业伦理的研究者与培训者普遍接受了这样的观点，仅仅通过教师专业伦理规范约束教师行为，不足以提升师德，还需促进支持教师专业伦理行为的伦理推理水平的发展，②提升教师的伦理推理水平，是确保教师教学行为合乎伦理原则的重要依据。③

由此，西方国家在构建和完善教师专业伦理规范的同时，也加强对中小学教师专业伦理推理的指导与培训。在英国，英格兰普通教学委员会针对教师专业伦理规范开发了八个情境故事，并配置层层递进的四类问题，激发受训教师思考教学中的伦理难题。④ 在美国，斯特赖克（Strike）和索尔蒂斯（Soltiz）合著的《教学伦理》作为教师培训教材已再版五次，成为培养教师专业伦理推理能力的经典教科书。在澳大利亚，维多利亚州教育研究院紧密围绕提出的教师专业伦理原则开发了系列视频资源和培训模式，引导受训教师思考伦理难题。⑤ 总之，侧重教师伦理推理能力的培养越来越受到重视。

在伦理学上，伦理推理是指思维主体在一定"实然"信息的刺激下进行思维，通过对道德作善恶判断分析，从而在一个或几个已知的善恶判断中引出未知应然判断的心理活动过程。简单说来，伦理思维不只是因循既定规则，⑥而是应用伦理原则探究伦理难题的过程，是由已知求解未知的认识过程。因此，伦理推理在本质上是一种探究道德问题的认知能力⑦。斯特赖克指出教师专业伦理推理包含两个阶段：将伦理原则运用到事件阶段和判断伦理原则是否充分和有效的阶段。⑧ 在第一阶段，教师需要表述和澄清选用的相关伦理原则，发现事件中的

① Clark C M，Yinger R J. Teacher Planning[M]//Gage，N. L. Talks to Teachers，New York：Random House，1987：342.

② Cummings R，Harlow S，Maddux C. Moral Reasoning of In-service and Pre-service Teachers：A Review of the Research[J]. Journal of Moral Education，2007(1)：67-78.

③ 张凤燕. 教师专业伦理推理与教学关系之初探[J]. 教育资料集刊，2000(25)：1—45.

④ General Teaching Council for England. Professional and Ethical Challenges in Teaching：A Resource for Trainee Teachers and Educators[EB/OL]. http://www.gtce.org.uk.

⑤ Victorian Institute of Teaching. Workshop the Code[EB/OL]. http://www.vit.vic.edu.au.

⑥ Strike K A，Soltis J F. The Ethics of Teaching[J]. 5th ed. New York：Teachers College Press，2009：1.

⑦ L.科尔伯格. 道德发展心理学：道德阶段的本质与确证[M]. 郭本禹，等译. 上海：华东师范大学出版社，2004：381.

⑧ Strike K A. The Ethics of Teaching[J]. Phi Delta Kappan，1988(2)：156-158.

相关事实;第二阶段,教师需要确证选用的伦理原则,教师围绕事件中道德难题对选用的伦理原则展开充分思考。比如,为什么我们应该接受这种伦理原则?这样做的目的是什么? 直至我们清晰地认识伦理原则所包含的观念和理论基础。培养教师专业伦理推理能力可以通过提供材料—诱发思考—提升思维的案例教学来实现。斯特赖克选择了教师在教学实践中遇到的实际案例和道德两难问题,案例涵盖了惩罚及正当程序、学术自由、平等对待学生、文化多样性、民主与专业化教学五个方面,通过案例展示伦理理论和伦理思维方法。"写实的小品文描述了这样的课堂情境,在课堂上伦理两难问题的出现能够使教师对从课堂思考中得到的伦理结果更敏感,如概念和原则,包括公正、尊重,思维的自由,个人的权利,适当的方法和惩罚。"[1]而学生通过对案例的具体细节研究和分析进入思考状态。首先,通过一个案例来创设一个伦理两难的场景。其次,虚拟出一场"辩论",将伦理问题用主观的方式呈现出来。在这场辩论中,凡是涉及道德偏向的问题,都会从伦理学角度思考问题的所在。接着,向学生提供这个道德困境中涉及的相关伦理概念的讨论,让学生知道一些主流伦理理论是如何探索类似问题的。理论的目的不仅要解决孰是孰非的问题,而且还要解决学生应该如何判断一件事情的是与非。理解这些伦理家的思想的过程,即是学生打开思维之门的过程。从案例及案例后的分析可以看出,斯特赖克仅做了分析,而没有给出"标准答案",目的就在于引发教师思考。对于专业从业人员,教师特别需要培养自己的伦理思维。因为困境总是很难解决的。当面临规范无法直接指导行动的困境时,就需要教师运用超越个人信仰和价值观的理性思维客观地分析问题,并循此思路去践履选择的行为。在训练教师伦理思维能力的背后,其实质是增进教师对教育本质的理解,以及促进教师作为道德主体的成长,在教学中不仅为学生负责,更为自己的行为负责,从而帮助他们也成长为自由、理性且富有情感的道德主体。

促进教师专业伦理推理能力的发展需要借助案例。好的教学案例应该具备以下四个方面的特征:①好的案例应该具有真实性。教师能够感觉到案例真实性,仿佛身临其境。缺乏真实性的案例很少能够激发思想实验。进而言之,教师应该谨慎地使用包含情绪高度紧张的问题的案例,当教师被锁定到某一立场时,将难以保持开放的氛围。包含情绪高度紧张问题的案例会引导教师选择已明确结果的道德原则。②好的案例应该是教授某个道德原则的载体。编制和选择好的案例举例说明道德原则的应用。教师不应该采用那些以模糊不清的方式产生

---

① Soltis J F. Teaching Professional Ethics[J]. Journal of Teacher Education,1986(3): 2-4.

的道德问题的案例。教师应该采用需要某些道德原则的案例，并将案例编制的有利于讨论这些道德原则。③好的案例应该充分包含激发讨论道德原则的细节。案例中的重要信息应该清晰。但是过度的细节描述会使人迷惑和分散注意力。与所涉及的道德原则无关的资料不应该纳入案例。"案例更像科学文本中的图表，而非文学作品。它们的作用是对世界的简化，从而关注相关的事实与问题。"①案例不是对复杂现实的复制。编制案例不是去回避复杂的伦理困境和棘手的道德选择，而是为教授目标的道德原则和问题讨论来编制案例。④好的案例应该暗示分析的方向但不应该明确肯定这些分析方向。教师可以在案例文本中或者案例附带的问题中暗示分析方式。教师应根据对象的理解能力和问题的复杂性来提出暗示。②

### 三、构建模式，支持教师专业伦理决策

一些教育组织也为教师开发了实用的伦理决策模式，并提供专门的培训。比如，新西兰教育委员会指出教师专业伦理决策能力的培养应该始于教师的职前教育，并贯穿教师专业生涯始终。委员会委托大学研究团队开发培训模式。该模式主要分为三步：第一步是向教师介绍基本的伦理思维和行为（"联系伦理和实践"），这部分向教师呈现伦理困境和相关的决策，向教师呈现伦理规范内容，同时向教师介绍如何界定伦理困境，以及给教师提供小组讨论的机会（呈现伦理困境的情节或视频来让教师对教学中伦理有所认识）。第二步是提供框架来鼓励、形成和促进伦理思考，即集中于对复杂伦理困境情境的具体分析。第三步是创造机会将这些道德思考运用于一系列的情境中，让教师小组分析在具体情境中运用道德原则。③ 在此期间，还要确保教师进行合理的伦理思考以及对自己日常工作中的道德问题进行有意义的讨论。研讨班的目的就是进行以实践情境为基础的培训，运用与教师真实工作相似的案例、情境和故事，结合伦理规范中的原则加强教师对伦理规范的认识，以及进行伦理决

---

① Strike K A. Teaching Ethical Reasoning Using Cases[C]//Strike K A,Ternasky P L (eds. ). Ethics for Professionals in Education:Perspectives for Preparation and Practice. New York:Teachers College Press,1993:113.

② Strike K A. Teaching Ethical Reasoning Using Cases[C]//Strike K A,Ternasky,P. L. (eds. ). Ethics for Professionals in Education:Perspectives for Preparation and Practice. New York:Teachers College Press,1993:112-113.

③ Professional Development for Ethical Teaching [EB/OL]. (2015-06-15). http://www. victoria. ac. nz/education/pdf/profdevelopmentfor-ethicalteaching-roseanna-bourke. pdf.

策的能力。

而澳大利亚教师组织普遍使用的方法是为教师提供结构化的伦理决策模型（structured decision-making model），帮助教师在面对道德问题时进行决断。针对伦理实践的复杂和不确定性，现在也越来越多地采用教师伦理实践的记录、访谈、提供对话平台等形式，并以此作为伦理决策模型的补充，帮助教师来探讨、反思和澄清这些伦理规范。近几年来，这种教师伦理实践的描述资料越来越受到澳大利亚教师教育各方的关注，逐渐成为制定伦理规范的参考，如2010年新南威尔士州新制定的行为规范中取消了老版本（2004年版）中的21条指导伦理决策的线性模型，取而代之的是对教师实践中重要问题的在线记录访谈。[①] 除此之外，这种教师伦理实践也为职前教师和在职教师提供更多的机会探讨和反思自己的教学实践中伦理问题。下面以维多利亚州为例来具体介绍如何加强规范在实践中的引导作用。维多利亚州教学机构主要提供了线性决策模型和在线的研讨会活动，围绕核心价值和伦理原则设置情境引导教师澄清伦理观念，在面对实际中的伦理冲突、两难等问题时能够采取合适的伦理决策和道德行动。

该州设置的线性决策模型分为六个步骤：第一步需要教师明确问题，界定问题是否是存在冲突和两难且难以解决。第二步，从各利益相关者的角度考虑。教师的任何的决策会涉及学生、同事、家长、学校以及自身等相关人员。教师需要考虑自己的决定最终会使哪些人受到影响。第三步则是确定和问题相关的原则、法律和政策等。第四步明确和评价自己的各种解决方式和可能导致的结果。有时问题的解决不止一种方式，那么就需要考虑可能的解决问题的方法及其相关的结果。第五步是获取他人的建议，这里教师可以向直属的管理者咨询，包括校长、校长助理，或者和维多利亚州教学机构联系咨询。完成了前五步，最后一步则是做出合适的决策并付诸行动。[②]

当然线性决策模型为教师提供了结构性的伦理推理思路，帮助教师解决现实中的冲突问题，但是教师还需要根据具体的情境进行相应的变通。因此，维多利亚州教学机构同时还为教师设置了研讨会活动（workshop activities），呈现具体的实际问题让教师探讨，帮助教师对规范有深层次理解并指导自己

---

① Forster D J. Codes of Ethics in Australian Education：Towards a National Perspective[J]. Australian Journal of Teacher Education，2012(9)：1-19.

② Victoriam Institute of Teaching. Decision-making Model［EB/OL］.（2015-04-27）. http://www. vit. vic. edu. au/SiteCollectionDocuments/PDF/Code_decision-making_model. pdf.

的教学实践。① 研讨会活动可以个人或团体的形式开展。该研讨会活动中的资料都是来自教师的真实实践活动,是教师在实践中容易遇到的伦理困境问题。在个人活动方式中,主要介绍了规范对教师的意义和解决具体的伦理困境两部分。前者帮助教师了解规范对教师的具体道德角色具有什么意义,后者则是帮助教师根据伦理原则解决实际中的伦理困境。研讨会活动还为教师提供了视频和相应的活动步骤,首先视频会呈现其他教师在实践中对伦理问题的不同观点,之后结合视频中呈现的问题,教师联系自己的实践做出自己的回应,并将此与自己的同事或是通过在线交谈的形式与其他教师探讨。而在团队研讨活动中,可以由本校的五六个教师组成小组,同样的也是就个人活动形式中的视频进行小组讨论。此外,在小组讨论中,网站还提供了其他根据核心伦理原则设置的实际问题和具体情境的资料让教师围绕伦理原则进行小组讨论或是在线探讨。维多利亚州将线性决策模型和研讨会活动相互结合,帮助该州教师理解伦理观念,以及进一步推动教师将规范运用于具体行动中,推进了教师的道德实践。

为了培养师范生、初任教师,以及其他教育实践工作者的伦理探究与决策能力,加拿大安大略省教师学院发布了两套自主学习资源,主要包括典型案例、多媒体教学资源包、数字化叙事作品,以及反思指南,从而促进批判的反思性实践。其中较为重要的是提供了对话式伦理知识探究程序和伦理决策框架(见表3-3和表3-4)。该程序和框架已被纳入教师教育课程、校长资格计划、督导资格计划、学校教职工会议,以及各种教育论坛,可作为指导伦理决策的反思工具、丰富伦理知识的专业学习工具、自我认知强化工具、促进伦理责任共担的共同体建设工具、理解和塑造学校或组织伦理文化的工具。

表 3-3　加拿大安大略省教师学院对话式伦理知识探究程序②

| 步骤 | 问题与思考 |
| --- | --- |
| 体验 | 您在专业实践中遇到了怎样的道德两难问题<br>请陈述一个专业实践中包含道德两难问题的案例经验 |

---

① VIT. Workshop the Code[EB/OL]. (2015-04-27). http://www.vit.vic.edu.au/conduct/victorian-teaching-profession-code-of-conduct/workshop-the-code/Pages/default.aspx.

② Ontario College of Teachers. Booklet 2-Exploring Ethical Knowledge Through Inquiry[R]. Toronto:Ontario College of Teachers,2006.

续表

| 步骤 | 问题与思考 |
|---|---|
| 反思 | 您是如何应对实践中遇到的困境的<br>请借助伦理决策框架来反思困境体验。对伦理决策过程的每一环节做出明确回答 |
| 分析 | 应对该困境有哪些不同的方式<br>站在参与者的立场,分析、探究其对伦理决策框架每一环节所做的回答 |
| 原则 | 《教师专业伦理标准》与《教师专业实践标准》在该困境中是如何得到体现的<br>将《教师专业伦理标准》《教师专业实践标准》的指导原则与困境中得到阐明的思维、行动和体验联系起来,并注意任何有助于成长的建议 |
| 拓展 | 倾听同事的多种观点,从中您学到了什么<br>反思伦理决策框架与集体讨论,以识别新见解 |
| 综合 | 与伦理思维、伦理行动及伦理决策有关的伦理知识是什么<br>整合并反思与专业实践、《教师专业伦理标准》(呈现在小组讨论的过程中)有关的观念、问题和行动 |

表 3-4　加拿大安大略省教师学院伦理决策框架[1]

| 伦理判断/决策 | 指导决策的伦理原则/价值观 | 决策的理由 | 决策的影响 | 伦理困境与伦理行动反思 |
|---|---|---|---|---|
| 您将如何应对 | 指导您行动的伦理原则或价值观是什么 | 您的行动理由是什么 | 您的决策或行动会带来哪些可能的后果 | 在倾听同事观点的过程中,您获得了哪些新见解或新认知 |

　　教师专业伦理困境、伦理推理和伦理决策等概念的提出,不仅拓宽了原有教师专业伦理观念,更为教师专业伦理建设提供了新思路,为师德培训课程开辟了新的内容。它告诉我们仅仅学习师德规范、养成良好的师德品格并不足以帮助教师理解和解决教育教学中的道德困境,教师还需要学习解决伦理冲突的程序与策略,这也是帮助教师成为专业实践中有道德的人的重要组成部分。师德教育也可以从空泛的说教规范转向学习解决问题的策略,而学校课堂互动中的紧张关系和困境是练习对话策略的最佳材料。教师需要了解那些使学生感到尴尬、被忽视与轻视的事情。虽然现有的师德培训教材不乏案例,但总体看来,真实性不够、问题性不足,偏重优秀师德标兵的感人实例,较少引导教师思考情境

---

　　① Ontario College of Teachers. Booklet 2-Exploring Ethical Knowledge Through Inquiry[R]. Toronto: Ontario College of Teachers, 2006.

中的伦理问题,寻求可行的解决策略。如果我们认同教师在教育实践中应做一位有道德的专业人员,那么就不能缺少导引教师认识教育实践中的伦理困境,分析其中的伦理思路,合理做出伦理决策的师德教育了。

## 第三节  基于民主理念建立师德惩处机制

订立教师专业伦理规范有助于公众与专业人员知晓本专业信奉的道德理想与行动准则。开展丰富多样的教师培训,提升教师的专业伦理推理能力、决策能力,也有助于提升教师专业伦理实践能力。但是,对于那些无视专业伦理规范,侵害专业服务对象的从业人员,还需从严进行道德治理,施以纪律处分。近年来,西方一些国家不仅加强了教师专业伦理规范建设,还通过设置独立的治理机构、建立完备的治理机制等途径,加大了对教师专业不端行为的惩处力度。

### 一、设置调查惩处机构

对教师不道德行为进行惩处由专门机构掌管,不同国家、不同性质的组织纷纷设置师德处罚机构。澳大利亚各州教育部均设有惩处教师不道德行为的机构。而在美国,教师工会也设置了类似机构。例如,美国教育协会早期自称是专业组织,后来演变为教师工会组织。它在 20 世纪 40 年代就针对教师专业伦理规范执行不力的问题,提出设置专业伦理委员会,负责处分违反教师专业伦理规范的协会会员,保障教师专业伦理规范的有效执行。该协会在 1941 年版的教师专业伦理规范中曾指出,专业伦理委员会的职责是研究可以参照规范进行处理的违规事件,并对其采取适当行动。1946 年,该协会的专业伦理委员会首次公开举行听证会,审查并对一名成员做出了除名的决定。这次行动被视为教育向真正专业迈进的里程碑事件。为了帮助专业伦理委员会执行调查功能,1961 年美国教育协会成立了全国专业权力与责任委员会,调查被指控的教育专业人员的不道德行为的案件,并报告专业伦理委员会。[①] 1975 年,美国教育协会专门成立设立检查委员会,并规定对于那些被指控的违反教师专业伦理规范的事件,检查委员会有裁决权,有权对会员做出指责或开除等权力。

在英国、加拿大等国,独立的教师专业自治组织担负起调查与惩处教师不道德行为的职责。加拿大安大略省教师学院的调查委员会和纪律委员会常年受理调查投

---

① 王丽佳.美国全国教育协会教育专业伦理规范历史演进探析——兼谈教师专业伦理规范建设[D].上海:华东师范大学,2010:23.

诉,召开公开纪律听证会,对注册教师的专业不端行为予以处分并公示处分决定,以维护专业信誉和公众形象。①英格兰普通教育委员会曾在长达十年的时间里,负责惩戒被指控专业行为不端的教师。一旦有案件提交,该委员会将对指控进行调查,如果指控成立,他们将召开公开听证会,审查证据,并听取被告人的陈述。如果教师在这些听证会上被判定有违反专业规定的行为,委员会有权根据案件的严重性做出四种纪律处分。纪律处分中较轻微的是谴责,它在教师注册记录上保留两年。其次是采取强制性行动,如要求受处分的教师参加有针对性的培训课程或咨询会议。第三种是停职两年。最后且最严重的处分是终身停职。委员会做出判决之后,每个案件的详情及委员会的决定,均会在委员会的网页上予以公布。②

## 二、建立师德问责机制

行政部门、司法机构在处理违反教师专业伦理事件时往往带有被动性、滞后性和隐蔽性,要使教师专业伦理规范的执行具有强制力,仅仅设立处置机构是不够的,还需建立有效完备、公正透明的问责机制。美国教育协会较早关注相关制度的研制。在1969—1970年,美国教育协会为配合新的教师专业伦理规范的施行,出台了《行为调查标准》《调查程序规则》《地方教育协会与申诉裁决》《地方教育协会和申诉调节》等多个文件,形成了较为完备的治理体系。③

加拿大安大略省教师学院更注重公开问责机制,建立了公众投诉到问题解决的三阶段程序。该程序包括:投诉受理("进入")(intake stage)——调查(investigation stage)——(纪律委员会或执业委员会)听证(discipline or ftness to practise committee hearing stage)常规程序与辩论解决(the dispute resolution program,DR)例外程序及惩处制度(参见图3-1)。调查委员会负责:受理、调查针对会员道德、业务能力和执教能力问题的投诉;审核调查过程中收集到的信息和记录,做出投诉处理决定。纪律委员会负责:就会员的道德和业务能力问题召开听证会并做出裁决;视情节轻重给予警告、停职、撤销的相应处分;审理因违纪而被吊销资格证的会员所提出的复职申请。执业委员会负责:就会员的身体能力或心智能力问题(影响执教能力的健康相关问题)召开听证会,并做出裁决;视

---

① Ontario College of Teachers. A mandate for our times [EB/OL]. (2016-07-23). http://images. oct. ca/mandate/mandate_for_our_times_2014 eng. pdf.

② Page D. The abolition of the General Teaching Council for England and the future of teacher discipline[J],Journal of Educational Policy,2013(2):231-246.

③ 王丽佳. 美国全国教育协会教育专业伦理规范历史演进探析——兼谈教师专业伦理规范建设[D].上海:华东师范大学,2010:32-33.

情节轻重给予停职、撤销、附加限制性条款的相应处理。可以说,做到了分类问责(道德、业务能力、身心能力问题分类处理)、处分适当。① 该教师组织处置机制具有以下几方面的特点。

### 1.机构独立,法律保障

加拿大安大略省教师学院依据《安大略省教师学院法》设立,是独立于政府的教师专业自治机构,由教师自主管理安大略省内的教师事宜。在该省内教师只有经过安大略省教师学院官方认证,获得学院教师认证证书和教师资格证书才能在该省公立学校教学。教师资料公布在安大略省教师学院官方网站上,公开透明,方便公众查阅。其独立自治的优势体现在:不依附于政府,对学院成员的投诉直接提交到学院,由学院自主处理。避免政治权力的介入、学校政府相互包庇;教师管理教师,教师职业的专业性得以体现。

### 2.面向全体,公开透明

学院面向社会。学生、家长、公众、专业人士、教育部长、学院书记长官,均可针对学院成员向学院提出投诉。学院教师资料记录公布于学院官网,并调查教师的犯罪记录,供公众查询,接受公众监督。通过调查解决、争端处理、听证审查的案件公布在学院官方杂志上,简要概括案件内容,并说明案件审查结果。学院不会对投诉或调查做出评论,除非它们被转移至公开听证会。学院通过这样做来保护投诉者、有问题的成员,并避免偏见。

### 3.组织得当,制度严密

相关人员充分参与。投诉者、被投诉成员必须充分配合案件调查,并为投诉尽可能地提供事实依据。在调查过程中,调查人员依法调查人证物证以及任何可以提供相关信息的个人,作为解决投诉的依据。在案件审理解决过程中,通过调查解决和争端处理解决的投诉,投诉者与被投诉者双方必须达成一致;通过听证审查解决的投诉,听证会不因被投诉者及其代表律师无故缺席而停止或延期,听证审查依法进行,审查结果仍具有法律效力。投诉中情节严重、涉及刑事犯罪的案件,学院将与警方合作,警方在听证过程中呈现调查结果,为学院做出惩处提供依据。

严格遵守程序流程。投诉者投诉时需按照学院要求提交投诉内容,学院不

---

① Ontario College of Teachers. Resolving Complaints[R]. Toronto:Ontario College of Teachers,2006.

接受匿名投诉,任何不按要求提交的投诉都会被驳回。收到投诉后,调查委员会确定投诉是否属于学院管辖范围,2～3 天内对投诉者做出回应,并通知被投诉成员。被投诉的成员有机会在 35 天内以书面形式做出答复。在案件的调查过程中投诉者与被投诉者不被建议私下联系。之后,学院对每个投诉进行评估,从而确定相应的投诉解决方式。调查委员会、纪律委员会对案件进行处理。

### 4. 多重解决,程序公正

学院根据不正当性行为投诉内容的严重程度设置了调查解决、听证审查这两种解决方式,以合理分配资源,提高投诉的解决效率。调查解决处理情节较轻的案件,调查委员会会考虑调查期间收集的相关信息,并召开调查会议。如果调查委员会认定是轻率投诉,或是无理取闹、滥用程序,或者不在学院的管辖范围内的,可以拒绝接受投诉。如果投诉需要解决则采取相应的解决措施,专案小组成员亲自或以书面的形式对成员进行警告或训诫。如果情节严重涉及专业不当行为,则将此事全部或部分提交纪律委员会进行听证审查。纪律委员会专家小组将听取并确定指称被投诉成员的不正当性行为的有关事项。参与听证会的各方由学院成员和作为投诉主体的成员组成。专案小组有责任确定该成员是否犯有专业不当行为。一旦学院的法律顾问和被投诉成员的律法律顾问提交了意见书,专案小组即可审议并做出决定和处罚。两种解决方式分别对应不同程度的投诉案件,设有专门的专案小组进行处理,提高了投诉处理的专业性。同时两种解决方式非此即彼,提高了投诉处理的精准性。在投诉处理过程中,审讯人员保持中立。调查委员会专案小组和纪律委员会专案小组维护公众的利益,基于事实处理案件,依据法律法规做出惩处决定。纪律委员会专案小组的成员不能同时是同一投诉的调查委员会小组成员,并在听证会召开之时才了解投诉内容,防止事先存在的偏见;尊重人权,平等对待。在投诉解决过程中,学院尊重投诉者和被投诉者的权利。被投诉者有权了解被投诉的内容,有寻求法律援助的权利,有权要求及时处理投诉,有权获得书面答复。在听证审查中,被投诉者有为自己辩护的权利。

### 5. 处罚分明,针对性强

学院依据教师专业性对教师的不正当行为做出处罚。学院有权依法对犯有不正当性行为的成员做出书面警告或口头警告,撤销成员的教学证书,暂停成员的教学证书,对学院的证书施加特定的条款、条件或限制、谴责、训诫或者对成员进行个别辅导、罚款,确定由成员支付的费用的惩处。根据成员行为情节轻重程度不同,做出的惩处也不同。

安大略省教师学院的投诉与解决三阶段流程如图 3-1 所示。

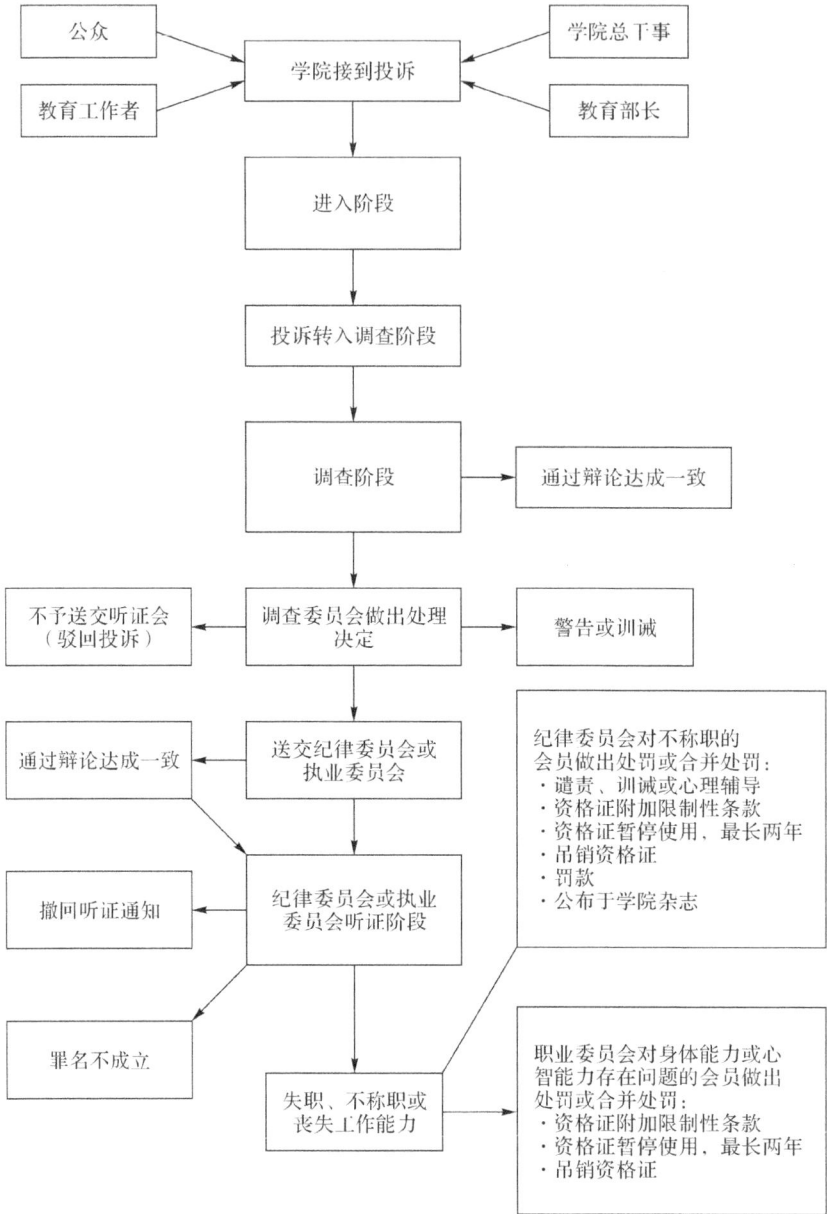

图 3-1 安大略省教师学院的投诉与解决三阶段流程①

_____

① Ontario College of Teachers. Resolving Complaints[R]. Toronto：Ontario College of Teachers，2006.

　　总之,西方国家在坚持教师专业伦理规范正面引导的同时,为保住专业道德底线而不遗余力地建立师德惩处机构和师德问责机制,以期杜绝违反师德规范的行为,将师德上不合格的人员清理出教师队伍,面向公众塑造教师队伍的良好专业形象。

# 第 四 章

## 教师专业伦理规范建设的国外典型

　　20 世纪二三十年代以来,社会职业的"专业化"发展浪潮推动了教师职业的"专业化"发展①。为推进教师职业的专业化,国际劳工组织和联合国教科文组织在《关于教师地位的建议》中明确指出:"道德纲领或行为准则,对维护教职的权威以及确保遵循得到承认的各项原则履行职责有重大作用,教师组织应予以制定。"②世界各地教育行政组织、专业自治组织和教师工会组织都纷纷制定相应的教师专业伦理规范,积极推动各地教师专业化发展。其中,美国教育协会和加拿大教师学院制定并持续修订各自的专业伦理规范,为世界各国教师专业伦理规范建设提供了宝贵经验。美国教育协会是美国最大的教师组织,也是世界范围内建设教师专业伦理规范最早且历时最久的教师组织。该组织制定的教师专业伦理规范被许多地区视为范本。加拿大教师学院是目前为数不多的教师专业自治组织,该组织将教师专业伦理规范建设融入教师职前职后教育、教师专业资格认证,取得了显著的成效,深刻影响了澳大利亚、新西兰等国家的教师专业伦理规范建设。因此,系统研究两大教师组织的教师专业伦理规范建设历程,对加深教师专业伦理的认识和制定教师专业伦理规范,具有重要的理论与实践意义。

### 第一节　美国教育协会的专业伦理规范建设

　　美国教育协会(National Education Association,以下简称 NEA)是该国规模最大、最具社会影响力的教师组织。从 1924 年至 1975 年,该组织制定并持续

---

　　①　钟启泉.教师"专业化":理念、制度、课题[J].教育研究,2001(12).
　　②　万勇译.关于教师地位的建议[J].全球教育展望,1984(4).

修订了《教师专业伦理规范》(以下简称伦理规范),使之"不仅是美国教育界最具影响的专业伦理规范,还是其他国家建立师德规范的一个范本"①。然而,已有研究主要集中于 NEA 伦理规范文本分析,尤其是着重对该组织最后一版详尽考察,缺乏纵向历史分析,使得诸多问题尚未得到令人满意的解答:一是史实不清楚,如 NEA 伦理规范建设的历史演进过程,该组织正式颁布了几版伦理规范,尚无定论;二是论据不充分,如为什么 1975 年以后 NEA 不再继续修订伦理规范? 较多学者认为 1975 年版的伦理规范是完美定型版,并奉之为圭臬,用以评说国内师德规范。事实上,这是学者的主观判断,或是仅仅基于伦理规范文本分析的结论,缺少有效的历史论据予以佐证;三是结论不足信,NAE 建设伦理规范的出发点、着力点,以及基本线索是什么? 真正具有启示意义的是什么? 学者各有说法,但多为附会之说,缺乏采信的史料与分析基础。

## 一、初创阶段

美国教育协会专业伦理规范的出台以推进教师专业化为目的,以专业伦理委员会为组织依托,从最初的科学调研到最终文本的形成,初步展现了专业性、自治性以及伦理规范性的特点。

### (一)历史背景

#### 1.教师专业化思想的推动

独立战争是美国由殖民地向自由共和国转变的标志,然而受战争的影响,美国的文教事业变得极其脆弱。教师作为国家教育事业的核心力量,地位并不高。在被殖民时期,美国教师的地位十分低微,尤其是小学教师。脱离殖民统治之后,小学教师的地位并没有得到改善,专业水平低、工作报酬少、社会地位低与殖民地时期并无两样。教师被认为是"廉价"的边缘性职业。19 世纪,美国教育领域出现的变化之一是女性逐渐加入教师队伍,有些女性愿意承担与男性同样的工作量,工资仅拿男性的一半。这种现象为女性进入教学领域提供可能性的同时也加剧了教师地位低下的状况。曾有调查显示,威斯康星师范学校 101 名毕业生中有 69 人从事教育工作,八年后只有 5 人留在教学岗位上。② 教师职业成为跨入其他行业的"中转站"和"跳板",专业化水平较低。

---

① 黄向阳.教育专业伦理规范导论[D].上海:华东师范大学,1997:48.
② 郭志明.美国教师专业规范历史研究[M].北京:中国社会科学院社,2004:23.

19 世纪末 20 世纪初是美国历史上一个躁动不安的时代。这个时代也被称作"进步时代"。针对出现的许多社会问题,有志之士出谋划策,教育领域出现了一些改革措施,其中较有名的便是"进步主义教育运动"。进步主义运动被认为是"从一开始就具有多元化的、矛盾性特征的运动"①。进步主义教育的重点更多的在管理而非教学方面,因此也就导致了"集权化"现象的出现。集权化现象带来了学校管辖权的变化,而这一变化又直接导致学校管理者角色和资质的改变。复杂的教育层级体制出现,校长及其领导班子和教师成为分割的两个部分,人们的权力、威望和经济待遇截然不同。因此,为了捍卫自己的职业传统以及薪酬水平,改变教师地位较低的现状,教师们愿意将自己组织起来。教师组织的出现也为后来的职业专业化发展提供了机构支撑。

"教师职业是世界上组织最严密的职业之一,所以教师组织在各种领域能够起着并且正在起着非常大的作用。"②美国因其历史原因,对于民主自由的追求深入人心。这种观念下也极易导致个人主义。为了约束这一现象并且不影响自身自由,美国人想到一种方法——结社,其中也包含教育界。

18 世纪末 19 世纪初,美国教育界的结社意识开始萌芽并不断付诸各种实践。根据资料显示,美国最早的教师组织出现在康涅狄克州名叫米德尔赛克斯的县所建立的改进公立学校组织。而美国最早的地方教师组织建立于 1974 年的纽约市教师协会。从此以后,各地纷纷学习效仿,很多教师组织开始建立。根据各种各样的目的,有着相同理念、志向的人结合在一起。"大家合在一起去处理对共同的命运发生影响的事务。"③而教师群体同样也受结社思想的影响,自发组成了各种各样的教师团体并不断发展最终走向成熟。

**2. 美国教育协会(NEA)的支持**

1906 年,美国国会正式授权全国教师协会更名为"美国教育协会",这标志着真正意义上的全国性教育协会组织的诞生。面对教师专业化水平较低、社会地位不高的现状,NEA 成立之后开始专注于提升教师群体的专业化水平、捍卫教育行业的尊严,其中包含制定专属于教师团体的伦理规范的设想。

1924 年,在 NEA 全国代表大会中,梅·韦德(May Wade)主席宣读了教师专业伦理规范建设工作的重要性与意义,他提出"教师专业伦理规范的最高理

---

① 韦恩·厄本·杰宁斯·瓦格纳:美国教育——一部历史档案[M].周晟、谢爱磊译.北京:中国人民大学出版社,2009:274.

② 联合国教科文组织.教育——财富蕴藏其中[M].北京:教育科学出版社,1996:137.

③ 托克维尔.论美国的民主(下)[M].董果良译.北京:商务印书馆,2013(2):823.

想是服务人类"。① 韦德主席指出,服务学生是教师的首要职责,衡量一个教师服务成功与否的标志便是考量其能否帮助学生成长为具有爱国情怀、有用的且正直的人。而无论是对于国家、各州、地方还是教师个人而言,伦理规范的建设工作都是意义深远且至关重要的。

1924 年 4 月,美国加利福尼亚州国家教育委员会在年会中正式通过一份推荐报告,报告中对 NEA 提出几点呼吁,其中包含关于教师专业伦理规范建设的计划:

(1)在下一年的工作中,让专业伦理规范建设成为工作重点;

(2)任命委员会负责规划各种事宜并建立正式的伦理规范;

(3)尽可能向全国范围内的成员宣传这一伦理规范;

(4)在教学培训机构课程中开设有关如何使用伦理规范的短期课程,并且利用多种途径去推广伦理规范;

(5)建立责任与权力兼备的长期专业伦理委员会,委员会的成员享受最高职业福利待遇;

(6)设立与律师行业"律师资格撤销"机制相类似的机制,从专业角度衡量教师群体中的一些无价值成员;

(7)鼓励全国范围内的州协会采用与以上相似的活动计划。②

这一计划的制定标志着 NEA 教师专业伦理规范建设工作正式启动。

1924 年,NEA 曾任命一个临时性的专业伦理委员会,旨在专门负责与伦理规范制定、修改、宣传、解释以及对违规成员处理的相关工作。委员会共 56 名成员,其职能由美国教育协会规定。1925 年,NEA 代表大会报告显示专业伦理委员会对自己的责任范围以及在制定伦理规范过程中会遇到的困难进行讨论,主要包含以下几条:

(1)并非所有教师都能达到伦理规范要求的较高标准;

(2)由于职业种类丰富,教育经验较少的成员,如中小学、大学董事会成员等可能对于教育行业的伦理规范了解较少;

(3)如若伦理委员会无法理解伦理规范的内容,那么伦理规范的落实也将存在困难;

---

① Wade M. Report of Committee on a Code of Professional Ethics for Teachers[R]// National Education Association of the United States. Addresses and Proceedings of the Sixty-Second Annual Meeting held at Washington. D. C. ;The Association,1924:285-288.

② Wade M. Report of Committee on a Code of Professional Ethics for Teachers[R]// National Education Association of the United States. Addresses and Proceedings of the Sixty-Second Annual Meeting held at Washington. D. C. ;The Association,1924:287-288.

（4）伦理委员会在指导教师如何按照伦理规范要求行动时，避免本末倒置。[①]

1925 年 NEA 代表大会召开期间，伦理委员会粗略描绘了教育专业的草图。根据成员们的建议，伦理委员会确定未来工作计划的第一位应是学习全国范围内所有有价值的伦理规范，其中包含教育专业之外的伦理规范。初步制定的伦理规范文本将会呈交给一些组织，如教师组织、（美）扶轮社（扶轮国际的分支机构）（Rotary Clubs）、学校董事会、专业人员、商人等进行审阅。伦理委员会希望最终形成的伦理规范能够让教师们懂得何为教育行业的真正信仰。

### 3. 经济大萧条对教育的冲击

1929—1939 年的经济大萧条给美国教育事业的发展带来了巨大的挑战。大萧条期间，美国对于教育行业的经济支持减弱，导致学校财政支出缩减。

为了应对这一消极影响，城市学校开始采取一系列缩减成本的措施，比如增加班级规模、关闭小学校等。一些非常规的学校和课程，如夜校、暑期学校和幼儿园等在这次的危机中被瓦解了。教师的工资作为学校预算的主要部分自然也成了削减的对象，教师待岗和工资削减的情况比比皆是。其中影响较大的便是芝加哥的城市公共教育。大萧条的来临让原本就已面临危机的芝加哥学校情况恶化，一些学校委员会明确表示他们已经没有资金用于支付教师的工资。[②]

美国多数的城市公共教育基本能够平稳地度过这次的危机，然而农村的学校与城市学校相比，承受打击的能力明显要弱很多。农村学校多是教师工资低、学校学期短、教育设施陈旧匮乏，财政税收是学校的主要收入来源，大萧条对农村学校的打击无疑是致命的。

### （二）基本过程

美国教育协会为出台伦理规范做了充足准备，从呼吁制定到伦理规范最终成文共耗时五年多，其中包含任命专业伦理委员会负责与伦理规范相关的各种事情以及后期的调研等工作。

---

① Muir S T. The Committee on Ethics of the Profession［R］//National Education Association of the United States. Addresses and Proceedings of the Sixty-Third Annual Meeting held at Indianapolis. Indiana：The Association，1925：242.

② 韦恩·厄本、杰宁斯·瓦格纳：美国教育——一部历史档案［M］.周晟，谢爱磊译.北京：中国人民大学出版社，2009：353-354.

### 1.伦理规范的建设历程

(1)制定伦理规范之前的准备工作

①讨论伦理委员会未来工作并搜集相关资料。1926年,NEA代表大会召开前,成员们在印第安纳波利斯市(美国印第安纳州首府)进行了一次投票,投票结果显示支持继续进行伦理委员会的相关工作。随后,NEA主席玛丽·麦克斯金蒙(Mary McSkimmon)重申了有关伦理委员会的相关任命。

起初,委员会希望通过开展一个调查研究了解教学领域或其他各行各业关于制定伦理规范做了哪些努力,并计划在第二份报告中起草一个试验性的伦理规范文本。随着这一想法的逐渐落实,成员们意识到若要建立适用范围较广的伦理规范,必须得到全国范围内教师的帮助。

伦理委员会意识到当务之急是搜集信息。搜集信息的过程中,伦理委员会将自身作为一个信息资源结合中心,对美国教育协会和类似这样的州以及城市教师协会等组织资源加以利用。① 通过调查研究,伦理委员会了解到,直至1926年,美国大约有30个州的教师协会拥有自己的伦理规范。

初步调研之后,伦理委员会认识到自身当前获得的信息而言不足以起草出一份完整的伦理规范草案。因此,为了能够更加高效地开展工作,伦理委员会成立分委会,其作用是协助伦理委员会开展工作,制定政策和程序,收集进一步的信息,尤其是收集一些具体的专业实施案例。成员包含五名,伦理委员会主席同时任分委会主席,两名授课教师,一名学校负责人,还有两名主要从事专业伦理工作的大学教师。② 分委会的所有活动需要得到专业伦理委员会以及美国教育协会的批准。

伦理委员会采用案例研究法对有关教育领域的专业伦理问题进行分析。考虑到某些伦理问题对教师群体的逼迫,伦理委员会认为为了教育行业的尊严与稳定发展,有必要对一些伦理问题进行澄清。同时它指出专业伦理必须由有组织智慧和管理能力的协会来处理,由专业伦理委员会激活这一程序,并由协会进行制裁,从而发展一种可持续的教师专业态度,保证全国范围内教师的无形回

---

① Muir S T. Report of the Committee on Ethics of the Profession[R]//National Education Association of the United States. Proceedings of the Sixty-Fourth Annual Meeting held at Philadelphia. Pennsylvania:The Association,1926:231.

② Muir S T. Report of the Committee on Ethics of the Profession[R]//National Education Association of the United States. Proceedings of the Sixty-Fourth Annual Meeting held at Philadelphia. Pennsylvania:The Association,1926:232.

报——对学生的服务、对委员会的服务、专业尊严、追求一个有价值的、可享受的假期的自由以及确保服务的最好效益和目的。

伦理委员会呼吁美国教育协会成员对其工作提供帮助和支持。考虑到协会成员基数庞大，能够代表国家各个州，且包含不同领域，如教学、研究、评论家、师资培训和行政管理等领域人员。因此，伦理委员会呼吁教师们与最易接近的委员会成员进行交流，为委员会研究提供帮助。委员会研究领域如下①：

伦理标准是如何在教师专业以及其他各行各业发挥作用的？

伦理程序的原则应该是什么样的以及什么是违反教师专业的？（案例的收集）

应该建立实践委员会或者委员会去收集案例吗？如果应该，那么它应该如何建立？

应该从这些违反专业实施的案例中建立行为吗？什么事情应该纳入美国教育协会伦理之中？②

②调查了解各州已有的伦理规范文本现状。伦理委员会针对已经制定伦理规范的州的调研工作包含两项，一是调研各州教师对于伦理规范的熟悉程度，二是发掘各州具有代表性的标准并制成清单。1927 年，为了了解各州的伦理规范是如何发挥作用以及何种机构负责指导教师熟悉伦理规范内容。伦理委员会向所有成员以及国家教师协会秘书发送了一份关于伦理问题的调查问卷。回复结果显示，蕴含在伦理规范中的某些潜在信仰无形中增加了伦理规范的实际影响力。一些不熟悉伦理规范的教师反馈，多数州对于伦理规范的制定与宣传是不连续且不稳定的。很多州没有组织或者机构来确保伦理规范内容稳定且有规律的制定和出版。

1927 年 3 月，伦理委员会在美国得克萨斯州达拉斯市举行会议，会议提出，被教师们认可的伦理规范必须能够被各个领域的教师口述出来。同时，会议确定伦理委员会接下来的任务是发掘多数教师认可并推广的伦理标准，并将其制成清单。清单内容会从伦理委员会手中已获得的大量伦理标准中进行筛选，部分内容也可能从其他行业中借鉴。编辑好的资料提交给全国教育领域的教师代

---

① Muir S T. Report of the Committee on Ethics of the Profession［R］//National Education Association of the United States. Proceedings of the Sixty-Fourth Annual Meeting held at Philadelphia. Pennsylvania：The Association，1926：233.

② Muir S T. Report of the Committee on Ethics of the Profession［R］//National Education Association of the United States. Proceedings of the Sixty-Fourth Annual Meeting held at Philadelphia. Pennsylvania：The Association，1926：233.

表,他们需要去陈述自己是否赞成这些列出的标准,以及这些标准是否应该被纳入到教学专业伦理规范中并提出自己的想法。教师们的一些需求会被收集汇总。伦理委员会认为在正式制定伦理规范之前,应该做一些准备工作,弄清整个专业领域中有关伦理已经做了哪些事情,委员会计划在下一年的时间里制定一份调查问卷,分发出去并收集回复。

1927 年 NEA 代表大会报告中,伦理委员会表达了希望继续得到美国教育协会代表大会成员支持的愿望。在部长、主席、华盛顿办公室以及专业成员的帮助下,伦理委员会在 1928 年 6 月拟定了一份有关信念的书面陈述报告。

(2)1929 年版伦理规范文本成型

专业伦理委员会 1929 年向美国教育协会递交了一份教学专业伦理规范以供其考虑。1929 年版伦理规范最终通过代表大会审核并正式作为美国教育领域的行为标准在全国范围内推广。

①发放调查问卷。自 1924 年起,经过四年的研究,伦理委员会更加坚定制定伦理规范的重要性。1928 年,伦理委员会在报告中阐述了四点理由:一是教师培训实力的提升以及发展需要更高水平的专业行为标准;二是对于一些注重专业素养的人而言,有价值的伦理规范会对他们有一定的指导作用;三是为了给予刚进入教师岗位的新手教师一个从业标准,让他们能够了解专业教师应该具备的素养;四是为了维护教师自身的利益。[1]

经过前期的研究,委员会发现如若伦理规范不能够被它所涉及的绝大多数主体所接受,那么其效用是非常微弱的。因此,为掌握各州对于伦理规范的了解程度以及专业成员对于委员会提出的伦理标准的赞成、反对程度,委员会制定了一份问卷,并且在 1928 年 1 月将问卷发给了挑选出的 3145 名教师。[2]

②整理分析数据。发放到各州的问卷共有 3145 份,截至美国教育协会第66 届年会召开之前,共计收回 1606 份问卷,其中行政主管的回复 516 份,行政下属回复 444 份,授课教师回复 646 份。收集到的问卷被分成三个部分,即最高管理者、行政管理下属、授课教师。最高管理者包含一些从事核心管理岗位的人,例如,学院和大学的校长及学校的监督者。行政管理下属类包括监督助理、

---

① Muir S T. Report of the Committee on Ethics of the Profession[R]//National Education Association of the United States. Proceedings of the Sixty-Sixth Annual Meeting held at Minneapolis. Minnesota:The Association,1928:179.

② Muir S T. Report of the Committee on Ethics of the Profession[R]//National Education Association of the United States. Proceedings of the Sixty-Sixth Annual Meeting held at Minneapolis. Minnesota:The Association,1928:180.

校长助理、院长助理等人的问卷。授课教师类包含除了以上提到的两类人之外的所有人。三组成员的回复计划被分开制成表格。1928 年代表大会召开之前，由于人员限制以及时间有限，所以只有核心行政领导（主席和监管人）的回复被列成表格。而且因为一些具有启发意义的评论及部分的表格不是很完备，所以伦理委员会 1928 年的汇报中只对三组人员表决中关于不道德的行为排名进行了初步的分析。

1929 年 NEA 代表大会召开之际，每名人员的回复都被制成精细的表格。问卷中列出了 39 条专业成员的实践行为。专业人员在填写问卷时需要通过标记表明自己对这 39 项实践行为是否属于道德范畴进行判断，并且根据严重性和频率，他们需要提出所见的与专业成员相关的六个最不道德的实践行为。三个群体在多数问题上的回答几乎一致。关于最不道德的实践行为，三组成员均将其投给了第六条"因为不愿意失去这个老师的服务，学校行政人员没有将她推荐给其他团体？"反对的百分比为授课教师 95.97％、行政下属 96.40％、行政主管 94.57％。第二位为"妨碍行政人员与教师之间的通信以及交谈？"授课教师反对的百分比为 94.58％，行政下属 94.59％，行政主管 94.57％。对于不道德实践行为第三位，行政主管和行为下属选择了"通过暗示、剥削或者免费新闻公告、广告的形式去努力保护或者维持现有的职位？"授课教师将此问题排名第五。授课教师选出的最不道德行为第三名是"以一种会让学生或者他们的父母难堪的方式讨论学生的不足？"反对百分比为 93.18％，行政下属将此问题排名第六位，反对的百分比为 93.02％，行政主管的反对率为 92.44％。三个群体的成员都认为最微弱的不道德的实践行为是"接受自己亲友担任教育委员会成员或督导的社区中的某一职位"。排名在第 38 位的是"没有去谴责、揭露不专业的或者不道德的行为，包括职业中的低效"。因为"谴责和揭露"这样的一种行为其中可能涉及一些法律的程序，这并不在教师的职权范围之内。排名第 37 位和 36 位是关于接受学生礼物的条目还有在竞选活动中做超出给候选人投票的事。①

在制定伦理规范的过程中，伦理委员会也吐露其遇到的一些困难，如有行政主管将"过度胆怯"列为六个最不道德的实践活动之一，而大多数人会认为这种行为与先天的缺陷相比是很容易被道德标准纠正的；还有人认为列出的条目存在不适当、不切实际、过时等特点，并不属于不道德范畴等。可以肯定的是，绝大

① Muir S T. Report of the Committee on Ethics of the Profession[R]//National Education Association of the United States. Proceedings of the Sixty-Sixth Annual Meeting held at Minneapolis. Minnesota：The Association，1928：185-189.

多数的人都期待制定一个清晰的、明确的伦理规范。

1928 年,伦理委员会根据收到的 516 个回复、41 个有代表性的陈述,制成包括 1698 个不道德实践行为的表格。其中 1698 个实践行为中有 370 个行为较不同,因这些行为只被提及一次、两次或者较少的次数,所以伦理委员会将这些行为归为非至关重要的。人员的回复多种多样,从"申请非空缺职位"到"不热爱世界"以及"不接受加州位置的人",提到的最频繁的不道德实践活动如下表 4-1 所示。

表 4-1　最频繁的不道德实践活动①

| 条目 | 频次 |
| --- | --- |
| 1.教师申请非空缺职位 | 101 |
| 2.违约而接受另一个职位 | 93 |
| 3.写推荐信时没有给出所有相关的事实 | 81 |
| 4.以不正当的手段竞争职位 | 69 |
| 5.不支持学校政策,即使做出调整仍然不赞成 | 61 |
| 6.未能努力地获得教育上的进步 | 52 |
| 7.试图通过暗讽、剥削、恭维性的新闻报道或广告获得或维持职位 | 49 |
| 8.越级 | 44 |
| 9.在获得某一职位后,未撤回其未得到处理的申请 | 37 |
| 10.不公正地批评其他专业成员 | 37 |

收回的问卷只有少部分是没有给出要求信息的。教师提及的不道德行为共 327 个,总频次达 4670 次。这些行为主要分为以下七个标题:①培训以及专业提升;②寻求和填补职位;③薪酬和晋升;④合同和任期;⑤教师之间的关系以及教师与整个职业的关系;⑥教师与学生以及公众的关系;⑦其他。授课教师、行政下属以及行政长官提到的关于各种不道德行为的数量和频率如表 4-2 所示。

---

① Muir S T. Report of the Committee on Ethics of the Profession [R]//National Education Association of the United States. Proceedings of the Sixty-Sixth Annual Meeting held at Minneapolis. Minnesota:The Association,1928:190.

表 4-2　各种不道德行为的数量以及三组专业人员群体提及的频率①

| 主要标题 | 频次 | | | | |
| --- | --- | --- | --- | --- | --- |
| | 各种不道德行为的数种 | 授课教师 | 行政下属 | 行政长官 | 合计 |
| 培训以及专业提升 | 6 | 92 | 52 | 61 | 205 |
| 寻求和填补职位 | 38 | 226 | 220 | 405 | 851 |
| 薪酬和晋升 | 22 | 78 | 74 | 84 | 236 |
| 合同和任期 | 18 | 130 | 108 | 145 | 383 |
| 教师之间的关系以及教师与整个职业的关系 | 124 | 1019 | 623 | 653 | 2295 |
| 教师与学生以及公众的关系 | 94 | 281 | 183 | 207 | 671 |
| 其他 | 25 | 16 | 5 | 8 | 29 |
| 合计 | 327 | 1842 | 1265 | 1563 | 4670 |

从表 4-2 显示的各种不道德行为的种数以及不同群组出现的频次可以发现,出现最多种数和最高频次的皆在"教师之间的关系以及教师与整个职业的关系"标题下。最小的数种(次)除了"其他"之外出现在"培训以及专业提升"标题下。事实是形成了一种趋势,一个群体专业成员普遍认为的最常见的不道德行为与其他群体的意见雷同。一个群体提到的较少见的不道德行为恰好也是其他群体认同的观点。提及的实践行为的频率范围从 1 次到 439 次,平均每个行为被提到 14.2 次。327 个不同的行为中有 111 个被提到 1 次,50 个被提及 2 次,53 个被提 10 次或以上。

③制定并通过 1929 年版伦理规范。从 1924 年至 1929 年,历经几年的调查与研究,专业伦理委员会在 1929 年 NEA 代表大会召开之前将最终制定好的第一版文本提交,接受全体教师代表的审核,最终获得通过。至此,美国教育协会拥有了第一个正式的且具有全国性意义的伦理规范文本。

1929 年版伦理规范产生之后,为了解释、实施和推广这一伦理规范,专业伦

---

① Muir S T. Final Report of the Committee on Ethics of the Profession—Abstract [R]//National Education Association of the United States. Proceedings of the Sixty-Seventh Annual Meeting held at Atlanta. Georgia:The Association,1929:188.

理委员会向美国教育协会、州以及当地组织提出几点意见:第一,为了让所有教师知晓伦理规范,尤其是那些初入职场的新手教师,全国的教师培训机构都应该给予教师熟悉伦理规范条款的机会,应不定时地在教育学杂志上发表有关伦理规范的内容,并在教师协会或类似会议上探讨关于伦理规范的相关问题;第二,建议各州成立专业伦理委员会,用于负责有关伦理规范的所有问题,如研究不定期出现的专业伦理问题,为刚进入专业领域的成员解释伦理规范的内容,调查汇报违反伦理规范的行为,保护所有遵守伦理规范的成员之间的合作等。①但是,因为一些历史原因,1929 年版伦理规范制定之后的十年出现了发展停滞的情况。直到 1939 年,教师专业伦理规范工作才又重新进入大众视野。

### 美国教育协会 1929 年《教师专业伦理规范》②
(1929 年 6 月—7 月,佐治亚州亚特兰大市 NEA 第 67 届代表大会通过)

#### 前言

为了更充分地实现教育目标,提升教学专业福利,让教师知道什么被认为是适当的程序,从而使他们的专业关系达到高标准的品行,美国教育协会制定了这一伦理规范。

#### 条款 1——教师与学生和社区的关系

第 1 条 教室不宜作为宗教、政治或个人宣传的合适场所。作为公民,教师应行使其全部权利,但应该避免可能会降低教师价值的争议行为。

第 2 条 教师不得允许其教学工作被用于党派政治、个人利益或任何形式的个人宣传。

第 3 条 在教学、管理和其他与学生的关系中,教师应该是公平、公正和专业的。教师应考虑到学生的不同兴趣、态度、能力和社会环境。

第 4 条 教师与学生之间的专业关系要求严格地保护机密和官方信息,就像其他历史悠久的职业人员所遵守的那样。

第 5 条 教师要在家、校之间寻求建立友好、智慧的协作关系。

第 6 条 教师不得为获取报酬而辅导自己班级的学生。

---

① Muir S T. Final Report of the Committee on Ethics of the Profession——Abstract [R]//National Education Association of the United States. Proceedings of the Sixty-Seventh Annual Meeting held at Atlanta. Georgia:The Association,1929:181.

② 此译文参考王丽佳的译本参见王丽佳.美国全国教育协会教育专业伦理规范历史演进探析[D].上海:华东师范大学,2010:65-67.

### 条款 2——教师与专业的关系

第 1 条　教学专业的每位成员应在任何场合都保持尊严。教师应该鼓励有能力且真诚的个体加入到教育行业并且劝阻那些仅计划将教师职业当作进入其他职业垫脚石的人进入。

第 2 条　教师应保持效率和教学技能,可以通过学习以及与地方、州和国家的教育组织的联系。

第 3 条　教师自己的生活应该表明教育是崇高的。

第 4 条　教师在不因薪水低而限制自己的服务的同时,也应坚持适合其社会地位的薪酬。

第 5 条　教师不得利用私人授意的印刷广告或其他不专业的手段来推销学校或个人,并应避免影射和批评,特别是对继任者或前任。

第 6 条　教师不得为了迫使学校提高目前职位的工资而申请另一份职位。相应地,学校官员不应该奉行拒绝给员工加薪直到其他学校挖人而不得不加薪的政策。

第 7 条　教师不得在挑选、购买书籍或物资时作为代理人,不得接受任何可能损害或影响专业决定或行动的赠馈、礼品或恩惠,也不应因帮助另一位教师获得某一职位而接受佣金或其他补偿。

### 条款 3——教师与专业成员的关系

第 1 条　教师应避免对其他教师不利的批评,除非是在学校内部正式向学校官员介绍。任何涉及学校最大利益的事宜,如不及时向当局汇报,亦属不道德。

第 2 条　教师不得在纪律或打分等问题上干涉其他教师和学生之间的关系。

第 3 条　行政管理人员与课堂教学人员之间的合作,建立在对管理者的领导权利和教师自我表达权的同情和认同的基础上,教师和管理者在与适当指定的当局进行业务往来时,都应该遵守专业礼仪。

第 4 条　除非存在空缺,否则教师不得申请某一特定职位。除非校规另有规定,否则教师应向行政官员申请教学职位。教师不应该为了保住职位而故意贬低竞争对手,也不应该故意压低薪酬表。

第 5 条　任职资格应是任命与晋升的唯一决定因素。学校官员应通过在本校或其他学校推荐晋升,鼓励和谨慎地培养有价值的教师的专业成长。学校官员因为不想失去优秀教师的服务,所以不推荐一位称职的老师担任另一个职位是不道德的。

第 6 条　对教师的推荐书要坦率、公正和保密。

第 7 条　合同一经签订,应忠实履行,直至经双方同意解除。在紧急情况下,合同双方应慎重考虑商业制裁的要求。

假使职位发生变动,学校官员和教师应给予应有的通知。

### 2.伦理规范的文本分析

#### (1)伦理规范的结构

对于 1929 年版伦理规范的结构分析,笔者主要谈两个方面内容:一是关于三种道德层次的比重划分,二是关于教师专业责任范围问题。

教育领域对于教师的道德要求分为三种不同的层次,即道德理想、道德原则、道德规则,理想层次的要求是最高要求,原则层次次之,规则层次最低。[①] 道德理想是对道德原则的高度概括,因其内容本身抽象而多包涵理念与价值层面内容,因此具有"高而虚"的特点。道德规则层面的伦理规范内容设计更加具体、明确,操作性较强,属于"低而细"。道德原则层次的伦理规范内容存在于以上两者之间,既不"高而虚"也非"低而细",是对道德规则的一般概括。道德理想的实现需要道德原则与道德规则的协助,而对道德原则与道德规则的实际操作也同样需要道德理想的指导。分析 1929 年版伦理规范文本,可见该伦理规范属于"规约型"伦理规范,内容设置基本是道德原则与道德规范层面的要求,而道德理想层面的内容较少。

1929 年版伦理规范对教师的专业责任范围进行了限定,教师的责任主要包含三个方面:一是与学生以及社区的关系,共 6 条;二是与本专业的关系,共 7 条;三是与同行的关系,共 8 条。教师与学生以及社区的关系提到了教师对于学生应该公平公正、负责、不利用其谋取私利等;教师与学生家庭应建立合作等。教师与专业的关系包含教师对专业的态度,如为专业谋取荣光,教师对于教育教学工作应保持认真高效等。关于教师与同行之间的关系,伦理规范中特别细致地列出了同事之间可能会出现矛盾的八种情况,涉及教师与行政管理人员、教师与其他教师、教师与学校、合约等一系列的问题。

由各个领域的伦理规范条款数量可知,1929 年版伦理规范对教师与同行之间的关系最为重视,次之是教师与本专业的关系,最末为教师与学生以及社区的关系。这也恰好印证了伦理规范制定之初的目标之一是解决同事之间因为一些

---

① 黄向阳.教育专业伦理规范导论[D].上海:华东师范大学,1997:51

摩擦而产生的各种矛盾。这一版伦理规范的内容看,基本包含了教师从事教育事业应该涉及的绝大多数内容,可见 1929 年之前,伦理委员会所做的努力也发挥了应有的价值。

(2)伦理规范的语言

道德概念(范畴)是对道德现象本质联系或特征的概括和反映。① 道德判断是运用道德概念或道德知识,对道德现象的是非、好坏做出评定的一种逻辑思维形式。②"道德语言"(the language of morals)的基本构成要素是道德概念和道德判断,它是人们进行道德思考、判断和推理的逻辑工具:在论证或反驳某种道德观念和道德理论时,使用一些道德概念(如善与恶、荣誉与耻辱、正当与不正当、义务、幸福),并采取一定的逻辑方式进行道德判断和推理,从而研究和解决某些道德问题。③ 教师工作用语本质上应是一种道德语言。④

语言学家瑟尔(Searle)在奥斯汀(Austin)的分类基础上,根据"以言行事"(to do things with words)的不同方式、意图或社会功能,将言语行为重新分为五类:一是断言类(assertives),即证明、预言、提醒、控告、反驳等;二是指示类(directives),即建议、激发、通知、命令、号召等;三是承诺类(commissives),即许诺、担保、恐吓等;四是表达类(expressives),即道歉、抱怨、感谢、祝贺等;五是宣告类(declaratives),即声明、驳回、批准、宣判等。⑤ 在此理论基础之上可对 1929 年版伦理规范在文本语言使用、表达目的以及达到的功能进行分析。

1929 年版伦理规范在道德语言使用上包含道德词以及道德伦理规范词,表 4-3 列出了两种词语在伦理规范文本中的使用频次。据表显示,1929 年伦理规范在道德伦理规范词方面使用"应/应该/要"的频次多过使用"不得/不宜"的频次,因而可见其文本鼓励、激励的比重多过禁止、约束。较多使用道德词语,如"关系""公平""合作""鼓励"等,体现协会在伦理规范制定之前所倡导的为专业树立正确的价值导向,为新教师提供教师专业伦理规范应该有的内涵。

---

① 朱贻庭. 伦理学大辞典[M]. 上海:上海辞书出版社,2011:35.

② 朱贻庭. 伦理学大辞典[M]. 上海:上海辞书出版社,2011:38.

③ 朱贻庭. 伦理学小辞典[M]. 上海:上海辞书出版社,2004:49.

④ 黄向阳. 教育专业伦理规范导论[D]. 上海:华东师范大学,1997:31.

⑤ Delamont S. Handbook of Qualitative Research in Education[M]. Cheltenham:Edward Elgar Publishing,2012:433.

表 4-3　1929 年版伦理规范文本中道德语言使用及其功能

| | 高频词 | 频次 | 类别 | 功能 |
|---|---|---|---|---|
| 道德词 | 关系 | 2 | 承诺类、指示类 | 建议、激发、命令、号召、许诺 |
| | 公平/公正 | 3 | | |
| | 合作 | 2 | | |
| | 遵守 | 2 | | |
| | 鼓励 | 2 | | |
| | 谨慎/审慎 | 2 | | |
| 道德伦理规范词 | 应/应该/要（shall/should） | 18 | | |
| | 不得/不宜（shall/should not） | 11 | | |

## （三）主要特点

### 1.以促进教师专业化和约束教师行为为目标

为了加强教师群体的专业素养，促进教育行业由职业向专业转型，NEA 决定制定属于教师群体的伦理规范。NEA 认为伦理规范对于教师具有导向和约束作用。"专业化的行为准则不管对于从事一天教师职业的人还是从事一生教师职业的人来说都是具有约束力的。"①

NEA 在呼吁制定伦理规范时强调，制定伦理规范的最终目标是希望每一个教师都可以将这一份伦理规范当作自己的专业价值来接受，并且能够尽自己最大的努力去遵守，即"教育领域的伦理规范应该作为教师职业生涯中的试金石以及指路灯"。② 缺少专业精神以及专业伦理，教育领域出现了很多次要问

---

①　Wade M. Report of Committee on a Code of Professional Ethics for Teachers[R]// National Education Association of the United States. Addresses and Proceedings of the Sixty-Second Annual Meeting held at Washington. D. C. ：The Association，1924：285-288.

②　Wade M. Report of Committee on a Code of Professional Ethics for Teachers[R]// National Education Association of the United States. Addresses and Proceedings of the Sixty-Second Annual Meeting held at Washington. D. C. ：The Association，1924：285-288.

题,如教师辞职率高,新教师不愿意进入这个行业以及同行之间的矛盾,流言蜚语等。①

委员会多次在报告中指出,设计、制定伦理规范不是为了替换掉"摩西十诫",也不是为了形成关于道德的一般声明,它应该能够直面教师群体的习惯、实践、理念、义务、责任以及缺点。伦理规范不会涉及关于教师群体的所有不道德行为,或者倡议所有的道德行为。但是,很大程度上,伦理规范提及的内容应该包含那些道德行为,并且约束那些不道德的行为。②

伦理规范对于教师应该是指导性的,告诉教师在容易引起摩擦的关系中,什么样的行为是专业的、什么样的行为是非专业的,尤其是对于新手教师而言,很容易在不熟悉的情况下做出一些非专业的行为。③ 伦理规范必须方便学校以及机构去培训教师,同时也应该阻止那些知道什么是正确的以及什么是错误的行为的教师去做出错误的行为。④

### 2.以科学调研和数据分析为形成文本的基础

在这一阶段,伦理委员会在着手准备教学专业伦理规范之前,首先考虑的便是如何保证伦理的普遍性以及教师群体接受度的问题。为了确保能够得到国家范围内的教师同仁的接受和认可,专业伦理委员会严格管理和控制整个制定过程。简言之,1929 年版伦理规范是在伦理委员会科学调研以及大量数据分析基础之上形成的。

自 1924 年计划制定教学专业伦理规范至 1929 年会议中顺利通过这一文本,几年时间里,委员会成员通过采集全国范围内的教师的意见与他们对于伦理的期望,最终制定出一份包含 39 个实践行为的调查问卷。根据各州在美国教育协会中的成员比例将问卷发放给全国范围内的 3145 位教师,并将其中 1606 份有效的问卷分类汇总制成表格。根据教师的工作类别将收到的问卷分为三类:授课教师的、行政下属的以及行政主管的,并根据各类别的教师对于问卷中 39

---

① List L E. The Need for Professionalism[J]. The Journal of the National Education Association,1926(9):290.

② Ward G. Reeder,Ethics of the Teaching Profession[J]. The Journal of the National Education Association,1929(8):260.

③ Ward G. Reeder,Ethics of the Teaching Profession[J]. Educational Research Bulletin,1939(6):163-164.

④ Ward G. Reeder,Ethics of the Teaching Profession[J]. The Journal of the National Education Association,1929(8):260.

个问题的表决进行数据的统计。精准的数据呈现以及横向纵向的结果比对,体现了专业伦理委员会在制定伦理规范过程中的科学严谨的态度。这一系列过程最终促成了1929年教师专业伦理规范的形成。

### 3. 以专业组织和专业成员为制定规范的核心

制定教师专业伦理规范的组织机构决定了伦理规范的代表性、可操作性以及专业性程度。各国制定伦理规范的组织机构大致能够分为以下三个类型:一是由国家教育部制定并颁布,隶属于行政部门,如马耳他、斐济群岛共和国等国家的伦理规范;二是由国家教育部门与教师组织共同制定的,如我国的《中小学教师职业道德》是由国家教育部和中国教科文卫体工会共同制定的;三是由协会独自制定,如美国教育协会的《教师专业伦理规范》。①

究其专业性方面,教育行政部门与教师组织差异明显。教育行政部门是一种官僚性质的行政机构,与教师组织相比,属于行政人员而非专业性团体。行政部门制定的伦理规范更多体现的是一种行政命令,是一种外在的约束与限制,而非真正的道德。相较而言,教师专业组织成员基本为从事与教育相关的人员,对于教育领域的现状、问题等了解较深,因此由这些人员组织制定伦理规范更贴合教育行业的本质特征,更满足本行业中成员的内在需求。

专业伦理委员会作为美国教育协会任命的专门负责伦理规范制定与修订的组织,在伦理规范制定以及修改过程中起着主导作用。其56名成员皆是教育者或者从事与教育相关的工作。伦理委员会在制定伦理规范之前,深入调查分析了全国范围内的3145位教师的意见与建议,最终制定出伦理规范的雏形。在制定之后每一年委员会都会召开会议对其进行探讨与继续研究。1929年第一版发表之后,分别进行过几次大的修订,后期修正工作也全权由专业伦理委员会掌管,最终由美国教育协会代表大会审核通过。因此,伦理规范的整个流程充分体现了专业内部的自主、自治,伦理规范的内容也满足了专业实践者的意见倾向。

与其他的团体相比,教育专业在发展专业伦理方面的进程是缓慢的。② 尽管1929年时,美国教育协议采纳接受了一版伦理规范,但是事实是直到1939年,仍有许多教师从未听说过也从未了解过这份伦理规范。这种情况在美国教育协会专门成立负责伦理规范事务的各个部门之后有所改善。

---

① 王丽佳.美国全国教育协会教育专业伦理规范历史演进探析——兼谈师德规范建设[D].上海:华东师范大学,2010:88.

② Ward G. Reeder,Ethics of the Teaching Profession[J]. Educational Research Bulletin,1939(6):163-164.

## 二、重启阶段

经历了 10 年的发展停滞,美国教育协会重新启动教师专业伦理规范的建设。重启的过程意味着更多精力的注入——正式成立专业伦理委员会并提高其专业执行力,开展对伦理规范文本的内容完善与后期宣传推广工作。

### (一)历史背景

(1)二战之后矛盾凸显

二战之后,学校中隐藏的一系列矛盾冲突逐渐显现出来。二战之后消费品价格上涨较多,这也使得原本工资就不高的教师的日常生活受到了挑战,教师们开始公开抱怨薪资过低以及福利保障不健全。战争时期,教师群体与其他爱国人士一样,他们将经济困难置于一边。许多在私人部门工作的劳动者可以通过增加工作时间赚取更多的生活费,而教师却没有这样的机会。1946 年美国价格控制政策取消之后,通货膨胀严重,而教师的工资仍维持在战争时期的较低水平,教师的生活更加窘迫。

再者,战后退伍的士兵加入了教师队伍,他们的工资有时会远远高于在战争时期就一直从事教育行业的资深教师。与此同时,为了偿还战争时期欠下的贷款,地方的收入所得税日益加重。[①] 面对微薄的工资和过高的收入所得税,教师们不断通过罢工等方式表达内心的愤懑之情,这一行动也逐渐蔓延至全国各个州。1946 年,美国康涅狄格州诺沃克的教师们宣誓 9 月份开学不再上课,因为他们的教育委员会原本承诺的 2 月份增加工资的诺言并未实现;明尼苏达州的圣保罗市呼吁提升教师的专业地位以及福利待遇。

(2)NEA 教师工会思想萌芽

二战之后的 10 年至 15 年对于美国的学校以及美国的教育事业而言是一个艰难的时期,教师们努力争取着他们在战后的社会地位,教师组织也在这中间扮演者越来越重要的角色。

20 世纪以前,美国就出现了工会性质的教师组织,但直到 20 世纪初才逐渐得到认可。最初的教师工会分布较散且缺乏系统性,在为教师争取利益的过程中势力较薄弱,因此有人提出建立全国性的教师工会组织,这一想法在芝加哥教师工会的推动下于 1916 年正式落实。美国第一个全国性的教师工会"美国教师

---

① 韦恩·厄本,杰宁斯·瓦格纳:美国教育——一部历史档案[M].周晟,谢爱磊,译.北京:中国人民大学出版社,2009:414-415.

联盟"(The American Federation of Teachers,AFT)正式成立。该组织基本奉行工会主义的主张,即雇佣双方关系对立,排斥教育行政人员,并且行为方式较为激进。[①] 20 世纪 50 年代之后,美国教师联盟在之前的发展积淀中已逐渐壮大,成了可以与美国教育协会齐名的两大教师组织之一。随着争夺会员与地方教师组织,两个组织的竞争逐渐升级。最终在美国 20 世纪中期纽约出现的教师罢工事件中,美国教师联盟通过迅速有效的行动成功击败了美国教育协会,成功获得纽约市的教师协商代表资格。

美国教育协会因其固有的保守和传统的组织风格让它在之后与美国教师联盟的几次较量中节节溃败。为了改变这种竞争劣势,美国教育协会开始反思自身的不足,这也为其向教师工会的转型提供了契机。

## (二)基本过程

这段时间内,美国教育协会将教师专业伦理规范建设重心由聚焦内容制定向强调伦理规范文本执行力方面转变,同时更加注重对伦理规范的宣传与推广,关注伦理规范实施过程中出现的具体问题,在 1941 年和 1952 年对 1929 年版伦理规范进行了两次大的修订。

### 1.伦理规范的建设历程

(1)正式成立专业伦理委员会并重启工作

1941 年 6 月 29 日至 7 月 3 日,第 79 届美国教育协会年会在波士顿举行,会上正式成立专门研究伦理问题的专业伦理委员会。委员会包含五名成员,由美国教育协会主席任命,任期五年,期满时间为每年的 7 月 1 日。

美国教育协会 1941 年《教师专业伦理规范》[②]

(1941 年 6 月 29—7 月 3 日,波士顿市 NEA 第 79 届代表大会通过)

前言

信念:真正的民主可以通过向所有人的孩子提供免费的公共教育得以实现。

---

① 龚兵.角色与追求——美国全国教育协会之嬗变[M].长沙:湖南师范大学出版社,2012:115.

② 此译文参考王丽佳的译本.参见王丽佳.美国全国教育协会教育专业伦理规范历史演进探析[D].上海:华东师范大学,2010:65-67.

美国教师在塑造青少年理想上有很大且不可逃避的责任。

这样的责任要求具备崇高的理想、广泛的教育和深刻的人文理解的人们来服务;而且,为了更全面地实现民主教育的目标,需要提高教学专业的福利待遇。

教师可在其专业范围内遵守适当的行为准则,美国教育协会对其成员提出这一伦理规范。

在这个伦理规范里所指的"教师"术语应当包括所有直接参与到教学工作中的群体,无论是从事教学、行政或者监督管理岗位。

### 条款1——教师与学生和家庭的关系

第1条　与所有学生保持公正、亲切、专业的关系是教师的职责。教师应该考虑到学生的不同个性、需要、兴趣、秉性、天资和外界因素。

第2条　教师不得有偿辅导自己班级的学生,或将这些学生交给任何自己的直系亲属辅导。

第3条　教师与学生之间的专业关系等同于教师与其他教师之间的信任关系,都是需要细心关怀的。因此,教师不应公开任何在学生那里获得的保密信息,除非是为了孩子和学生最好的利益。

第4条　教师应该寻求在家、校之间建立友好、智慧的协作,脑海中牢记专业的尊严和学生的幸福。教师不应该做或者说任何可能破坏学生对父母信心和尊重的事情。教师应该告知学生和家长有关学校名誉、目标、成就和需要的信息。

### 条款2——教师与公民事务的关系

第1条　每一位教师都有义务去教育学生对民主原则的鉴别欣赏。教师应该带着期望直接、全面、自由地讨论鉴别有争议的问题,比较、对比和解释将引向对民主原则的理解、欣赏、接受和实践。教师应该避免使用他的班级特权和威望去提倡党派政治、宗教信仰或任何形式的个人宣传。

第2条　教师应认识和执行公民身份的所有责任。教师应该将个人的需求服从于公众的利益,应该对教育系统、州、国家忠诚,也应行使提出建设性批评的权利。

第3条　教师的生活应该表明,教育使人们成为更好的公民,成为更好的邻居。他的个人行为不应违反他所服务的团体公认的行为模式。

### 条款3——教师与专业的关系

第1条　教学专业的每位成员应在任何场合都保持尊严并且应该相信自身的服务对社会的重要性。另一方面,教师不应该沉溺于个人宣传。

第 2 条　教师应该鼓励有能力且真诚的个体加入到教育行业并且劝阻那些仅计划将教师职业当作进入其他职业垫脚石的人进入。

第 3 条　保持效率是教师的职责,教师可以通过学习、游历或者其他方式来了解教育和所生活的世界的发展趋势。

第 4 条　每位教师应该持有地方、州或者全国性专业组织的成员资格,应该积极地、无私地参与其中。专业成长和个人发展是这些专业活动的自然产物。教师应避免促进组织内部竞争和分裂,避免削弱教育事业。

第 5 条　教师在不因薪水低而限制自己的服务的同时,也应坚持适合其社会地位的薪酬。他们不应故意贬低竞争对手或同意接受低于公认薪酬表提供的工资。他们不应为了迫使学校提高目前职位的工资而申请另一份职位。相应地,学校官员不应该奉行拒绝给员工加薪直到其他学校挖人而不得不加薪的政策。

第 6 条　教师不应申请另一名教师目前担任的特定职位。除非校规在其他方面另有规定,教师也应与主要的行政官员申请。

第 7 条　任职资格应是任命与晋升的唯一决定因素,对校方施加压力以获得职位或得到其他帮助是不道德的。

第 8 条　对教师的推荐书应当真实、可信,并且应被接收的学校当局视为保密的信息。

第 9 条　合同一经签订,应忠实履行,直至经双方同意解除。假使职位发生变动,学校官员和教师应给予应有的通知。

第 10 条　民主程序应该由教学人员来实行。合作应该建立在承认个人人格的价值和尊严的基础上。所有教师都应遵守以适当指定的当局办理公务的专业礼仪。

第 11 条　学校官员应通过晋升或其他适当的表扬方式鼓励和培养所有教师的专业成长。学校官员因为不想失去其服务而没有推荐一位称职的教师担任另一个职位,这是不道德的。

第 12 条　教师应避免对其他教师不利的批评,除非是为了学校利益而正式向学校官员介绍。未向正式组成的当局报告任何涉及学校福利的事宜,是不道德的。

第 13 条　除非被要求提供建议或其他帮助,教师不应干涉其他教师和学生之间的任何事情。

第 14 条　教师不应在挑选、购买书籍或物资时作为代理人,也不应收受佣金、提成或其他奖励,以避免影响其选择或行使决策权;也不应因帮助另一位教师获得某一职位而接受佣金或其他补偿。

### 条款 4——专业伦理委员会

在此,建立了国家教育协会董事会下属的专业伦理常设委员会。委员会包含五名协会成员,成员由主席任命,每一人任期五年,成员期满时间为每年的 7 月 1 日。为了使委员会可以立即开始运作,建议主席在 1941—1942 年任命五名成员,他们将分别为一、二、三、四、五年的任期。此后每年应任命一名成员,为期五年。委员会将选出自己的主席。

委员会的责任是研究可以参照规范的违规事件,并采取适当的行动。委员会还应负责宣传这一规范,促进其在教师预备机构中的运用,并提出必要的修改建议。

当一个事件被报告时,发现它来自一个有伦理规范委员会的州,这样的案件将会立即被送至州委员会进行调查和采取行动。如果一个州既没有伦理规范也没有伦理委员会,或者有伦理规范没有伦理委员会,那么将由美国教育协会伦理委员会采取明智且正当的行动,并使其成员留下深刻印象,以尊重适当的专业行为。这样的行动应向社区和州的主要学校官员报告。

委员会被进一步赋权,可以开除公然违反伦理规范的全国教育协会的成员资格。

①明确伦理委员会的行动纲领。起初,NEA 建立专业伦理委员会的目的是使其成为一个行动小组。随着工作的逐步开展,伦理委员会的工作范围不断扩大,各州委员会以及专业伦理委员会主席组成了咨询委员会。伦理委员会成员认识到责任加重,以往"粉饰橱窗"似的服务必须结束。① 至此,伦理委员会开始向地方委员会提供建议,讨论现存的问题,并提供建议、资源以及参考目录,因此获得了地方组织的赞同与认可。1943 年,密歇根州成立行动小组,效果显著。

1944 年伦理委员会在宾夕法尼亚州的匹兹堡市举行了会议,会议中明确了委员会的行动纲领,主要包含:建立州及地方伦理委员会以促进伦理规范的进一步发展,同时考虑对伦理案例进行直接行动;查阅全国委员会中仅涉及州委员会的内容;促进法律的有效任期和退休法案改革;使每个行业都能拥有伦理规范,关于教师海报形式的复印件可以在美国教育协会总部获得;在教育会议中讨论优秀的道德实践以及伦理的条款;保证在战争中服务过的教师的就业状况;通过

---

① Commission on Professional Ethics [R]//National Education Association of the United States. Proceedings of the Eighty-First Annual Meeting held at Indianapolis. The Association,1943:329.

地方、州和全国性的协会会员提升教学专业化；鼓励在所有的教师培训机构、学校教师、新教师以及教育董事会中分发伦理规范。①

②重申伦理规范的目的与作用。1941年，NEA代表大会采纳《美国教育协会伦理》有关专业伦理委员会功能的概述。1944年匹兹堡会议中，伦理委员会对于自身功能、伦理规范作用以及下一步计划做了进一步陈述：

伦理委员会作用之一是协助教师、学校官员以及教育董事会对于伦理规范的理解。对所有案例的直接行动包括地方或者州伦理委员会应自主处理有关伦理案例，全国伦理委员会只负责那些州和地方上报的案例；任职情况、学术自由问题以及其他的情况问题应该由接受委托的独立委员会处理，伦理委员会与其他委员会或与协会委员会之间无冲突之处；伦理委员会主要工作是处理各部门与伦理相关的工作，使教育部门了解这些内容，为学校管理者提供相关课程。出版社应为伦理委员会提供包括教育课本在内的资源；伦理委员会成员存在问题的意见应该由委员会处理；为了使学校管理者以及教育董事会加深对教师伦理规范建设重要性的认识，伦理委员会任重而道远。②

③正式讨论并处理第一例违规事件。随着伦理规范的受众逐渐增加，专业伦理委员会对其执行能力的要求也随之提高。1946年，伦理委员会严格按照内容讨论并处理了自颁布推广以来的第一例违规事件：开除芝加哥地区学校负责人威廉·约翰逊（William Johnson）的协会会员资格。③

（2）两次大规模修订

社会不断发展，修订工作也应与时俱进，从而满足处于不断变化中的有关专业成员的责任、义务、强烈的愿望以及实践的需要。因此，伦理规范不应该是停

---

① Commission on Professional Ethics［R］//National Education Association of the United States. Proceedings of the Eighty-Second Annual Meeting held at Pittsburgh. Pennsylvania：The Association，1944：368-369.

② Commission on Professional Ethics［R］//National Education Association of the United States. Proceedings of the Eighty-Second Annual Meeting held at Pittsburgh. Pennsylvania：The Association，1944：368-369.

③ Committee on Professional Ethics［R］//National Education Association of the United States. Proceedings of the Eighty-Fourth Annual Meeting held at Buffalo. New York：The Association，1945—1946：434-436.

滞不前的。① 1941年在波士顿举行的代表大会通过了对1929年版的修止案。

①修订之前的调研工作。在1941年版伦理规范与1952年版伦理规范修订之前,伦理委员会进行了仔细的调研工作。

一是伦理规范修订之后的调研,即调查各州对于1941年版伦理规范的熟悉度。1944年11月,伦理委员会向伦理咨询委员会的成员发送了一份专业伦理报告,目的在于了解各州对于1941年版伦理规范的了解程度、接受程度以及使用情况。咨询委员会538名成员中有231人回复,结果如表4-4所示。

**表4-4  各州成员对于1941年版伦理规范了解程度调查结果②**

| 问题 | 回复 | |
|---|---|---|
| | 是 | 否 |
| 1.你所在的州协会采用了伦理规范了吗? | 159 | 51 |
| 2.伦理规范类似于美国教育协会伦理规范吗? | 54 | 95 |
| 3.你所在的地方接受伦理规范吗? | 54 | 144 |
| 4.伦理规范类似于美国教师联盟伦理规范吗? | 31 | 23 |
| 5.你是否认为地方、州以及国家的伦理规范应该完全一致? | 132 | 83 |
| 6.你所在的州协会是否将话题"战争中的专业伦理问题"纳入今年的年度计划中? | 67 | 104 |
| 7.你所在的委员会是否鼓励每一个州、国家、宗教以及地方教育群体将问题"专业伦理规范发展"作为今年或者下一年学习和讨论的主要领域? | 165 | 7 |

1945—1946年期间,NEA伦理咨询委员会共有734名成员,伦理委员会向成员开展了"伦理规范理想条目"的调研,要求成员汇报所从事的有关专业伦理的相关活动。调研结果显示,咨询委员会的成员们共分发了超过10000份的伦理规范复印件以及伦理规范的海报;已经在州以及地方级别的专业伦理会议中实施的项目有60多个;在州以及地方性杂志上出版了数篇关于专业伦理的文

---

① Ward G. Reeder,Ethics of the Teaching Profession[J]. The Journal of the National Education Association,1929(8):260.

② Committee on Professional Ethics[R]//National Education Association of the United States. Proceedings of the Eighty-Fourth Annual Meeting held at Buffalo. New York:The Association,1945—1946:434-436.

章;伦理委员会共处理 50 起违反专业伦理的案例。①

二是对于修订伦理规范之前的调查,即美国教育协会在制定 1952 年版伦理规范文本之前的调查。1949 年 10 月 17—18 日,核心委员会年会在华盛顿美国教育协会总部大楼举办,会议提出下一年工作安排之一是修订美国教育协会伦理规范。1950 年 10 月 23—24 日,专业伦理委员会在召开核心委员会会议时再次强调修订美国教育协会伦理规范的计划,并且要求在 1952 年夏季召开的美国教育协会代表大会上呈现修订之后的版本。会议要求修订版必须基于一个全国性的调查且由美国教育协会研究部门执行,同时伦理规范的简约版也需要与完整版一起准备印刷。②

1950 年,伦理委员会的研究部门展开全国性的调查。反馈结果显示,成员们建议对伦理规范进行多处修订。综合从各处收集来的意见与建议,伦理委员会研究部门在 1951 年制定了修订草案,向抽样出来的 3890 个教育领域某些项目领导人,包括 1951 年参加代表大会的所有成员分发了修订草案。伦理委员会共收到 1242 份回复,比例为 31.9%。③ 基于这个范围较广的抽样结果,伦理委员会研究部门制定出伦理规范修订版,并在 1952 年 NEA 代表大会上公开供大家讨论。

### 美国教师协会 1952 年《教师专业伦理规范》④

(1952 年 6—7 月,密歇根州底特律市 NEA 第 90 届代表大会通过)

#### 前言

教育工作者,作为美国教育协会成员,坚信以下真理是不证自明的——

——美国教育的首要目的是培养公民,他们将保护和巩固代议制的政府以促进民主。

---

① Committee on Professional Ethics[R]//National Education Association of the United States. Proceedings of the Eighty-Fourth Annual Meeting held at Buffalo. New York: The Association,1945—1946:434-436.

② The Committee on Professional Ethics[R]//National Education Association of the United States. Proceedings of the Eighty-Ninth Annual Meeting held at San Francisco. California: The Association,1951:288-290.

③ Summary Report of Committee on Professional Ethics[R]//National Education Association of the United States. Proceedings of the Ninetieth Annual Meeting held at Detroit. Michigan: The Association,1952:323.

④ 此译文参考王丽佳的译本(参见王丽佳. 美国全国教育协会教育专业伦理规范历史演进探析[D]. 上海:华东师范大学,2010:68-70.)。

——美国社会全部有效民主的获取以及民族理想的延续,依靠让所有人有机会接受教育而实现。

——教育质量反映教师专业成员的职业理想、动机、准备和行动。

——所有以教师为职业的人,都承担着按职业理想为人行事的职责和任务。

作为对教师专业的指导准则,美国教育协会的成员已经通过该教师专业伦理规范。全体教师都应成为教育事业联合团体的成员,伦理规范中列举的基本原则适用于从事教育专业工作的所有人——初等、中等和大学教育。

原则一:教师专业的首要职责是教导儿童、少年和成年人如何获取知识与技能,根据民主的方式让他们做好准备,帮助学生成为快乐的、有价值的、自立的公民。国家的综合实力取决于每个美国人的社会担当、经济水平和道德情操。

履行原则一的承诺,教师将——

1.公平、无偏见地对待学生,不管他们的身体、精神、情感、政治、经济、社会、种族和宗教特点如何。

2.意识到学生间所存在的不同,努力满足不同个体的发展需要。

3.鼓励学生在身体、理智、创造性和精神才能方面树立目标,鼓励他们为发展成为高尚个体而努力。

4.帮助学生形成一种对美国民主的机会与益处的理解与赞赏,理解自身所承担的民主责任。

5.尊重学生作为独立个体拥有个人隐私不被他人知晓的权利,除非是权威机构授意公开或应法律要求。

6.不开展有偿辅导,除非符合委员会认可。

原则二:教师专业成员与学生家长共同承担着按社会可接受的目的、培育学生意志和行动的责任。教育的效果取决于学校和家庭的协作关系。

履行原则二的承诺,教师将:

1.尊重家长对孩子的基本教育责任。

2.积极与家庭创建友善、合作的关系。

3.增强学生对家庭亲属的信任,并避免出现贬低学生家庭成员这种可能破坏家庭信任的言论。

4.为家长提供有关其孩子表现的翔实信息,理性对待家长反馈的信息。

5.保证家长及时了解孩子进步的信息,根据学校的要求与家长进行沟通。

原则三:教师专业处在公众信任的社会位置,这与教师的个人行为、学校与社区之间的相互影响等因素相关。当所有关系以友好、协作和建设性的发展方式运作时,教育是最有效的。

履行原则三的承诺,教师将——

1.遵守所有被专业团体接受的合理行为方式。

2.履行公民义务,在充分考虑自身对学生、家庭和本人责任的情况下,参与社区活动。

3.以客观的视角探讨争议性问题,以确保班级学生不受党派观点影响。

4.认识到公立学校是属于社区群众的,鼓励公众参与到学校的目标制定中来,努力让公众知晓所提供的教育项目。

5.尊重自身受雇的社区,对学校、社区、州和国家保持忠诚。

6.为改善社区教育现状而努力工作,加强社区精神文明与道德建设,做到智慧生活。

原则四:教师专业成员促进职业发展是其不可推卸的责任。此责任建立在雇主—雇员相互尊重、有效信任的基础之上。

履行原则四的承诺,教师将——

1.通过适当的程序处理专业事务。

2.不与未经授权人员探讨私密的或公务的信息。

3.申请职位仅以能力为基础,避免申请正被其他教师公开占据的特定职位。

4.通过专业行为谋职,避免这样的实践行为,例如不加选择的分配申请。

5.拒绝接受以下情况的职位:此职位是通过非专业的活动,或此职位因对专业政策具有悬而未决的争议,抑或是通过不公正的人事手段和程序产生。

6.遵守合同的规定,直到约定事项已经完成,在双方同意或合约以合法方式终止的情况下,方可终止协议。

7.在做出职位变动之前,给出并期待应有的通知。

8.真诚地对待关于其他教师工作的推荐信。

9.当学区购买教学辅助用品时,个人推荐影响决策时,不接受生产商的报酬。

10.当合同之外的收益性事务会给教师的专业地位带来负面影响,或损害教师在学生、协会和社区中的声誉时,拒绝参加此类事务。

11.参与学校发展政策的制定,并承担政策规定的个人专业责任。

12.承担对受雇委员会的责任,保持服务的专业水平。

原则五:教师专业与其他职业的区别之处是,所有教师间的专业关系具有独特性与标准性。团体支持与尊重受教师专业标准、教师对教学和同行态度的影响。

履行原则五的承诺,教师将——

1. 以自己期望的被对待方式来对待其他专业成员。

2. 支持出于个人利益和要求而行动的其他教师。

3. 以建设性的方式谈论别的老师,但涉及学生、学校和专业利益的事件时,如实向负责人报告。

4. 在专业组织成员中保持积极姿态,踊跃参与其中,证明组织团体存在的正当性,努力达到组织目标。

5. 通过诸如学习、研究、游历、讨论和出席专业会议等方式,不断获得专业发展。

6. 使教师专业在职业理想与教学实践上充满吸引力,让值得信赖的年轻人愿意从事教育事业。

②伦理规范文本语言的探讨。对于 1952 年版伦理规范的修订提议主要分为三条:第一,关于原则四第 5 条的修改"如果一个职位是通过非专业活动或者是对专业政策有争议情况下产生,那么教师应拒绝接受"。提议在词语"专业政策"之后加上句子"或者运用不公正的人事惯例和程序",理由为美国教育协会对于术语"人员实践"有其解释,然而对于"专业政策"还未给出明确定义。另外提议在词语"争议"之前插入术语"悬而未决的",这更利于伦理规范的解释,修改之后的内容将变为,当一个职位"是通过非专业的活动或者是对专业政策悬而未决的争议,抑或是运用不公正的人事惯例和程序产生"时,教师应拒绝接受这一职位。第二,建议是在原则四第 4 条最后加上句子"这样的实践行为,例如",修改后的句子如下:"通过专业行为谋职,避免这样的实践行为,例如不加选择的分配申请。"这一个变化增加了伦理规范的包容性,拓宽对于非专业的求职方式的解释,只有不加选择的分配申请才会被认为是不道德的求职程序。第三,提议是关于原则三指出的"学校与社区群众之间的互动"的问题,考虑到教师的专业责任是参与到学校的计划中,所以修正案中通过陈述这一条来进一步强调专业责任:"认识到公立学校是属于社区群众的,鼓励公众参与到学校的目标制定中来,努力让公众知晓所提供的教育项目。"①

---

① Committee on Professional Ethics[R]//National Education Association of the United States. Proceedings of the Ninetieth Annual Meeting held at Detroit. Michigan:The Association,1952:138-139.

③国家与州伦理规范内容矛盾问题的讨论。1952 年,NEA 代表大会中就协会与各州伦理规范存在矛盾这一问题进行讨论,来自伊利诺伊州的代表保罗·斯特罗特(Paul Strot)表示伦理委员会提议的修正案与伊利诺伊州的伦理规范存在矛盾之处。伊利诺伊州伦理规范认为,如果教师对于他的同事进行批评,第一时间应该将这件事告知他的同事,然后才是主管部门。简言之,伊利诺伊州已经建立批评所需要的责任标准。如若伊利诺伊州的一位教师先向校长报告了他对于同事的批评之言,而之前从未告知这位同事,那么这位教师违反了伊利诺伊州伦理规范的要求。① 面对这种矛盾的情况,委员会表示尊重各州伦理规范内容,在两者存在矛盾之处时,先以州伦理规范内容为参照标准再向协会提出协商。

④讨论伦理事件的处理权问题。1948 年代表大会上专业伦理委员会强调了自己的职责范围为美国教育协会附属的州及地方性协会。角色定位为上诉法庭而非原始的管辖法院。在处理一些伦理问题时,伦理委员会首先得利用调查保证民主。涉及一些专业人员的开除问题时委员会的权利授予已经很成熟,委员会认为大权不应属于委任的协会委员会,只有常务委员会可以行使这一权利,与此同时,常务委员会成员的行为也需要经过协会代表大会的检查。

1949 年代表大会中参考了三个案例,分别来自堪萨斯州、肯塔基州和马萨诸塞州。② 其中两个案例反映的是教师对于管理者的抱怨,第三个案例则是对不道德行为的抱怨。委员会认为,州委员会和州代理机构可以参考这些案例处理一些伦理问题,而非交给美国教育协会委员会处理。

1950 年代表大会对国家、州以及地方出现的违规问题进行研究。委员会鼓励州和地方协会对正在运行中的一些伦理规范进行再检验,对一些不符合标准和需求的进行修订。③ 1951 年会议时委员会建议州及地方协会组建专业伦理委员

① Committee on Professional Ethics[R]//National Education Association of the United States. Proceedings of the Ninetieth Annual Meeting held at Detroit. Michigan：The Association,1952：139-140.

② Committee on Professional Ethics[R]//National Education Association of the United States. Proceedings of the Eighty-Seventh Annual Meeting held at Boston. Massachusetts：The Association,1949：298.

③ The Committee on Professional Ethics[R]//National Education Association of the United States. Proceedings of the Eighty-Eighth Annual Meeting held at ST. Louis. Missouri：The Association,1950：308-309.

会,并尽可能地自己处理伦理案例,将一些经典的案例出版供其他组织参考。①

1952 年代表大会中,有代表提出"伦理问题应交由专业协会处理,主管部门对于这类问题的处理经验较少,将问题放在所谓的法定权威手中,而这些人负责不同类型的学区。建议美国教育协会以及地方协会能想办法处理这些问题"。②

⑤宣传新修订的两版伦理规范。1941 年美国教育协会代表大会通过了伦理规范的修正案,为了推广和宣传新修订的伦理规范,专业伦理委员会的成员们费尽心思。首先,鼓励全国的教师协会在杂志上发表当地有关专业伦理的文章或者使用委员会提供的文章。同时,委员会还计划设立建议咨询团体组织,此类机构需得到学院和大学承认,主要是处理教师培训项目中的专业伦理问题。③专业伦理委员会鼓励每个州的协会都建立专业伦理委员会或者指定一个现存的委员会去承担这样一个委员会的责任,并且提出至少每年召开一次会议进行有关伦理实践综合项目的宣传与讨论。④

1944 年 2 月,美国教育协会在其发行的刊物中发表了一篇题为"专业伦理与战争"的文章,同年 5 月委员会成员莉莲·格雷(Lray Gray)在杂志中发表"专业伦理的第二战场"的文章,受到广泛好评。委员会从美国教育协会的伦理规范中摘录出浓缩的伦理规范发展历程,将其制作成海报进行宣传。委员会鼓励翻印伦理规范并进行免费宣传。委员会坚持向所有的州委员会以及执行秘书宣传委员会的新闻公告。⑤

与 1941 年版伦理规范的宣传相比,委员会对于 1952 年版伦理规范的宣传

---

① Summary Report of Committee on Professional Ethics [R]//National Education Association of the United States. Proceedings of the Ninetieth Annual Meeting held at Detroit. Michigan:The Association,1952:323-324.

② Committee on Professional Ethics[R]//National Education Association of the United States. Proceedings of the Ninetieth Annual Meeting held at Detroit. Michigan:The Association,1952:140.

③ Commission on Professional Ethics [R]//National Education Association of the United States. Proceedings of the Eightieth Annual Meeting held at Denver. The Association,1942:529.

④ Commission on Professional Ethics [R]//National Education Association of the United States. Proceedings of the Eightieth Annual Meeting held at Denver. The Association,1942:529.

⑤ Commission on Professional Ethics [R]//National Education Association of the United States. Proceedings of the Eighty-Second Annual Meeting held at Pittsburgh. Pennsylvania:The Association,1944:368-369.

与推广力度更大,具体包括以下几个方面。

第一,辐射人员更广。委员会鼓励向每一位地方协会成员发放美国教育协会的伦理规范,并在每一个教室和办公室里面张贴美国教育协会伦理规范的海报。向教师预备机构和地方性协会分发伦理规范传单、海报、小册子、美国教育协会专业伦理委员会报告等宣传资料;在新教师入职典礼、教师自我专业能力测试、美国教育协会伦理合唱式朗读等场合加强对修订版伦理规范的宣传。

第二,宣传途径多样化。如伦理委员会鼓励为教师职业培养成员的机构筹备有关专业伦理的课程。① 鼓励教师教育机构使用已经存在的美国教育协会伦理、州伦理以及地方伦理,构建令人满意的有关教师专业的理解、态度以及典范。提倡接受资源的教师同事、教育学院以及教育部门在教室或者单位使用伦理规范,鼓励他们将这些课程融合到他们日常的课程中。② 建议地方和州协会将有关专业伦理规范的内容放入图书资源中,包括委员会的报告等。③ 为进入教师职业的新手教师举办就职典礼;准备专业伦理的说明部门为教师使用;准备和分发可供地方协会使用的"合唱式朗读"的美国教育协会伦理;确保地方协会可以使用一些有关伦理问题的短剧和其他编剧;为美国教育协会杂志和州及地方协会杂志和新闻简报准备关于专业伦理的文章。④ 1951年代表大会任命附属委员会去发展一个有关教师的"希波克拉底氏誓言"。⑤ 并准备向专业内的领导人邮寄一份三页的进程报告,包括四页有关州和地方专业伦理项目的总结;出版以及传播5000份名为"专业伦理研究的一个单

---

① Committee on Professional Ethics[R]//National Education Association of the United States. Proceedings of the Eighty-Fifth Annual Meeting held at Cincinnati. Ohio:The Association,1947:249-251.

② Committee on Professional Ethics[R]//National Education Association of the United States. Proceedings of the Ninetieth Annual Meeting held at Detroit. Michigan:The Association,1952:323-324.

③ Committee on Professional Ethics[R]//National Education Association of the United States. Proceedings of the Eighty-Seventh Annual Meeting held at Boston. Massachusetts:The Association,1949:298-299.

④ The Committee on Professional Ethics[R]//National Education Association of the United States. Proceedings of the Eighty-Eighth Annual Meeting held at ST. Louis. Missouri:The Association,1950:308-309.

⑤ 1954年会议时认为对于发展专业内"希波克拉底氏誓言"的愿望需要进一步的考虑,而后的会议中不再有此建议。

元"的 40 页的文件。① 将经过编辑整理的委员会解释伦理的意见以及其他合适的材料提供给专业和教育学院伦理课程使用。② 1955 年,委员会出版了第一册意见集以及伦理条款的注释。③ 教学领域第一次拥有了意见汇编,这一汇编通过实际的案例服务于解释,委员会将这本书分发给许多没有经验的以及有经验的专业群体来进行宣传。

第三,鼓励讨论伦理问题,征集建议程序逐渐完善。1946 年 11 月,核心委员会年会时向伦理咨询委员会的 862 名成员分发了一份报告,要求成员们汇报他们在专业伦理领域的一些行动计划。最终,核心委员会共收回 130 份表格。1947 年 3 月,咨询委员会成员们收到一封信,信中总结了 11 月份的报告并且要求成员们根据自己这一年的活动提供相关信息。1947 年 4 月,州教师协会的秘书收到信件询问他们的协会是否已经采用了一份专业伦理规范,收到了 36 份回复,这些回复中有 32 份是积极肯定的。伦理委员会将收集到的信息进行汇总整理并在年度报告中呈现。④

伦理委员会督促州以及地方协会运用它们的杂志以及论坛去讨论专业伦理问题,以便在出现伦理问题时教师、管理者以及公民能够意识到并适当评价这些问题。委员会鼓励所有的教师教育机构提供信息和经验,确保为未来的教师提供机会去获取一个伦理型教师所需要的态度、理念和实践。⑤

1952 年版伦理规范产生之后,伦理委员会按照之前的模式依旧对其进行宣传与推广工作,同时安排下一年的工作计划,这样的模式持续到 1956 年。1957

---

① Committee on Professional Ethics[R]//National Education Association of the United States. Proceedings of the Ninetieth Annual Meeting held at Detroit. Michigan：The Association,1952：323-324.

② Committee on Professional Ethics[R]//National Education Association of the United States. Proceedings of the Ninety-First Annual Meeting held at Miami Beach. Florida：The Association,1953：299-300.

③ Committee on Professional Ethics[R]//National Education Association of the United States. Proceedings of the Ninety-Third Annual Meeting held at Chicago. Illinois：The Association,1955：290-291.

④ Committee on Professional Ethics[R]//National Education Association of the United States. Proceedings of the Eighty-Fifth Annual Meeting held at Cincinnati. Ohio：The Association,1947：249-251.

⑤ Committee on Professional Ethics[R]//National Education Association of the United States. Proceedings of the Eighty-Sixth Annual Meeting held at Cleveland. Ohio：The Association,1948：345-347.

年至 1959 年 NEA 年度代表大会会议记录汇编中并未找到与伦理规范建设相关的资料。1960 年,伦理规范的建设工作则继续开展。

### 2.伦理规范的文本分析

1952 年,伦理委员会主席格雷斯·坎贝尔(Grace Campbell)在代表大会报告中表示,过去一年委员会进行了三个项目,其中之一便是修订伦理规范,坎贝尔主席强调伦理规范想要获得认可必须具备灵活性与发展性,服从于经验与变化不断进行修正。①

（1）伦理规范的结构

这一阶段的伦理规范文本在道德层次的比重划分方面较之前有了一些变动,1952 年版的伦理规范序言部分增加了许多道德理想方面的要求,在条款中将道德规则层面的要求缩减,转变为道德原则方面的要求,该阶段的伦理规范偏向于是一种"激励型"的规范文本。

在教师专业责任范围设置方面,该阶段伦理规范文本较之前也发生一些变动。1941 年版伦理规范包含四方面:学生与家庭、公民事物、专业以及专业伦理委员会;1952 年版伦理规范包含五个方面:学生、家庭、学校和社区、专业、同行。这两版伦理规范文本较之前文本在教师专业责任划分上更加详细、分明。1952 年版伦理规范增加教师与同行以及学校之间的关系,表明伦理规范对于教师的责任范围拓宽,且具体到与教师工作有联系的各个维度。

教师专业伦理规范工作重启之后,NEA 正式任命了专业伦理委员会处理有关伦理规范的相关事宜,而在新修订的伦理规范文本中加入一条原则,列出了专业伦理委员会的人员构成、任期以及职责等,如表 4-5 所示。这也意味着伦理规范工作重新步入正轨,并且更加受到 NEA 的关注与重视。

表 4-5　两版伦理规范中的教师专业责任范围比较

| 1941 年版教师专业伦理规范 | 1952 年版教师专业伦理规范 |
| --- | --- |
| 原则一　与学生和家庭(共 4 条) | 原则一　与学生的关系(共 6 条) |
| 原则二　与公民事物的关系(共 3 条) | 原则二　与家庭的合作关系(共 5 条) |
| 原则三　与专业的关系(共 14 条) | 原则三　与学校和社区的关系(共 6 条) |

① Committee on Professional Ethics[R]//National Education Association of the United States. Proceedings of the Ninetieth Annual Meeting held at Detroit. Michigan：The Association,1952：137-138.

**续表**

| 1941 年版教师专业伦理规范 | 1952 年版教师专业伦理规范 |
|---|---|
| 原则四　专业伦理委员会 | 原则四　与专业的关系(共 12 条) |
| | 原则五　与同行的关系(共 6 条) |

(2)文本的语言表述

1941 年版与 1952 年版伦理规范文本在道德语言、道德伦理规范词的使用上与之前版本的伦理规范差别较小,在道德词语使用中则略微有些区别,如表 4-6 所示。两版伦理规范内容中均多次提及"信任""可信"一词,不可否认的是无论是与学生、同事还是上级领导,教师都有必要建立信任关系,这是一切工作顺利开展的前提。而伦理规范中提及的"可信"即指诚信,暗指所有专业内以及预备进入教育行业的人员应该具备的基本素养。两版伦理规范在道德伦理规范词使用方面沿袭了前一阶段的特点,仍是以鼓励、激励为主,限制、禁止为辅。鼓励、激励性的伦理规范设置也能够激发教师内在动力,以此为目标,严格按照伦理规范的要求考量自己的实践行为。

**表 4-6　1941 年和 1952 年版伦理规范文本中道德语言使用及其功能比较**

| 道德语言 | 1941 年版教学专业伦理规范 | | 1952 年版教学专业伦理规范 | | 类别 | 功能 |
|---|---|---|---|---|---|---|
| | 高频词 | 频次(次) | 高频词 | 频次(次) | | |
| 道德词 | 信任/可信 | 4 | 信任 | 4 | 承诺类、指示类 | 建议、激发、命令、号召、许诺 |
| | 关心/关怀 | 2 | 尊重 | 5 | | |
| | 责任/职责 | 2 | 民主 | 4 | | |
| | 尊严 | 2 | 合作 | 2 | | |
| | 干预/冒犯 | 2 | 责任 | 4 | | |
| | 遵守/履行 | 2 | | | | |
| 道德规范词 | 应该(should) | 23 | 应/应该(should) | 26 | | |
| | 不应该(should not) | 15 | 拒绝/避(should not) | 8 | | |

（三）主要特点

### 1. 专业伦理委员会的执行力提高

1941 年，美国教育协会正式任命并成立专业伦理委员会用于研究、处理与伦理规范相关的工作。随着研究的逐渐深入，委员会工作慢慢步入正轨。委员会拥有了固定的成员，成员们的任期明确，分工清楚，工作的稳定性增强。1944年的委员会会议再次强调了伦理委员会的行动纲领以及制定伦理的目的和价值。此后，伦理委员会的执行力显著提高。

委员会的执行力提高具体可以总结为两个方面：一是操作流程的驾轻就熟。对内而言，委员会的主要工作是不断研究与伦理有关的问题，负责伦理规范的整个修订过程。对外来说，委员会主要任务便是伦理规范的推广、宣传和应用。在修订过程中，伦理委员会进行了一系列的工作，既有效率也很全面，包括研究全国范围内拥有伦理、专业伦理委员会的州的数量、各州有关专业伦理领域出现的问题、各州教师群体对于 1929 年版伦理规范的熟悉了解程度、接受程度以及使用情况，等等。委员会对于伦理规范的推广与宣传效果也十分显著。据资料显示，在 1945—1946 年，委员会已经在专业伦理会议中安排了 60 多个项目，并且在州以及地方杂志中发表的文章也是数不胜数。二是正式参与有关违规行为的处理工作。1946 年，委员会按照内容讨论并处理了第一例违规事件，即开除芝加哥地区学校负责人约翰逊的协会会员资格。① 这也是委员会自成立以来首次公开处理成员。1952 年的代表大会中讨论了伦理事件的处理权应该由谁来负责这一问题。最终，代表们讨论表决，让不了解教师群体的主管部门来处理有关伦理问题有失妥当，应该交由专业协会或者专业委员会来处理相关伦理问题。这两件事足以证明委员会的价值所在以及执行力的逐渐提升。

### 2. 伦理规范的宣传方式具有创新性

这一时期，伦理规范文本的宣传形式呈现出创新性。1952 年版伦理规范与1941 年版相比，在宣传方面出现了很多新的手段。在 1952 年版伦理规范宣传过程中，除了一些传统的宣传手段，如分发关于伦理的传单、小册子，翻印海报以

---

① Committee on Professional Ethics[R]//National Education Association of the United States. Proceedings of the Eighty-Fourth Annual Meeting held at Buffalo. New York：The Association，1945—1946：434-436.

及伦理委员会的报告,鼓励在每个州教师协会的办公室张贴伦理的海报等,委员会还提出很多新颖的宣传途径,如在教师培养机构开设关于专业伦理的课程,鼓励教育部门、教育学院以及教师将关于教育专业伦理规范的内容与它们日常课程结合起来。同时建议各地的图书馆将与伦理有关的内容放入图书资料中,还有为新入职的教师准备入职典礼、将伦理改编为朗朗上口的朗读语言、编排一些关于伦理规范的短剧等。这些新颖的宣传途径将伦理规范与各种形式结合,使得伦理规范的融入性、接受性和传播性得到进一步增强。

### 3.伦理规范内容更具包容性和明确性

条例在经过 1941 年和 1952 年两次修订之后,内容更具包容性和明确性。明确性表现在条例的内容更加具体、清晰方面,如 1952 年版原则四第 5 条:拒绝接受一个职位,"此职位是通过非专业的活动,或此职位对专业政策具有悬而未决的争议,抑或是运用不公正的人事惯例和程序产生的"。相比较 1941 年版的条例,1952 年版在词语"专业政策"之后加上了句子"或者运用不公正的人事惯例和程序"。并且在词语"争议"之前插入修饰词"悬而未决的",这一修改是对条例内容进行了更加细致的阐释。在选择职业方面,除了考虑这一职业是否是通过专业活动产生,同时也要分析与此相关的专业政策以及在求职过程中的人事流程是否是正规、严谨。关于学校与委员会之间的相互作用方面,为了强调教学专业成员们的专业责任是积极参与到学校的计划中,在1952 年修订之后的中着重强调了专业责任这一点,即"认识到公立学校是属于社区群众的,鼓励公众参与到学校的目标制定中来,努力让公众能够知晓所提供的教育项目"。

伦理规范的内容包容性增强。例如,1952 年版原则四第 4 条:"通过专业行为谋职,避免这样的实践行为,例如不加选择的分配申请。"相较于 1941 年版条约的内容,在句子最后加上了"这样的实践行为,例如",这一修改增加到了原有句子的包容性,拓宽了对于非专业的求职形式的解释,"不加选择的分配申请"是我们所常见的不道德的求职方式的一种,但它也不是唯一。

## 三、鼎盛阶段

经历 1963 年以及 1968 年两次大的修订,美国教育协会教师专业伦理规范建设工作达到了高潮,无论是从专业伦理委员会工作、伦理规范内容的完善程度,还是伦理规范在全国范围内的影响力而言,这一时期都可称得上是整个建设过程中的鼎盛阶段。

（一）历史背景

### 1. 技术革命带来的社会新面貌

第二次世界大战结束之后的 10 年，美国社会各方面得到了一些平稳的发展。然而，为了实现霸主地位，美国与社会主义国家苏联展开了多年的冷战，冷战致使美国耗费了大量的人力、物力。20 世纪 60 年代越南战争的失败更是给了美国当头一棒，这一次的战争无论是从经济、军事以及精神上都对美国造成了严重的打击。

20 世纪 50 年代初，美国科技革命初露头角并发展迅速，到 60 年代时，随着生产自动化逐渐发挥其重要作用，电子计算机越来越频繁地被应用到生产过程中。科技革命导致了美国劳动力转变的同时也带动了各种产业的转型，电子、化学、机器制造业等产业都经历了大的变革。工人结构也发生了一些改变，工程技术人员、服务行业人员以及其他专业性人员的雇佣比重大大提高，劳动力的专业化水平显著增加。整个社会的面貌呈现出一种蓄势待发的状态。

与此同时，由黑人掀起的民权运动也开始开花结果。他们的成功也启蒙了其他的群体，包括中产阶级的女性和学校教师，教师们开始主动追求自身的社会地位以及政治经济条件的改善。

### 2. NEA 教师工会角色基本成型

20 世纪中期，美国教师工会的地位逐渐提高，被看作美国公立教育的一大特色，获得了合法地位，甚至很多人开始认可教师工会存在的必要性和重要性。这种情况下，美国教育协会对于教师工会的态度逐渐发生转变。20 世纪上半期，美国教育协会对于教师工会是不太认同的，认为工会性质的教师组织是有损教师的专业性的。同时，其也认为教师组织如果附属于劳动工会将有损专业组织的独立性，因此，对于教师工会的诸多行为，美国教育协会一直刻意回避。

随着竞争的日益激烈，美国教育协会在与美国教师联盟竞争的过程中多次溃败，这也导致它不得不分析并潜在地借鉴教师工会的积极举措。这一阶段的 NEA 陷入了两难的处境。一方面，NEA 需要与美国教师联盟竞争会员，而很多情况下自身的核心竞争力并不能胜过美国教师联盟；另一方面，对于工会性质的组织自带抵抗力。为了能够获得持续的生命力，NEA 必须在这两者中进行选择。20世纪60年代,NEA在维护了组织尊严的同时又实现了组织形态的间接性转变。它开始学习采用美国教师联盟提倡的措施,引入工会组织提倡的"集体谈判"形式并将其更名为"专业谈判",以及向非会员收取代理费等。这些措施表明美国教育协会的工会角色的基本成型。

### (二)基本过程

这一时期,美国教育协会教师专业伦理规范建设工作达到高潮,力求建立单一的、具有全国效力的伦理规范文本。

#### 1.伦理规范的建设历程

(1)制定全国性的伦理规范

直至1960年,有30个州的协会采用1952年版的伦理规范。为了形成一个更全面的、能够被广泛接受的伦理规范文本,伦理委员会在1963年的全国代表大会上提出了新的修正案并获得通过。1963年版伦理规范通过之后,伦理委员会对其进行了大量的宣传,其中分发了50多万份伦理规范副本,并且许多州的协会在它们自己的杂志上刊登了伦理规范的副本。至1964年2月1日,新修订的伦理规范得到了38个协会的批准,适用于超过126.5万名教育者。1964年6月,美国教育协会董事会通过实施伦理规范,加强职业维权,这一举措有效地帮助了各成员公平解决在职业权利、责任和道德行为领域出现的个别问题。到1965年,已经有64个教育协会都采用了伦理规范,美国教育协会12个部门也都通过了新的伦理规范,而且在佛罗里达州和肯塔基州,州立法机构已经将该伦理规范纳入了有关专业实习的条例中。① 新的伦理规范很好地充当了一个将成员们与专业联系在一起的纽带。

与此同时,委员会还为大众设计出版了一本有关《伦理规范解释》的小册子,其中载有对伦理规范每一节的简要阐释。考虑到在地方以及国家专业权力和责任委员会工作的人需要对应用进行详细的了解,委员会同时还出版了新版本的《专业伦理委员会的意见》(1964年)。② 自修订版《专业伦理委员会的意见》出版

---

① Ethics[R]//National Education Association of the United States. Addresses and Proceedings of the One-Hundred-And-Third Annual Meeting held at New York. The Association, 1965:330-331.

② Ethics[R]//National Education Association of the United States. Addresses and Proceedings of the One-Hundred-And-Second Annual Meeting held at Seattle, Washington: The Association,1964:353-354.

以来,委员会处理了四项新的"意见",这些新"意见"也都在美国教育协会期刊上发表。①

(2)1963年版伦理规范的形成

为了修订新的伦理规范,委员会进行了大量的前期准备工作。第一步,委员会从全国范围内的50个州收集了许多伦理规范复印件,并花费大量时间研究其他职业的伦理规范,如医学、法学等。同时伦理委员会对可用于处理教师伦理问题的专业文化知识进行研究。他们批判性地审视了1952年版的文本,还研究制定了新的伦理规范可能用到的格式。1962年3月,伦理委员会制定出第一份草案,该草案受到了委员会成员以及教育行业其他人批判性的研究。经过持续性的研究与审查,在1962年丹佛代表大会上,伦理委员会向代表大会递交了伦理规范的初步草案,同时要求全国50个州的代表们研究这一草案并在州杂志上发表了这一草案。伦理委员会鼓励专业成员向总部办公室发送有关新修订案的建议。

12月,伦理委员会在华盛顿召开全国性会议,160多名教育代表参会,会议中每个代表表达了自己关于新修订的想法。两周之后,伦理委员会成员又重聚讨论上一次全国性会议中提出的建议,并重新制定出新的草案。1963年2月,伦理委员会将这份草案递交美国教育协会执行董事会审核,最终草案获得通过。

### 美国教育协会1963年《教师专业伦理规范》②

(1963年6—7月,密歇根州底特律市NEA第101届代表大会通过)

#### 前言

教育工作者相信人的价值和尊严,承认追求真理、追求卓越和培养典型公民的极端重要性。教育工作者认为,要实现这些目标,就必须保护自由、学习和教育,并保证人人享有平等的教育机会。教育工作者接受自己的责任,在从事职业的过程中按照最高伦理标准要求自己。

在选择进入教育行业时,教育工作者已经认识到责任的重要,并与其他教育工作者一起单独和集体地对他的同事进行评判,并由他们根据本守则的规定对其进行评判。

---

① Ethics [R]//National Education Association of the United States. Addresses and Proceedings of the One-Hundred-And-Third Annual Meeting held at New York:The Association, 1965:330-331.

② 此译文参考王丽佳的译本。参见王丽佳.美国全国教育协会教育专业伦理规范历史演进探析[D].上海:华东师范大学,2010:71-73.

## 原则一　教师对学生的承诺

教育工作者衡量他的成功取决于每个学生作为一个有价值和有影响力的公民的潜能的再开发的进步。教育工作者认为与其他团体组织,特别是家庭之间的合作关系非常重要。

为履行对学生的承诺,教师将——

1.公平公正地对待每一位学生。

2.尊重学生个人判断的权利,鼓励学生形成多样化的视角。

3.保护学生隐私权,严守其个人及家庭的私密信息,除非公开信息有利于专业目的、学生利益或应法律要求。

4.谨慎使用专业服务中获取的学生信息。

5.在适当的地点以恰当的方式与学生进行讨论,或进行有关学生的讨论。

6.禁止非出于专业目的评论学生或其家庭。

7.避免利用与学生的专业关系谋取私利。

8.仅按照官方许可的政策进行个别辅导。

9.向适当的个人或机构报告学生的教育需要,并协助提供关于学生教育经历的一种理解。

10.不断努力,以改善学习设施与学习机会。

## 原则二　教师对社区的承诺

教育工作者认为,爱国主义的最高形式需要对我们的民主传统的原则做出奉献,与所有其他公民分享发展健全的公共政策的责任,并承担充分的政治和公民责任。教育工作者特别负责制定与普及教育机会有关的政策,并向公众解释教育方案和政策。

为履行对社区的承诺,教师将——

1.承担改善国民受教育机会的责任。

2.承认教育机构都可能有被授权解释其官方政策的个人。

3.认可公众参与制定教育政策的权利与责任。

4.通过适当的专业程序评价某一地区或教育机构的内部条件,使公众了解其严重的缺陷,并采取一切被认为是必要的和适当的行动。

5.利用教育设施以实现预期的符合政策、法律和规定的目的。

6.承担所有的政治和公民责任,不得利用机构特权谋取私利或促进政治候选人或党派政治活动。

7.保护教育活动免受不良侵犯。

### 原则三　教师对专业的承诺

教育工作者认为教育服务的质量直接影响国家及其公民的未来。因而,教育工作者应尽一切努力提高专业水平,提高服务水平,促进一种鼓励行使专业判断的氛围,并达成吸引值得信赖的人从事教育事业的条件。对于联合努力的价值,教育工作者积极赞扬专业组织的支持、计划和活动。

为履行对专业的承诺,教师将——

1. 承认一项专业必须承担其成员行为的责任,并了解我们的个人行为可能被认为具有代表性。

2. 以一种负责任的态度参与制定与执行影响教育的政策,并以负责任的态度在其制定与执行中约束自我。

3. 合作进行未来教师的选择性招聘,以及师范实习生、实习教师、新入职同事的适应活动。

4. 公正、平等地对待专业中所有成员的专业权利和责任,当他们受到不公正的指控或虐待时给予支持。

5. 当不符合学生的最大利益时,禁止指定非专业人士履行专业职责。

6. 应受屈方的要求,提供一份书面陈述,说明具体的建议理由,以拒绝加薪、显著改变雇用或终止雇用。

7. 禁止以职位权力为基础,对同事做出专业决定施加不当影响。

8. 在交换私密信息的情况下保持忠诚。

9. 以适当的方式使用出于专业目的而被准予的时间。

10. 在解释和运用他人著作和教育研究发现时,保持学术诚信。

11. 当基于对事实或假设的仔细评判而建立对于教育公众批评的否定时,我们要保持诚实。

12. 忠实地代表自身的专业资格,并仅以有声誉的教育机构表明教学专业身份。

13. 求职的同事提出的评价请求,准确地给予回复。

14. 向寻求有关某职位信息的申请者如实地描述其任务、工作条件及相关情况。

### 原则四　教师对专业雇佣实践的承诺

教育工作者应该将就业协议视作一项承诺,在精神上和事实上以符合专业服务的最高理想的方式执行。与管理委员会建立健全的专业人员关系是建立在人格正直、尊严和相互尊重的基础上的。

为履行对专业雇佣实践的承诺,教师将——

1. 应根据专业准备和法律资格申请、接受、提供或指派职位或责任。

2. 只在已知空缺的情况下申请某一特定职位,并应避免出价过低或对其他可能出现的情况做出不利评论。

3. 除非任期、条件、政策和实践允许,以及存在有利于专业服务的环境,可运用专业判断和技能,否则绝不充其空缺。

4. 应遵守合同或指定的条款,除非这些条款被合法终止或得到双方同意而终止。

5. 对于任何可用服务和申请的变更或职务的变动,给予及时的通告。

6. 应通过经专业组织和企业策划机构共同批准的渠道进行专业业务。

7. 不接受可能在履行专业义务时影响所需做出的判断而送的重大谢意或礼物。

8. 不参与将损害专业服务效果的雇佣以外的活动,不允许将专业职位用于商业宣传。


1963 年代表大会中,伦理委员会主席斯奈德(Snyder)提议每五年修订一次伦理规范,从 1968 年开始执行。[①] 最终,经过参会的代表们投票决定,实施斯奈德主席提议的每五年进行一次伦理规范修订的工作。

(3)审查评估工作之后的 1968 年版伦理规范的形成

1963 年美国教育协会代表大会指定专业伦理委员会作为代理,对伦理规范进行持续的评估。在 1966 年、1967 年的会议中,伦理委员会讨论决定,将近两年的关注重点放在有关伦理规范的详细审查上。1968 年美国教育协会年会在得克萨斯州达拉斯召开,伦理委员会主席唐·莫罗(Don Morrow)向与会代表做了简单汇报。在对伦理规范进行审查与评估过程中,委员会搜集到了一些信息,总结如下:

第一,对于伦理规范中语言表述的不满逐年增长。批评较多之处在于伦理规范的难以执行以及语句定义不清问题。还有伦理规范中出现较多的限制语,要求教师在提出异议时只能基于有效假设。很多教师表示这会限制绝大多数人正当的学术自由。教育者应该被允许犯错而不用引发对于不道德行为的指控。对此,莫罗主席在报告中强调,新修订的伦理规范对于之前伦理规范文本中存在的模棱两可的词语进行了完善,例如,1963 年版伦理规范中出现的词语"机密信

---

① Snyder W. Report of the Committee on Ethics of the Profession［R］//National Education Association of the United States. Addresses and Proceedings of the One-Hundred-And-First Annual Meeting held at Detroit. Michigan:The Association,1963:142.

息",对于其中涉及的含义并没有过多的说明。伦理委员会意识到如果伦理规范的作用是指导实践者的行为,那么有必要将一些类似于"不专业的""适当的""知识""保护"的词语定义清楚。

第二,人们关注建立合理标准的问题。1963 年版伦理规范提出除非合同被法律终止,否则必须拥护合同。对此,成员们质疑专业标准能否被用于描述合同中提及的当事人之间的义务。伦理委员会在原则四条目 7 中建议:"除非符合专业目的且是法律所需要的,否则应该保守在专业服务过程中获得的私密信息。"有教师对此提出质疑,这是否可以陈述为某人可以进行有偿家教,只要他与批准的政策是一致的? 是否意味所有教育者在招募中相互合作并且确保所有的政治责任?

第三,关于对教育者的专业工作施加约束的问题。外部的或者副业可能会损害教师的工作效率,虽然有些约束的出发点是好的,但也可能会引发共同认可的渠道的不满。莫罗主席指出 1963 年版伦理规范原则四,条目 6 为"应该通过公认的教育的以及专业的途径来处理专业事宜",修订版中提出"应该通过可利用的、并已经获得专业组织和雇佣机构共同许可的适当的途径来处理专业事宜。"

针对以上提及的 1963 年版伦理规范存在的问题,1968 年版对其进行了修正,并于代表大会中表决通过。

### 美国教师协会 1968 年《教师专业伦理规范》①
(1968 年 7 月 5 日,得克萨斯州达拉斯市 NEA 第 106 届代表大会通过)

#### 前言

教育工作者相信人的价值和尊严,承认追求真理、追求卓越和培养典型公民的极端重要性。教育工作者认为,要实现这些目标,就必须保护自由、学习和教育,并保证人人享有平等的教育机会。教育工作者接受自己的责任,在从事职业的过程中按照最高伦理标准要求自己。

在选择进入教育行业时,教育工作者已经认识到责任的重要,并与其他教育工作者一起单独和集体地对他的同事进行评判,并由他们根据本守则的规定对其进行评判。

---

① Code of Ethics of the Education Profession[R]//National Education Association of the United States. Addresses and Proceedings of the One-Hundred-And-Seventh Annual Meeting held at Philadelphia. Pennsylvania:The Association,1969:587-589.

## 原则一 教师对学生的承诺

教育工作者衡量他的成功取决于每个学生作为一个有价值和有影响力的公民的潜能的再开发的进步。教育工作者努力激发探究精神，激发知识的获取和认知度，并对有价值的目标进行深思熟虑的制定。

为履行对学生的承诺，教师将——

1 不得无缘无故地限制学生在追求学习中的独立行动，也不应无故拒绝学生接触不同的观点。

2. 不得故意压制、歪曲其所负责任的事由。

3. 应在不利于学习或健康安全的环境中合理努力，保护学生。

4. 从事专业业务时采取不将学生置于不必要的尴尬或贬低的方式。

5. 不得以种族、肤色、信仰或民族出身为由排斥任何学生参加或剥夺任何计划，不得给予任何歧视性的照顾或好处。

6. 不得利用与学生的专业关系谋取私利。

7. 应保守在专业服务过程中获得的私密信息，除非披露专业目的或法律要求。

8. 不得对分配到其班级的学生进行有偿家教，除非没有其他合格的教师。

## 原则二 教师对社区的承诺

教育工作者认为，爱国主义的最高形式需要对我们的民主传统的原则做出奉献，与所有其他公民分享发展健全的公共政策的责任，并承担充分的政治和公民责任。教育工作者特别负责制定与普及教育机会有关的政策，并向公众解释教育方案和政策。

为履行对社区的承诺，教师将——

1. 不得歪曲与其有亲缘关系的机构或组织，并应采取充分的假设来区分其个人、机构或组织观点。

2. 不得以直接和间接的公开表达方式，故意歪曲有关教育事项的事实。

3. 不得干涉同事行使政治和公民权利及责任。

4. 不得利用机构特权谋取私利或促进政治候选人或党派政治活动。

5. 不得接受任何可能损害或损害专业判断的酬金、礼物或优惠，也不得提供任何优惠、服务或有价值的东西以获得特殊利益。

## 原则三 教师对专业的承诺

教育工作者认为教育服务的质量直接影响到国家和科学的发展。因此，教育工作者应尽一切努力提高专业水平，提高服务水平，促进一种鼓励行使专业判断的氛围,并达成吸引值得信赖的人从事教育事业的条件。对于联合努力的价值,教育工作者应积极赞扬专业组织的支持、计划和活动。

为履行对专业的承诺,教师将——

1.不得以种族、肤色、信仰或民族本源为由歧视专业组织成员,也不得干涉同事在协会事务中的自由参与。

2.在行使其专业权利和职责时,应给予所有专业人员以公正和平等的待遇。

3.不得使用强制手段或承诺给予特殊待遇,以使联盟的职业决定成立。

4.应保守并保护在就业渠道中获得的同事信息,除非公开是为了服务于专业目。

5.如有要求,不得拒绝参加专业咨询。

6.应受届方的要求,提供一份书面陈述,说明具体的建议理由,以拒绝加薪、显著改变雇用或终止雇用。

7.不得歪曲其专业资格证明。

8.不得故意歪曲同事的估价。

### 原则四　教师对专业雇佣实践的承诺

教育工作者应该将就业协议视作一项承诺,在精神上和事实上以符合专业服务的最高理想的方式执行。与管理委员会建立健全的专业人员关系是建立在人格正直、尊严和相互尊重的基础上的。教育工作者不鼓励不合格的人从事自己的职业。

为履行对专业雇佣实践的承诺,教师将——

1.应根据专业准备和法律资格申请、接受、提供或指派职位或责任。

2.只在已知空缺的情况下申请某一特定职位,不得出价过低或对其他可能出现的情况做出不利评论。

3.不得故意向申请人隐瞒有关职位的情况,也不得歪曲转让人的雇用条件。

4.如有任何变更,应立即通知经办机构及用人单位。

5.在适当的专业组织提出要求时,不得接受职位。

6.应遵守合同或指定的条款,除非这些条款被合法终止,虚假的代理不满,或被用人机构的单方面行动所实质改变。

7.应通过经专业组织和企业策划机构共同批准的渠道进行专业业务。

8.不得将分配的任务委托给具有资格的人员。

9.不得以商业手段利用其专业地位。

10.应使用所给予的时间,以达到预定的目的。

### 2.伦理规范的文本分析

（1）伦理规范的结构

这一阶段的伦理规范在道德层次内容设置上有一些变动。两版规范文本精简了道德理想方面的内容。1963年版伦理规范基本沿袭了之前伦理规范的特点,道德原则层面内容比重较大,而1968年版的伦理规范将道德原则层面的要求缩减,道德规则方面的要求比重严重超过其他两个方面,该阶段的伦理规范偏向于是一种"综合型"的规范文本。

在这一阶段的伦理规范修订中,教师的专业责任范围方面变动不大（详见表4-7）。两版伦理规范文本对教师的专业责任范围都限定为四个方面,1963年版伦理规范包括:学生、社区、专业、专业雇佣实践;1968年版伦理规范包含:学生、公众、专业、专业雇佣实践。

两版伦理规范文本中使用了一个新词语"专业雇佣实践"。究其内容,实质是将1952年版伦理规范文本中有关教师与专业关系的部分进行了细分,分割为两个部分,一个部分是教师与专业,包含同行竞争、配合专业调查、专业声誉、参与有关专业政策的制定等;另一个部分是教师与专业雇佣实践,包含职位申请、接受、提供、任命,合约与专业事物处理渠道等内容。这一划分使得教师专业内的责任更加细分。而从伦理规范文本中涉及的教师专业责任对象比重的划分可见,与之前几版伦理规范文本一样,教师与专业的关系仍是教师专业伦理规范建设的核心。

表 4-7 两版伦理规范中的教师专业责任范围比较

| 1963 年版教师专业伦理规范 | 1968 年版教师专业伦理规范 |
|---|---|
| 原则一 对学生的责任（共 10 条） | 原则一 与学生的关系（共 8 条） |
| 原则二 对社区的责任（共 7 条） | 原则二 与公众的关系（共 5 条） |
| 原则三 对专业的责任（共 14 条） | 原则三 与专业的关系（共 8 条） |
| 原则四 对专业雇佣实践的责任（共 8 条） | 原则四 与专业雇佣实践的关系（共 10 条） |

（2）文本的语言表述

这一阶段的两版伦理规范文本在语言的表述上变化较大。变化之一是词语更加精炼直接。有代表在 1968 年代表大会中表示"1963 年版伦理规范中存在的模糊概括以及陈词滥调引起很多误解和解释。这也直接影响伦理规范的落实。而 1968 年版伦理规范文本消除了那些难以应用于实践伦理问题的夸张表述,语言直接且适用性更强"①。变化之二是道德语言的选择(见表 4-8)。无论是道德词语还是道德伦理规范词,1963 年版与 1968 年版伦理规范都存在很大的不同。在道德词语使用上,1963 年版伦理规范文本基本顺延了前两个阶段的特点,仍以积极性、正向的词语对教师进行鼓励与正向引导,而 1968年版伦理规范中出现了较多消极性与限制性的词语,突出一些具体的不道德行为。道德伦理规范词方面也变动较大,基本方向上实现了由积极鼓励向限制约束的转变,"不应该""避免"等具有限制约束意义的词语成为伦理规范的主要指导语。

这一阶段伦理规范语言表述的变化也标志着伦理规范由激励鼓励性质的文本向限制约束性质的文本过渡。

表 4-8　修订之后伦理规范文本中道德语言使用及其功能比较

| 道德语言 | 1963 年版教师专业伦理规范 | | 1968 年版教师专业伦理规范 | | 类别 | 功能 |
|---|---|---|---|---|---|---|
| | 高频词 | 频次(次) | 高频词 | 频次(次) | | |
| 道德词语 | 公平/公正/平等 | 4 | 公平/平等/公正 | 3 | 承诺类、指示类 | 建议、激发、命令、号召、许诺 |
| | 尊重 | 2 | 限制/剥夺 | 2 | | |
| | 责任/负责 | 8 | 歪曲 | 4 | | |
| | 诚信/诚实 | 3 | 隐瞒 | 2 | | |
| | 履行/遵守 | 3 | 履行 | 2 | | |
| 道德伦理规范词 | 应/应该(shall/should) | 22 | 应/应该(shall/should) | 10 | | |
| | 不宜/避免(shall/should not) | 7 | 不应该/避免(shall/should not) | 21 | | |

---

① Donald H. Morrow. Report of the Committee on Ethics of the Profession[R]// National Education Association of the United States. Addresses and Proceedings of the One-Hundred-And-Sixth Annual Meeting held at Dallas. Texas:The Association,1968:121.

（三）主要特点

1.伦理规范突显教育者的专业权利

教育者的专业权利与个体作为一位公民的基本权利有所不同。公民权利指的是一国公民拥有的受法律保护的、为政府所保障的基本权利。对教育工作者而言，享有的专业权利包括进行教育教学活动、按时获得工资报酬、享受国家规定的福利待遇等。教育者明确专业权利与一般的公民权利之间的差别是正确从事教育教学工作的基础。1968年版伦理规范着重强调了教育者的专业权利与一般公民权利的不同，对教师利用受雇佣的时间、利用学校提供的办公室从事政治活动以及党派活动等行为是严格禁止的。因为教师职业的特殊性和敏感性，有些行为会产生恶劣影响。但是，在1968年的代表会议中，专业伦理委员会主席斯奈德也提出"在没有使用在校时间、学校设备，并且在任何情况下都不包含公共资金的支出的情况下，教师有权参加党派政治，在专业权利下支持某些候选人"。

2.注重伦理规范的适用与可执行

随着宣传工作的不断深入，伦理规范逐渐成为各州专业委员会条例的一部分，也成为州教育委员会和条款的重要组成部分。委员会在对各州调查研究中发现拥有一个具有执行力的伦理规范，并且持续维持高标准是各州委员会工作可以顺利开展的关键所在。在伦理规范的修订过程中，专业伦理委员会一直致力于研究伦理规范的适用性与操作性。

最为明显的特点是1963年之后，伦理规范的名称发生了一些变化，由之前的"教学专业伦理"变为了"教师专业伦理规范"。从法定层面来说，任何从事教育工作的人从广泛的意义上来说都可以被称为是教师，不管他们是幼儿园教师、授课教师、院长、小学校长、中学校长还是大学教授等，因此修改之后的适用范围得到扩展。通过研究，委员会发现1963年版伦理规范在实践过程中，教师群体对于其中的语言表述存在诸多不满，抱怨最多的是伦理规范的难操作以及语句定义不清问题。例如，1963年版中出现的词语"机密信息"，对于其中涉及的含义并没有过多的说明。而模糊的概述造成的结果之一便是会引起很多的误解以及出现各种各样的解释，同时也给许多专业委员会的工作带来了阻碍。①

委员会也意识到如果建立伦理规范的作用是指导实践者的行为,那么就有必要将一些类似于"不专业的""适当的""知识""保护"的词语定义清楚。修订之后的 1968 年版伦理规范将一些存在模糊性的词语除去,替代为更加直接明确的规则性词语中,如"应该"以及"不应该",行为的约束性增强,可操作性提高,对于各州来说也是具有了可以严格执行的明确的依据。

### 3. 加强对特殊案例的讨论处理

专业伦理委员会成立之后,美国教育协会对其职责进行了规定,委员会主要负责对于伦理的制定、修改、宣传、解释以及对成员违反规定的行为采取一些纪律行动。例如,对于规范中提的"不应该进行有偿家教"的问题,来自威斯康星州的代表琼·雅各布森(Joan Jacobson)列举的特殊案例,若班级内一位学生因为晚期病症住院,教师该在什么样的情况下为这个孩子提供家教服务。② 这一特殊事例确实很难对其进行限制,因为它涉及的不是能否进行有偿家教,而是能否进行家教的问题。设置此项条款是为了防止或者阻止教师过度利用自己的专业职位,委员会认为"案例是根据其价值进行审查,解释是在控诉的基础上呈现"。委员会所有的处理都建立在会出现控诉的基础之上,如果出现控诉,那么则需要按照流程上报给委员会,通过解释的方式进行处理。

## 四、落幕阶段

伴随全国教育协会的组织转型,教师专业伦理规范的建设工作在这一阶段基本呈现衰弱的趋势。由于修订工作延期,教育专业伦理规范文本在 1975 年进行了修订完善工作。修订之后的伦理规范文本在专业责任限定、标准设置以及治理方面都发生了一些变动。

---

① Donald H. Morrow. Report of the Committee on Ethics of the Profession[R]//National Education Association of the United States. Addresses and Proceedings of the One-Hundred-And-Sixth Annual Meeting held at Dallas. Texas:The Association,1968:123.

② Donald H. Morrow. Report of the Committee on Ethics of the Profession[R]// National Education Association of the United States. Addresses and Proceedings of the One-Hundred-And-Sixth Annual Meeting held at Dallas. Texas:The Association,1968:126.

（一）历史背景

对于美国而言,20世纪70年代是一个重新评价与重新确定方向的年代,告别了60年代的各种激进冲突,社会开始向着新的方向发展。

1.政治激进主义向教育蔓延

20世纪60年代,政治激进主义开始向教育领域蔓延,教师、家长、学生等都深陷其中。面对经济拮据与工作压力加剧的双重考验,教师开始发泄心中的不满情绪。20世纪60年代,教师联合运动席卷全国各个城市,最具影响力的教师联盟会因其在一系列具有争议的罢工和政治运动中取得了成功,确立自身地位的同时也在市政府以及州政府中有了一定的政治力量。最终,纽约州通过法律达成集体谈判协定,这一事件也让美国教师联盟的地位上升了许多,全国范围内的教师开始加入联合组织。随着集体谈判协定的达成,教师工资增长得到了保障。

20世纪六七十年代,激进主义也对学生产生了一些影响。"大学激进分子与中小学之间的貌合神离的关系有点类似于女权主义与女性教师之间的关系。"①20世纪70年代的一系列判决使得学生的权力得到实质性的扩大,而学生权力的扩大也直接影响到了教师群体。20世纪60年代末,最高法院保护了教师在课堂中使用杂志中具有高度攻击性言辞的权利。但是,在接下来的案例中对于教师的言论进行了限制,谈论的问题需要考虑学生的年龄以及成熟程度等。总体说来,法院在这一时期扩大了教师在课堂内的学术自由。

2.NEA政治参与意识高涨

当组织发展到一定阶段时,谋求政治权利便会成为一种趋势,美国教育协会同样如此。在角色转变之后,为了谋求政治中的一席之位,获取更大的政治保障,美国教育协会在1972年6月建立了政治行动委员会,它是一种与利益集团联系紧密但又有所区别的组织形式。政治行动委员会作为企业界、劳工、专业人士或者其他利益集团的政治组织,主要作用是有权在自愿的情况下向集团成员、

---

① 韦恩·厄本,杰宁斯·瓦格纳:美国教育——一部历史档案[M].周晟,谢爱磊译.北京:中国人民大学出版社,2009:465.

股东和受雇佣的职工筹集资金,用于捐款给所支持的候选人和政党。①政治行动委员会需要挑选适合的人员作为支持其政策的候选人,并且通过从个人处筹集的会费为这些候选人提供支持,在政治上这些金钱被称为政治献金。1972年大选,美国教育协会的政治行动委员会共花费3万美元,超过25000位协会会员为大选出力。1973年,政治行动委员会获得代表支持,同意从每位会员会费中抽出1美元作为委员会的活动经费,并且强制在各州执行这项措施。1974年以及1976年的国会大选,美国教育协会政治行动委员会的贡献更加明显。当然,回报也是丰厚的。1976年因为支持卡特竞选总统,美国教育协会政治行动委员会受到了媒体的广泛关注,而且卡特也赞成协会建议的创建教育部的想法。多次在美国大选中取得的成功让美国教育协会政治行动委员会的重要性逐渐上升。

为了替美国联邦大选筹集资金,政治行动委员会用尽各种方法,包括将其在美国政坛的历史编辑成册进行分发,或者电话筹款、举办筹款宴会等。1988年,美国教育协会政治行动委员会的政治献金达310万美元。1992年,其政治献金近582万美元,美国教育协会也位列当年献金排行第3位。② 1996年,协会政治献金排名第5位。1998年,政治献金排名第8位。2000年,排名第6位。③ 据不完全统计,美国教育协会大约花费500万美元用于选举期间的政治宣传和支持,而很多花销并没有详细的记录。

（二）基本过程

1.伦理规范的建设历程

（1）资金不足导致的修订延期

1963年NEA代表大会表决通过提议每五年对伦理规范进行一次循环复审、修订工作,1968年进行了第一次修订。之后,委员会在1970年时进行了一次小的修订,删除了1968年版中原则四中对专业承诺的第5条"当适当的

---

① 詹姆斯·M.伯恩斯,杰克·M.佩尔塔森等.美国式民主[M].谭君久,楼仁煊,等译.北京:中国社会科学出版社,1993:261.转引自龚兵.角色与追求——美国全国教育协会之嬗变.长沙:湖南师范大学出版社,2012:151.

② 转引自龚兵.角色与追求——美国全国教育协会之嬗变[M].长沙:湖南师范大学出版社,2012:159.

③ 龚兵.角色与追求——美国全国教育协会之嬗变[M].长沙:湖南师范大学出版社,2012:159.

专业组织需要其服务时,不得接受其他职位"。按顺序,1973 年本应该进行第二次修订工作,但是此项工作延期了三年,直到 1975 年才正式举行。伦理委员会主席罗丽•温(Lori Wynn)在 1975 年代表大会报告中指出,第一年、第二年的延期是由于组织内部的资金投入问题。第三年也就是 1974 年时伦理委员会曾召开过一次会议,但是因为一些原因修订工作再一次搁置,最终在 1975 年代表大会召开前夕,委员会完成了修订工作并向代表大会递交了修订之后的草案。

(2)1975 年版伦理规范形成过程中的讨论

1975 年 6 月 3—8 日,美国教育协会年会在加州的洛杉矶市举行,来自威斯康星州的伦理委员会主席罗丽•温向全体参会的代表们做了汇报,她指出各州现在使用的 1968 年版的伦理是有弊端的,她强烈建议代表们接受提议的这版伦理规范。罗丽•温主席提出,伦理规范的修订是一项耗时耗力耗财的工作,伦理委员会为此竭尽所能。她鼓励与会代表们勇敢并清晰地投出自己的支持票或者反对票。

①讨论会议中投票有效性的问题。针对此次会议中提议的 1975 年版的伦理规范,代表们进行了激烈的讨论。首先,来自佛罗里达州的代表史蒂夫•罗森塔尔(Steve Rosenthal)对于投票过程的有效性进行了质疑,他提出:"如果对于修正案的投票取决于代表大会对于提议的伦理规范修订做了哪些工作,那么投票是不明智的。因此即使这次的修改按照代表们的意愿进行,那么下次又会对此进行改动。所以各个时间点上的伦理规范并不能代表什么。"[1]

与此同时,温主席也对此问题发表了看法,她认为代表们需要去考量伦理规范中完全删除的部分是否是合适的。同时也需要给予新增加的条款一些在实践中受检验与发展的机会。[2]

②提议建立清晰的规则治理程序。针对代表对于违规成员所受到的治理程序的疑问,新泽西州代表利奥妮•海曼(Leoni Heimann)对伦理规范中提及的"最初的审判权"提出疑问。他表示:"国家伦理委员会曾提议道德案例会由国家

---

①　Wynn L. Report of the Committee on Ethics of the Profession [R]//National Education Association of the United States. Addresses and Proceedings of the One-Hundred-And-Thirteenth Annual Meeting held at Los Angeles. California：The Association，1975：123-124.

②　Wynn L. Report of the Committee on Ethics of the Profession [R]//National Education Association of the United States. Addresses and Proceedings of the One-Hundred-And-Thirteenth Annual Meeting held at Los Angeles. California：The Association，1975：124.

层面来处理,对于教师的停职以及开除问题。伦理委员会认为这一类涉及国家、州、县和地方协会各个层面。而律师的说法是,地方性隶属机构的作用是在协议法规所关注的内容下代表大多数人的利益。同时,一个具有强制执行力的机构又会导致矛盾。因此,他提议建立清晰的规则程序。"①

伦理委员会主席罗丽·温表示在伦理规范的发展过程中,委员会已经建立了一套听证会程序,拥有新的章程以及考察委员会。同时,罗丽·温主席强调,建立程序,有了听证会,便需要构建诉讼程序。而在新的章程里关于伦理事件中考察委员会的初审管辖权内并未提及这一点。1975 年 8 月 31 日之后,考察委员会便开始创立并执行,执行关于伦理听证或者诉讼程序一事。

③对保障教师权利问题的探讨。有代表对于修订版中删除了很多有价值的内容表示不满,他们质疑现有的修正案能否保障教师的权利。来自加利福尼亚州的代表卡罗尔·林德伯格(Carol Lindbergh)认为 1968 年版伦理规范删除了许多对于当今世界非常重要的内容,如"教育者不应该使用与学生之间的专业关系为个人谋利……不允许利用自己的专业职位进行商业开发……不应该干扰同事行使政治权力和义务"。对于伦理委员会提议的这些内容最好包含在协会合同或者规章制度中,林德伯格表示,保护教师的权利属于合同的内容,但教师对于学生以及专业公众的承诺应属于伦理范围,是可以由委员会强制执行的。许多内容的删除使得地方协会在执行与伦理规范中删除内容重叠的部分时出现困难,并且难以确保教师的权利在全国范围内获得一致保护。②

最终经过全体代表投票表决,1975 年版伦理修正案获得通过。

---

① Wynn L. Report of the Committee on Ethics of the Profession [R]//National Education Association of the United States. Addresses and Proceedings of the One-Hundred-And-Thirteenth Annual Meeting held at Los Angeles. California:The Association,1975:129.

② Wynn L. Report of the Committee on Ethics of the Profession [R]//National Education Association of the United States. Addresses and Proceedings of the One-Hundred-And-Thirteenth Annual Meeting held at Los Angeles. California:The Association,1975:131-132.

## 美国教育协会 1975 年《教师专业伦理规范》[①]

**(1975 年 7 月，加利福尼亚州洛杉矶市 NEA 第 113 届代表大会通过)**

### 前言

教育工作者相信人的价值和尊严，承认追求真理、追求卓越和培养典型公民的极端重要性。教育工作者认为，要实现这些目标，就必须保护自由、学习和教育，并保证人人享有平等的教育机会。教育工作者接受自己的责任，在从事职业的过程中按照最高伦理标准要求自己。

在选择进入教育行业时，教育工作者已经认识到责任的重要，并与其他教育工作者一起单独或集体地对他的同事进行评判，并由他们根据本守则的规定对其进行评判。

对违反本伦理规范任何条款的纠正措施，应仅由美国教育协会或其分会制定。本伦理规范的任何条款，都不得以美国教育协会或其分会特别规定之外的任何形式强加推行。

### 原则一 教师对学生的承诺

教育工作者衡量他的成功取决于每个学生作为一个有价值和有影响力的公民的潜能的再开发的进步。教育工作者努力激发探究精神，激发知识的获取和认知度，并对有价值的目标进行深思熟虑的制定。

为履行对学生的承诺，教师将——

1. 不得无缘无故地限制学生在追求学习中的独立行动。

2. 不得无故拒绝学生接触不同的观点。

3. 不得故意隐瞒或歪曲与学生进步有关的教材。

4. 应在不利于学习或健康安全的环境中合理努力，保护学生。

5. 不得有意为难或者贬低学生。

6. 不得以种族、肤色、信条、性别、原有国籍、婚姻状况、政治或宗教信念、家庭、社会或文化背景或性别取向为由，不公正地：

(1) 排斥任何学生参加任何课程；

(2) 剥夺任何学生的任何利益；

(3) 给予任何学生以任何好处。

7. 不应该利用与学生的专业关系谋取私利。

---

① 此译文参考王丽佳的译本(参见王丽佳.美国全国教育协会教育专业伦理规范历史演进探析[D].上海：华东师范大学，2010：80-81.).

8.应该保守在专业服务过程中获得的私密信息,除非披露专业目的或法律要求。

### 原则二　教师对专业的承诺

公众赋予教育专业以信赖和责任,以冀其怀有专业服务的最高理想。

教育服务的质量直接影响到国家和国民。因此,教育工作者尽一切努力提高专业水平,提高服务水平,促进一种鼓励行使专业判断的氛围,并达成吸引值得信赖的人从事教育事业的条件,并且帮助阻止不合格者从事教育专业。

为履行对专业的承诺,教师将——

1.不得在申请某一专业职位时故意作虚假的陈述或者隐瞒与能力和资格有关的重要事实。

2.不得出具不符事实的专业资格证明。

3.不得帮助明知在品格、教育或其他有关品质上不合格者进入本专业。

4.不得在有关某一专业职位候选人的资格陈述上弄虚作假。

5.不得在未经准许的教学实践中帮助非教育工作者。

6.不得泄露在就业渠道中获得的同事信息,除非公开是为了服务于专业目。

7.不得故意歪曲同事的估价。

8.不得接受任何可能损害或影响专业决定或行动的赠馈、礼品或恩惠。

(1)核心议案之外的三个修正案提议

①对伦理规范文本存在争议的地方进行讨论。来自于俄亥俄州的代表雪莉·威利斯(Shirley Willis)提议在原则二中增加第9条,"不应接受一个职位,即使是在适当的专业组织强烈要求下"。来自俄亥俄州的梅尔·阿瑟斯(Mel Arthurs)对其观点表示赞同,并认为这一条款本身是不道德的行为,赞成这个修正案便会清除一部分所谓的不道德的人。同时,这样的规定也会让那些有可能接受这一职位的人员慎重思考,他认为伦理规范中提出的内容应该考虑现实的情况。

针对这一问题,伦理委员会主席罗丽·温提到在之前的会议中也讨论过这一问题,美国教育协会董事会已经采纳关于罢工破坏者的相关政策,而这个政策中的回应显然是有效且明智的,如果政策的实施能如原本计划的那样,那么它是能够直指所需的。同时,罗丽·温主席指出将雇员、雇主与条款联系在一起是不谨慎的。

最终经过投票,威利斯的在原则二中增加第 9 条的提议失败。

②美国教育协会与其附属机构的专属权力。来自康涅狄格州的代表艾伦·维塞尔(Alan Wissel)提议,在 1968 年版伦理规范的前言部分加一段话"美国教育协会或者它的附属机构所指定的对于违反任何规定的补救措施应该是专属的,并且除了美国教育协会或者它的附属机构设计的这一特定规定,再无其他任何一种形式的强制执行的规定"①。

对于这一建议,罗丽·温主席表示赞同,她提出面对可能逐步升级为违规行为的局限,这一建议也可能会在美国教育协会终止,但是也一定会通过其他评判团体继续进行,这一提议是友好的,类似于一个管理修正案。维塞尔表示,这一修订呼应了最初设置的目标,成员们渴望委员会能够有权力为它的附属机构提出建议,这也意味着委员会有权力去合法地约束伦理规范的使用,也有代表对于修订提出了反对意见。

最终经过投票表决,维塞尔女士的在前言部分添加一段话的提议通过。

③对于伦理规范趋于法律化的讨论。来自加利福尼亚州的加兰·摩尔(Garland Moore)提议在对专业的承诺中增加一个条目 9:"不应该拒绝遵从地方、州、美国宪法以及美国教学专业章程的规定,并且不能公然违反议事程序,在某种程度上损害了协会的最大利益。"摩尔认为修订内容能够很好地反映伦理规范中提出的"去促进一种鼓励专业判断的氛围,并且各个级别的会议都应保持这样的氛围"②。

对于摩尔的修正提议,伦理委员会的罗丽·温主席表示反对,她认为这样的修改曲解了用途。"成员不应该拒绝遵从组织的章程和细则,或者不能公然违反议事程序"不适合放在伦理规范中。伦理规范的作用不是为了让教师得到类似于组织上的政治关怀,而且组织内的官员变动会让教师对自己从事的事情产生担心。教师权利法案是美国的政策,它是能为教师解决很多问题的工具。③

---

① Wynn L. Report of the Committee on Ethics of the Profession[R]//National Education Association of the United States. Addresses and Proceedings of the One-Hundred-And-Thirteenth Annual Meeting held at Los Angeles. California:The Association,1975:126.

② Wynn L. Report of the Committee on Ethics of the Profession[R]//National Education Association of the United States. Addresses and Proceedings of the One-Hundred-And-Thirteenth Annual Meeting held at Los Angeles. California:The Association,1975:129.

③ Wynn L. Report of the Committee on Ethics of the Profession[R]//National Education Association of the United States. Addresses and Proceedings of the One-Hundred-And-Thirteenth Annual Meeting held at Los Angeles. California:The Association,1975:130.

经过投票表决,摩尔提议的增加内容"不应该拒绝遵从地方、州、美国宪法以及美国教学专业章程的规定,并且不能公然违反议事程序,在某种程度上损害了协会的最大利益"没有通过。

最终代表们提出的三个修正案,只有一个通过审核,即来自康涅狄格州的代表维塞尔提议的在 1968 年版伦理的前言部分加一段话:"美国教育协会或者它的附属机构所指定的对于违反任何规定的补救措施应该是专属的,并且除了美国教育协会或者它的附属机构设计的这一特定规定,再无其他任何一种形式的强制执行的规定。"①

### 2.伦理规范的文本分析

#### (1)伦理规范的结构

1975 年版伦理规范文本经历了有史以来最大一次的修订调整。首先,就伦理规范在三种道德层次方面的占比而言,道德理想方面的内容与之前的伦理规范版本相似。道德原则以及道德规范层面的内容变动较大,16 条伦理规范中涉及道德规则的要求有 15 条,而道德原则方面的内容仅占 1 条。同时,有关道德规则方面增加了对违规行为的治理规定,这是 1975 年版伦理规范较突出的一点。这一版的伦理规范在理想与规则层面层次明晰,该阶段的伦理规范体现出了一种激励与规约并存的"综合型"的特色。

1975 年的伦理规范文本对教师的专业责任范围限定为两个方面,即教师与学生以及教师与专业(见表 4-9)。教师与学生的关系包含保护、尊重学生,学生独立学习、观点多元,反对歧视,禁止利用学生谋利以及保密等问题。教师与专业的关系包含职位申请、职业诚信、人员准入、保密、同行评价以及禁止收受不当报酬等,将教师的专业责任限定在学生与专业之间,凸显了"专业"性的内涵。

表 4-9　1975 年版伦理规范中教师专业责任范围

| 1975 年版教师专业伦理规范 |
| --- |
| 原则一　对学生的责任(共 8 条) |
| 原则二　对专业的责任(共 8 条) |

① Donald H. Morrow. Report of the Committee on Ethics of the Profession[R]//National Education Association of the United States. Addresses and Proceedings of the One-Hundred-And-Sixth Annual Meeting held at Dallas. Texas:The Association,1968:118-126.

（2）文本的语言表述

1975年版伦理规范修正案在讨论通过的过程中引起了很多的争议，其中之一便是部分内容定义不清的问题，如原则一对学生的承诺太过普通并且定义模糊、原则一中第七条太过宽泛，原则一中第三条"不得故意隐瞒或歪曲与学生进步有关的教材"这一条规定的目的并不清晰，以及原则二中第五条中"非教育工作者"以及"未经授权"等词语并未进行界定。

这一阶段的伦理规范的语言表述经历了自初创以来的最大一次变动。从1968年版伦理规范文本的修订到1975年版伦理规范的形成。伦理规范文本完全转变为限制禁令性质的内容。在道德词的选择上基本全是约束性质的消极词语，如"压制""阻止""剥夺""排斥""隐瞒""歪曲"等。而道德伦理规范词方面也有变动较大，完全转变为禁令性质的指导语，如"禁止""不得"等（见表4-10）。

表4-10　1975年版伦理规范文本中道德语言使用及其功能

| | 高频词 | 频次 | 类别 | 功能 |
|---|---|---|---|---|
| 道德词 | 履行 | 2 | 承诺类、指示类 | 建议、激发、命令、号召、许诺、恐吓等 |
| | 信任/信服/信赖 | 4 | | |
| | 压制/阻止/剥夺/排斥 | 4 | | |
| | 虚假 | 3 | | |
| | 隐瞒/歪曲/泄露 | 3 | | |
| | 贬低/为难 | 2 | | |
| 道德伦理规范词 | 应该（shall/should） | 1 | | |
| | 不得/禁止（shall/should not） | 17 | | |

这一阶段伦理规范语言表述的变化也标志着伦理规范完全成为底线标准的伦理规范禁令。

（三）主要特点

1. 规限教师的专业责任

教育者在从事教育教学活动时，需要对其他人负责，不仅包括学生和专业，还包含家长、社区、同行以及专业组织，等等。美国教育协会最初制定的伦理规范,规定教育者需要负责的对象有三项,学生与社区、专业以及教育同行,而后在不断的修订中,教育者需要负责的对象在不断扩展,增加了教育者与家庭、教育者与公众之间的要求。但是,在1975年修订的文本中,可以发现教育者需要负责的对象缩减至两项,即学生与专业。

1975年版伦理规范将教育者与公众、专业雇佣实践、家庭、社区的关系内容通通省略,最终只提及了教育者与学生以及专业之间的关系。教育者在教育教学实践活动中,最直接的接触对象便是学生与专业,而这恰好是教育行业区别于其他职业的不同之处。学生是教育事业的核心,也是教育者服务工作最直接的受众。教育者对学生负有直接的责任,而教育者与学生家庭之间的关系是建立在与学生关系的基础之上的,如若没有与学生的这一层关系,那么教育者对于家庭的责任将是海市蜃楼。就教育者和公众、社区之间的关系来说,例如"承认公众参与制定教育政策的权利与责任"这样的条例,无论是作为普通民众还是从事教育活动的人员来说都有权利去进行这样的活动,而且不管是教育者还是其他职业人员,都有为社区做贡献的责任。教育者与专业雇佣实践之间的关系,是类似于雇佣、合同还是谈判相关的问题应该通过合约或者组织章程而非伦理来进行限定。①

规定教师的专业责任范围,凸显"教育专业伦理规范"的专业性所在,也更能体现教师专业伦理规范的特殊性,避免了责任泛滥造成的非专业性事件出现。

### 2.强调伦理规范的底线标准

分析 NEA 教师专业伦理规范建设最终形成的 1975 年版伦理规范文本可发现,这一版伦理规范文本中道德词、道德词出现的频率都很高,尤其是在道德规范词的使用上。据统计,1975 年版伦理规范中使用"应/应该"(shall/should)的地方有一处,"不得/不应该"(shall/should not)的使用有 17 处。在道德词语的使用中,1975 年版伦理规范更多使用了偏消极性的词语,如"阻止""隐瞒""歪曲""贬低",等等。

起初,NEA 在决定制定教师专业伦理规范时,以鼓励、建议、倡导教育者达到所谓的专业水平应有的高标准为主,而辅助的是禁令条例,警醒教育者不应该触碰道德红线,用以避免不道德的行为。但是,与之前不同的是,1975 年版的伦理规范基本以禁令的方式规定了教育工作者在实践活动中需要守住的底线标

① Traver P. Whatever Happened to the NEA Code of Ethics? [J]. Education,1985(4): 403-407.

准。通过列出不允许或严厉禁止的教师不道德行为,引导教师在日常的教学工作中自觉约束自己,审视自己的行为,用有道德的思维方式做出正确的判断。底线标准的内容设置成了1975年版伦理规范的一大显著特征。

### 3.形成调查与听证结合的治理方式

伦理规范的价值与意义最终取决于它能否在实践中被应用与执行。伦理规范的价值定位决定了它未来的发展趋势。判断一份伦理规范是属于"声明"或"标签"性质还是可以转化为实践要求的标准是很重要的。[①] 多数伦理规范在文本中包含的专业理想成分比重较大,而在后期执行和治理程序方面并未做详细说明。

NEA在伦理规范的治理方面制定了一些相对具体、细致的操作流程。在国家伦理委员会刚成立时,美国教育协会便对其职能进行了授权,对于一些经过协会执行委员认定违反内容的成员,伦理委员会有权在听取意见之后对其进行责罚以及驱逐。并且专业伦理委员会的决议下达之后,成员可以在60天之内进行申诉,执行委员会可以对专业伦理委员会的决议进行确认、拒绝或者修改。在听取了教师有关违背的案例意见之后,委员会需要针对被告的行为举行一次听证会,整个流程必须符合法律规定,被告可以申请辩护律师作为代表,对目击者进行反复提问,但所有的过程必须在监督下进行。

伦理规范建设后期,各州以及地方拥有了属于自己的伦理委员会,因此,NEA规定州伦理委员会是执行治理机制的主要执行机构。当州或者地方发生伦理问题时,首先应交由当地的伦理委员会进行裁决,只有当州协会要求、这些伦理问题涉及两个以及多个州、伦理问题与全国有关时,国家专业伦理委员会才会出面处理。[②] 通过考察治理机制的细致程度,我们发现美国教育协会对于伦理的重视以及希望能够有效落实的决心与动力。但是,理想很丰满,现实却很残酷。伦理规范的执行力以及落实情况远没有想象的那么顺利,1975年的代表会议中,对于伦理规范的争议此起彼伏,对于伦理规范的抱怨也比比皆是。

从1924年伦理规范思想的萌芽至1975年建设工作进入尾声,NEA教师专业伦理规范的建设工作历经50年风风雨雨。根据NEA年度代表大会会议记录汇编资料,从1929年最初成文至1975年伦理规范的修订版通过,这中间共经

---

① 王丽佳.美国全国教育协会教育专业伦理规范历史演进探析[D].上海:华东师范大学,2010:47.

② Traver P. Whatever Happened to the NEA Code of Ethics? [J]. Education,1985(4):403-407.

历五次大的修订①,代表大会正式通过的伦理规范版本共有六个,即 1929 年版、1941 年版、1952 年版、1963 年版、1968 年版和 1975 年版。对于 NEA 伦理规范建设过程中究竟形成几个版本的规范文本问题,学者们表述不一。从历史角度分析规的演进过程,王丽佳、宋振加等学者将其分为四个阶段:1929 年的初创阶段,注重制定;1941 年和 1952 年的形成阶段,强调伦理规范的时效性;1963 年、1968 年和 1972 年的发展阶段,重视伦理规范的认同度;1975 年的成熟阶段,突破"泛道德"模式,更具有专业性。② 而对于这样分类的理由,王丽佳、宋振加等学者的研究中并未详细说明,均以总的特征概括出这一阶段中几个规范文本的特征。究其参考资料来源,王丽佳多引用的是美国学者里德的《伦理规范》、特拉弗(Traver,P.)的《NEA 伦理规范发生了什么?》以及少数几个会议记录和 NEA 手册。宋振加在分类时引用的参考资料同样是特拉弗的《NEA 伦理规范发生了什么?》。其他研究者在分类时参考的文献资料也多是以上两篇外国期刊文章、少数几篇 NEA 会议记录和王丽佳的硕士论文。③ 其实,特拉弗错将 1972 年经文字润色修订而成的伦理规范作为大修订的版本。④ 因此,这也直接导致国内学者在引用其文章时,受其观点的影响。1972 年确实进行过伦理规范的修订工作,但因这一次的修订工作仅是专业伦理委员会召开代表会议时讨论通过,并非 NEA 全国代表大会时讨论通过的修正案。因此,1972 年版伦理规范文本不能与其他几次大的修订版相提并论。同时,将 1972 年修订之后的伦理规范与 1968 年版伦理规范进行对比可见,两版伦理规范内容基本一样,只有极个别的条款发生了顺序上的调整。

龚兵在其博士论文中提出 NEA 伦理规范经历的几次修订包括 1939 年、1941 年、1952 年、1963 年以及 20 世纪 70 年代的几次修订,在 1975 年修订精简内容之后,沿用至今。龚兵在分类时主要参照的是夏之莲主编的《外国教育发展史料选粹》一书。而 NEA 代表大会会议记录资料显示,1939 年是 NEA 伦理规

---

① 所谓大的修订指的是 NEA 全国代表大会表决通过的伦理规范修正案。

② 王丽佳.美国全国教育协会教育专业伦理规范历史演进探析[D].上海:华东师范大学,2010;宋振加.美国全国教育协会《教育专业伦理规范》研究[J].山东社会科学,2012(12).

③ 申阳春.美国 NEA 准则教育伦理思想探析[D].重庆:西南大学,2012;樊磊.美国《教育专业伦理规范》的长效性与实效性探究[D].锦州:渤海大学,2016;李春梅.美国教育专业伦理规范探析[D].重庆:西南大学,2012.

④ Traver P. Whatever Happened to the NEA Code of Ethics? [J]. Education. 1985(4): 406.

范建设工作停滞十年之后的重启时间,这一年内并未提出任何修正案。① 同时1968 年是 NEA 伦理规范建设过程中的一个重要的转折点。将 1939 年纳入修订行列而遗漏 1968 年版的修订工作是存在不合理之处的。已有研究对于 NEA 伦理规范建设过程的分类标准并不具有说服力,多数研究者的分类依据史料不充分且主观臆断成分较多。在对 NEA 伦理规范建设自 1924—1975 年所有的会议记录资料进行分析梳理之后,结论如下,经由 NEA 代表大会成员表决通过并正式发布的伦理规范共有 6 个版本,即,1929 年版、1941 年版、1952 年版、1963 年版、1968 年版和 1975 年版。

由对文献资料进行归纳整理过程可见,国内绝大多数研究者对于 NEA1975 年版伦理规范的评价是完美定型,或是发展顶峰。王丽佳在其硕士毕业论文中对 NEA 的 1975 年版伦理规范的评价为“具有持久生命力”的最终定型稿。② 也有学者表示,1975 年的规范是“趋于完善的”“趋于合理性的”。③ 分析王丽佳的文章可见,她得出这一结论基于 1975 年版伦理规范从颁布至今基本未发生任何的变动的情况。而其他大多数的学者高度赞扬这一版伦理规范的历史地位的主观臆断成分居多。然而,综合研究了 NEA 伦理规范建设近五十年的会议记录资料之后,本书对此评价表示怀疑。1975 年版伦理规范真的是 NEA 伦理规范建设过程中的完美定型吗?资料显示,伦理规范在其影响力逐渐扩大的同时随之而来的争议与矛盾也在不断增加。1975 年版伦理规范引发了一系列积压已久的矛盾与冲突。专业伦理委员会同样面临着各种困难处境。

首先是组织困境。20 世纪下半期,NEA 在与美国教师联盟竞争过程中多次溃败,对于会员的吸引力逐渐降低。因此,为了捍卫组织尊严以及提高竞争力,NEA 潜移默化地开始采取美国教师联盟的一些措施,最终由专业自治组织过渡为替教师群体谋取福利与利益的工会性质的组织。随着角色的转变,NEA 逐渐发展成为美国公认的规模最大的劳动工会,也是唯一免除财产税,不受全国劳动法对有关工会管理特权有所禁止的组织,并且它不受哈奇法案

---

① King W P. Ethics[R]//National Education Association of the United States. Proceedings of the Seventy-Eighth Annual Meeting held at Milwaukee. The Association,1940:891-892.

② 王丽佳.美国全国教育协会教育专业伦理规范历史演进探析[D].上海:华东师范大学,2010:35.

③ 徐廷福.美国教师专业伦理建设及启示[J].比较教育研究,2005(5).

对协会政治活动的限制。① 因为这些条件，美国教育协会的财政收入是非常富裕和充足的。

20世纪70年代，NEA政治参与意识空前高涨，协会投入大量的资金用于提升协会影响力、达成协会目标的活动，如支持政治候选者，这也直接或者间接地导致了在其他方面的拨款不足问题。1972年之后，NEA因资金不足导致代表大会以及伦理规范的修订工作延期三年举行。

NEA角色的转变直接影响了协会的宗旨和使命，协会将工作重心由提升教师的专业性转为维护教师的权益，提升自身吸引以及代表和服务会员的能力，教师专业化伦理规范建设步伐放缓变慢，直至最终停滞不前。由此可见，伦理规范仅适用于专业自治组织的自我管理。当教师团体并非为一个专业自治组织时，伦理规范便对其失去了应有的价值。同时，这也很好地解释了1975年版伦理规范产生之后至今没有什么大的变动的原因了。

其次是管理困境。伦理规范影响力提升的同时也带来了很多争议。在这一阶段，NEA开始计划制定单一且权威性的伦理规范，以适用于全国范围内的各级教师组织。这一想法在1968年版伦理规范产生之后得以实现。随着伦理规范在全国范围内的深入推广与实施，协会遇到了很多棘手的问题，其中最突出的问题便是管理问题。自1929年版伦理规范产生之后，伦理委员会一直不定期地对其进行修订工作。1963年代表大会中，国家伦理委员会建议每隔五年修订一次伦理规范，这一提议也经由代表们投票表决顺利实施。② 然而，1968年在对伦理规范进行第一次有计划的修订时，来自全国各州对于伦理规范文本的不满与质疑情绪逐渐高涨，直至1975年，不满情绪达到顶峰。

有代表在1975年NEA代表大会中直接表示反对这一有计划的伦理规范修订工作，理由是，"修订伦理规范工作耗时、耗力、耗财，并且最终修订之后的内容差别不大，因此修订工作应该放在需要的时候进行"③。宾夕法尼亚州代表艾

① 龚兵. 角色与追求——美国全国教育协会之嬗变[M]. 长沙：湖南师范大学出版社，2012：159.

② Snyder W. Report of the Committee on Ethics of the Profession[R]//National Education Association of the United States. Addresses and Proceedings of the One-Hundred-And-First Annual Meeting held at Detroit. Michigan：The Association，1963：142.

③ Wynn L. Report of the Committee on Ethics of the Profession[R]//National Education Association of the United States. Addresses and Proceedings of the One-Hundred-And-Thirteenth Annual Meeting held at Los Angeles. California：The Association，1975：130-131.

尔·戈德堡(Al Goldberg)提出,"宾夕法尼亚州修订1968年版伦理规范已经耗时三年,继续修订伦理规范将面临资金短缺的窘境。与此同时,宾夕法尼亚州现存的伦理规范已使用多年,且应用过程中并未出现任何难题。随着伦理规范内容的修正,原先各州认定的合理的行为可能会与修订之后的规范内容存在冲突"①。

针对代表们提出的反对意见,伦理委员会罗丽·温主席也进行了回应。她强调1968年版伦理规范中存在一些陈旧且不合适的内容,而修订是利大于弊的。罗丽·温主席表示,1973年1月委员会曾举办了一次全国性会议,35个州代表参会,会议中讨论发现,1968年版伦理规范在实际应用中存在被利用去反对教师的情况,如伦理指责不适当地使用公休假、道德谴责非自愿的教师流动、道德谴责治理学生、道德谴责地方协会人员的不作为、道德指责反对教师关于地方协会会议中未经授权的呼叫等。因此,1968年版伦理规范需要完善那些可能会对教师存在威胁的内容。面对资金短缺的问题,罗丽·温主席也表示了理解,同时,她也鼓励各州克服困难,重拾对于伦理规范建设工作的信心,她表示:"尽管我们没有太多的钱,但是我们有足够的钱去组织会议,去分发超过一百万份你们面前的复印件。并将它送到每一位国家行政秘书手中,每一位主席手中,每一个地区城市组织或者其他组织手中,以及每一位城市主管手中。"②

具有全国性效力的伦理规范的修订必然会牵扯到各州以及地方的伦理规范的变动调整,州和地方对于伦理规范从认知到熟悉再到认可与使用,期间需要耗费一段时间。有些州和地方在初步适应一版伦理规范的要求之后随即面临着新一轮的调整与修订,这不利于伦理委员会工作的有序开展。与此同时,很多州的伦理规范已使用多年,与地方的风土人情早已合二为一。经常性的变动调整必然会影响伦理规范实施工作的稳定性与有效性。但为了与时俱进,避免伦理规范与时代脱轨,修订工作也必须有序进行。因此,这种两难的管理困境也最终导致了伦理规范建设工作的停滞。

---

① Wynn L. Report of the Committee on Ethics of the Profession [R]//National Education Association of the United States. Addresses and Proceedings of the One-Hundred-And-Thirteenth Annual Meeting held at Los Angeles. California:The Association,1975:130-131.

② Wynn L. Report of the Committee on Ethics of the Profession [R]//National Education Association of the United States. Addresses and Proceedings of the One-Hundred-And-Thirteenth Annual Meeting held at Los Angeles. California:The Association,1975:131.

最后是权力困境。自全国性的伦理规范产生之后，代表大会中讨论较频繁的便是伦理规范的强制执行力问题。州以及地方代表们强烈呼吁提升伦理规范的强制执行力，1975 年 NEA 代表大会时，来自加利福尼亚州的代表珍·卡达尔(Jane Kaldahl)提出：“原先的伦理规范中很多内容与法律、人事政策以及其他相关政策存在交叉，建议协会提高强制执行力，努力成为区域在职计划的决定者。”弗吉尼亚州的代表贝丝·纳尔逊(Beth Nelson)表示：“无论是对他个人而言还是他的教育同行们，他们都愿意让伦理规范成为一个具有强制执行力的文本。”①

强调伦理规范的强制执行力是为了使其在应用过程中操作性更强，更利于州以及地方伦理委员会工作的顺利进行。然而，这一问题最终并未成功落实。分析其原因，NEA 对教师缺乏强制约束实权，如颁发教师资格证权力等。本质上，NEA 是教师专业自治组织，是教师群体为了专业发展以及专业建设自发组成的教师团体。NEA 制定的伦理规范与法律有所不同，即使治理程序制定得再完美，对于违反规范的教师，NEA 做出的治理措施只能是驱逐出协会，并不能阻止其继续从事教师职业，它对于成员只有约束作用而非实质的制约权力。对违规人员来说，伦理委员会对于他们的治理措施也只是皮毛之痛而已。与此同时，提倡强制执行力也与协会最初决定开展伦理规范建设工作的目标相违背。正如伦理委员会主席威特曼回应的那样：“最初决议进行伦理规范建设工作时，目的并非想要将组织内的成员驱逐出去，而是通过伦理规范的评判标准约束成员们的行为，提升专业尊严与地位，对伦理规范进行修订应使其范围变得更宽泛。”②因此，缺少实质制约成员的权力与各州呼吁提升强制执行力之间的矛盾也最终导致了伦理规范建设工作的难以继续。因此，学者们称 1975 年版的伦理规范是 NEA 教师专业伦理规范建设历程中的“完美定型”版是有失妥当的。NEA 伦理规范建设工作在 1975 年之后并无太大的变化，并非因为已经“完美”且发展达到顶峰，而是 NEA 面临着组织、管理以及权力三重困境，伦理规范的建设工作因难以继续进行下去而被迫停止。

---

① Wynn L. Report of the Committee on Ethics of the Profession [R]//National Education Association of the United States. Addresses and Proceedings of the One-Hundred-And-Thirteenth Annual Meeting held at Los Angeles. California；The Association，1975：125.

② Wynn L. Report of the Committee on Ethics of the Profession [R]//National Education Association of the United States. Addresses and Proceedings of the One-Hundred-And-Thirteenth Annual Meeting held at Los Angeles. California；The Association，1975：125.

在 NEA 教师专业伦理规范建设过程中，其文本的类型、专业性的凸显以及对于伦理规范的治理机制都能为我们带来启发。第一是探究了伦理规范的类型。NEA 六个版本的伦理规范在各个道德层次、内容比重以及文本类型上表现出了差异性。1929 年版伦理规范基本以道德原则与道德规则内容为核心，对于道德理想层面的要求较少，属于"规约型"文本。反观 1929 年版伦理规范文本成型之前，伦理委员会向全国范围内的教师群体进行了调查研究，而调查的内容便是让教师列出自己认为的最不道德的行为。根据教师们列出的不道德行为的排名，委员会制作了一个调查问卷，分发给各州教师进行调研统计，随后制定出 1929 年版伦理规范的草案。NEA 最初制定伦理规范是为了促进组织的团结以及凝聚力，消除内部的不伦理、不道德的行为。因此，这也反映了文本中道德理想层面内容较少的原因。

随着伦理规范修订次数的增加，之后的版本中逐渐增加了理想层面内容（见表 4-11），而与此同时，表 4-12 中反映了 1941 年、1952 年以及 1963 年版伦理规范文本中大量增加了含有激励、鼓励作用的内容，伦理规范具有了"激励型"的特征。而在 1963 年之后，伦理规范影响力提升，成为全国范围内教师协会与教师组织的统一标准。为了便于解释与操作，1968 年版伦理规范逐渐由"激励型"向"激励＋规约型"转变，最终 1975 年版的规范完全变为两者的综合版，激励与规约的层次非常明晰。

表 4-11　各版本伦理规范中道德层次要求比重

| 道德层次 | 涉及条目数（条） | | | | | |
| --- | --- | --- | --- | --- | --- | --- |
| | 1929 年版教师专业伦理规范 | 1941 年版教师专业伦理规范 | 1952 年版教师专业伦理规范 | 1963 年版教师专业伦理规范 | 1968 年版教师专业伦理规范 | 1975 年版教师专业伦理规范 |
| 道德理想 | 1 | 5 | 7 | 6 | 8 | 6 |
| 道德原则 | 11 | 10 | 23 | 31 | 10 | 1 |
| 道德规则 | 9 | 6 | 8 | 8 | 21 | 17 |

表 4-12 各阶段伦理规范道德语言对比

| 道德语言 | | 涉及条目数（条） | | | | | |
|---|---|---|---|---|---|---|---|
| | | 1929 年版教师专业伦理规范 | 1941 年版教师专业伦理规范 | 1952 年版教师专业伦理规范 | 1963 年版教师专业伦理规范 | 1968 年版教师专业伦理规范 | 1975 年版教师专业伦理规范 |
| 道德伦理规范词 | 应该 | 18 | 23 | 26 | 22 | 10 | 1 |
| | 不应该 | 11 | 15 | 8 | 7 | 21 | 17 |
| 道德词语 | | 关系、公平、合作、遵守、鼓励 | 信任、关心、责任、尊严、冒犯、遵守 | 信任、尊重、民主、合作、责任 | 公平、平等、尊重、责任、诚信、遵守 | 公平、限制、剥夺、歪曲、隐瞒、履行 | 信任、压制、阻止、剥夺、歪曲、泄露 |

再者，突出了伦理规范的专业性。1929 年版伦理规范成形之后停滞了十年，直到 1939 年又重新启动，因而 1941 年版伦理规范在教师责任范围设置方面与 1929 年版基本差别不大。在与同行的关系方面，1941 年版伦理规范变为教师与公民事物的关系，拓宽了对于教师交往人群的范围，不仅仅局限于同行。1952 年版伦理规范对教师的专业责任划分更细致，教师职业范围内所涉及的对象各自独立成为一个原则，对其中的内容进行严格区分，这也表明在建设教师专业化进程中，伦理委员会研究的深入与全面，考虑到教师职业领域的方方面面，列出了可能遇见的实践问题。与之前相比，1963 年以及 1968 年版伦理规范中多了"专业雇佣实践"这一项责任，实质是将之前版本中有关教师与专业关系的部分进行了细分，但是内容并没有太大差别。1975 年版伦理规范变动最大，删去了以前版本中出现的"教师与家庭关系""教师与社区关系""教师与公众关系""教师与专业雇佣实践关系"以及"教师与同行关系"，只留下"教师与学生"以及"教师与专业"。操作性提高，指导作用增强。学生是教师的直接服务对象，专业是教师得以维持工作的根基，将教师的责任限定于这两者之间，刨除教师服务过程中的其他间接关系，凸显了"专业性"的特征，详见表 4-13。

综合六个版本的伦理规范中涉及的教师专业责任比重划分可知，教师与专业的关系一直是伦理规范内容的核心，各个时期所占的比重都是最高。这也体现了 NEA 在制定伦理规范之初的目标之一——促进教育专业化以及提升专业地位与尊严。

表 4-13　各阶段伦理规范中教育者专业责任对比

| 1929 年版教师专业伦理规范 | 1941 年版教师专业伦理规范 | 1952 年版教师专业伦理规范 | 1963 年版教师专业伦理规范 | 1968 年版教师专业伦理规范 | 1975 年版教师专业伦理规范 |
| --- | --- | --- | --- | --- | --- |
| 原则一<br>教师与学生及社区的关系（共 6 条） | 原则一<br>教师与学生和家庭（共 4 条） | 原则一<br>教师与学生的关系（共 6 条） | 原则一<br>教师对学生的责任（共 10 条） | 原则一<br>教师与学生的关系（共 8 条） | 原则一<br>教师对学生的责任（共 8 条） |
| 原则二<br>教师与专业的关系（共 7 条） | 原则二<br>教师与公民事物的关系（共 3 条） | 原则二<br>教师与家庭的合作关系（共 5 条） | 原则二<br>教师对社区的责任（共 7 条） | 原则二<br>教师与公众的关系（共 5 条） | 原则二<br>教师对专业的责任（共 8 条） |
| 原则三<br>教师与同行的关系（共 8 条） | 原则三<br>教师与专业的关系（共 14 条） | 原则三<br>教师与学校和社区的关系（共 6 条） | 原则三<br>教师对专业的责任（共 14 条） | 原则三<br>教师与专业的关系（共 8 条） | |
| | 原则四<br>教师专业伦理委员会 | 原则四<br>教师与专业的关系（共 12 条） | 原则四<br>教师对专业雇佣实践的责任（共 8 条） | 原则四<br>教师与专业雇佣实践的关系（共 10 条） | |
| | | 原则五<br>教师与同行的关系（共 6 条） | | | |

　　最后,配置了师德管理的治理机制。针对处理违反师德规范教师的问题,NEA 专业伦理委员会基本借鉴了法律中的审议、申诉、听证的方法。对于经过协会执行委员会认定的违反师德规范标准的成员,专业伦理委员会在听取了将要接受惩处的教师的意见之后,对其进行责罚以及驱逐。在这个决定下达之后,受惩处成员可以在 60 天内进行申诉,执行委员会根据情况进行确认、拒绝或者修改这一惩处决定。并且在对违规教师进行惩处过程中,委员会需要举行听证会,被惩处人员可以申请辩护律师为自己辩护,整个流程需要在法律规定的范围内进行,整个过程接受监督与审查。这一治理方法将违反道德规范的处理形式正式化,也约束了内部的教师群体,强化其正视伦理规范的约束与警醒作用,提高了伦理规范在实践过程中的执行力。

## 第二节　加拿大安大略省教师学院的专业伦理标准建设

加拿大安大略省教师学院是该地区的教师专业自治机构,成立于 1997 年 5 月 20 日。其功能是发放安大略省的教师资格证,制定和维护教育专业的专业标准,对违规教师实施惩戒,以及对教师教育课程进行认证。教师学院重视教师伦理标准的建立,于 2000 年订立首个教师专业伦理标准,2006 年修订该伦理标准。虽然其建设教师专业伦理标准的历史并不悠久,但是对英联邦国家,尤其是澳大利亚、新西兰等地教师专业伦理规范的建设产生了较大影响。

### 一、历史背景

加拿大实行地方教育自治,20 世纪 70 年代以来,在教师专业化趋势和多元文化主义政策的影响和推动下,其教师群体展现出包容度高、凝聚力强的整体面貌,这为教师专业伦理建设提供了实践经验,奠定了思想基础。但具体到各地,却缺乏一部教师群体统一遵循的伦理标准独立法典,对于移民人口众多、文化构成多样的安大略省而言,制定并执行这样一套伦理标准,可谓大势所趋。那么,由谁来完成这一任务呢? 在社会、政治、经济等多种因素的综合作用下,教师专业自治组织——教师学院应运而生,为安大略省教师专业伦理建设图景着染了底色。当然,这并不是说在教师学院成立之前,安大略省教师没有准则可依,相关法律法规其实都对教师职责做出了描述。例如,1990 年《教育法》的第 264 条和第 298 条概述了教师的教育教学相关职责。1944 年《教师法》(*Teaching Profession Act*)附则可为伦理标准的制定提供参考,因为它涉及教师作为专业群体一份子,应如何协调与学生、教育当局、公众、教师联合会及其成员之间关系的问题。其他联邦级法律(如《加拿大刑法》)和地方级法规(如《市信息自由和隐私保护法案》)的也对教师资质要求做了概述。这些法律法规对安大略省教师仍然具有法律约束效力。①

20 世纪 80 年代中期到 90 年代中期,安大略省同加拿大其他省市、其他工业国各省市一样,为长期社会动荡和经济衰退所困扰。这促使安大略省各地反思未来发展之道,号召"用更少的钱,做更多的事"("doing more with less")。具

---

① Nuland S V,Khandelwal B P. Ethics in Education:the Role of Teacher Codes Canada and South Asia[M]. Paris:International Institute for Educational Planning,2006:35.

体到教育领域，最直接的表现就是对学校系统低效的谴责。[1]

1993 年 5 月 4 日，安大略省政府批准成立了皇家学习委员会（the Royal Commission on Learning），旨在为安大略省年轻一代应对 21 世纪的挑战做准备。[2] 1994 年 12 月，怀着对安大略省年轻一代的殷切期待，皇家学习委员会向教育与培训部长递交了一份题为《学习之爱》（For the Love of Learning）的 4 卷研究报告（1995 年 1 月发布），开篇连用 6 个"尽管"，报告指出，作为安大略省政府致力于经济重建、社会公正的题中应有之义，面向 21 世纪的教育改革，虽取得了一些可喜的成绩，但在效率（efficiency）、效益（effectiveness）、适切性（relevance）、权责明确（accountability）等问题上依然不尽如人意。对此，委员会在提供公众满意的优质教学、提高教育系统运行效率和公众参与度、出台问责举措、公开调查教育问题（比如教育腐败问题）、精选适应学生和社会需求的课程内容、有效衔接就业与高等教育等方面，从立法、政策和程序上提出了一系列改革建议，包括呼吁教师行业加入医生、护士等专业化职业的行列，实现行业自律："成立一个独立于联合会（教师联盟）的教师学院，可促进教师职业发展为成熟的自治专业。从教者最有资格确立他们自己的专业要求，并且决定何种职前培养、入职培训及在职进修最为适切，专业操行应由广泛参与社区合作的教师自己去定义。1944 年《教师法》和《教育法》都必须做出相应修订，以承认教师学院的合法地位。"[3]委员们认为，在教育教学关键领域，教师若仍然没有专业自主权，其专业发展将始终受限，把大学（通过掌控教师教育）和教育与培训部（通过掌控资格认定）所行使的管理权让渡给自治组织将最符合教育工作者的专业利益，也将赋予教师完全的专业人员身份，是顺应教育发展趋势的必然举措。[4]

1995 年，在上述社会环境下，安大略省教育体制开始经历全面改革。例如，在行政管理和财政支持方面，重组和精简学区董事会（数量从 129 个削减至 72 个），旨在裁撤冗员，缩减行政开支，追求低成本高效益，为所有学区教育局提供均衡公平的服务；在课程和考核评价方面，制定全年级、全科目的省级课程标准，新课程详细阐述了学习目标，如"每门课程结束要求学生切实掌握的特

---

① Nuland S V，Khandelwal B P. Ethics in Education：the Role of Teacher Codes Canada and South Asia[M]. Paris：International Institute for Educational Planning，2006：31.

② Mutton R. Ontario's Royal Commission on Learning[J]. International Review，1995(2).

③ Royal Commission on Learning. For the Love of Learning[R]. Toronto：Executive Council of Ontario，1994.

④ Nuland S V，Khandelwal B P. Ethics in Education：the Role of Teacher Codes Canada and South Asia[M]. Paris：International Institute for Educational Planning，2006：33.

定知识和技能",以及学业水平评价要语,以便教师将其作为评价时的参考。①
1996 年,为响应皇家学习委员会建议,教育质量与问责局(The Education Quality
and Accountability Office,EQAO)成立,负责独立监管所有学校每年的学生阅读、
写作、数学能力关键阶段(3、6、9、10 年级)测试,并公开测试结果,以便制定出一
份汇集所有学校的标准成绩单,为不同学校的发展规划提供有针对性的建议。甚
至在 2003 年民主党新政府上台之后,安大略省依然延续着这些改革举措。

## 二、组织状况

鉴于上述高涨的教师专业自治呼声和复杂的教育体制改革举措,1996 年 7
月 5 日,安大略省政府颁布了《安大略教师学院法案》(The Ontario College of
Teachers Act)(以下简称《法案》),教师学院依法成立,于次年 5 月 20 日正式运
行。公立学校教师必须注册成为教师学院会员,对大部分私立学校教师不作这
一要求,但有些教师也志愿加入了教师学院。② 从运行之初到 2014 年,其会员
数已从 16.5 万人增至 23.9 万人。这其中,绝大多数是科任教师,也包括副校
长、校长、教育督导、教育主任等。③

教师学院不同于事实上承担着专业协会(主要开展持续的专业学习活动)
和工会(主要就工资待遇、工作条件问题与雇主谈判)双重职能的教师联合会,
更不同于教育部之类的科层组织。其专业自治性质主要体现在两个层面:一
是运作经费层面。教师学院虽与政府相关部门、教育学院、中小学及其他教师
组织建立了密切程度不等的合作关系,但出于保持独立性的主观目的和政府
希望"减轻负荷"的客观原因④,其运作经费全部来源于会员定期交纳的会费,
无股份资本⑤;二是运作理念层面。教师学院声明其不为教师个人谋求利益,代
表大会、听证会等事务公开、透明,并强调赋予教师自我管理特权,既是对安大略

①　Nuland S V, Khandelwal B P. Ethics in Education: the Role of Teacher Codes Canada
and South Asia[M]. Paris: International Institute for Educational Planning, 2006: 31-32.

②　Wikipedia, the free encyclopedia. Ontario College of Teachers[EB/OL]. (2016-07-
23). https://en. wikipedia. org/wiki/Ontario_College_of_Teachers.

③　Ontario College of Teachers. History of the Ontario College of Teachers[EB/OL].
(2016-05-30). http://www. oct. ca/about-the-college/what-we-do/college-history.

④　Nuland S V, Khandelwal B P. Ethics in Education: the Role of Teacher Codes Canada
and South Asia[M]. Paris: International Institute for Educational Planning, 2006: 36.

⑤　Government of Ontario. Ontario College of Teachers Act, 1996[EB/OL]. (2016-11-
24). https://www. ontario. ca/laws/statute/96o12.

省教师个体技能、知识和经验专深性的认可，又是对安大略省教师群体协定和遵守伦理标准、实践标准之成熟度的肯定。"尊重"家长、公众、学生、专业和优质学习是制定教师专业实践标准、伦理标准的基础与追求。①

### 1.组织目标

基于此种专业自治的组织性质，《法案》和学院官网都明确陈述了该组织的 11 项运作目标：①管理教师专业及其成员；②确立和维持会员资格条件；③认证高等教育机构所开设的专业教师教育项目；④认证高等教育机构及其他机构所开设的持续教师教育项目；⑤颁发、更新、暂停、吊销和恢复资格证书及注册；⑥为会员提供持续教育；⑦制定并执行适用于全体会员的专业标准和伦理标准；⑧受理、调查有关会员的投诉，处理教学实践中的纪律和业务能力问题；⑨开发、认证追加资格教育项目，以便会员取得追加资格证书，如教育管理人员资格证书，颁发、更新、暂停、吊销和恢复此类追加资格证书；⑩代表会员与公众保持沟通；⑪履行管理条例规定的其他职能。官网更声明该组织的最终目标和义务是维护公众利益。②

### 2.组织功能

在上述促进教师专业身份认同，帮助教师走向卓越的基本目标和服务公众利益的最高宗旨引领下，概括而言，教师学院主要履行两方面的自我管理职能：一是建立、完善以伦理标准为核心的专业实践基础体系；二是依据该专业实践基础体系，认定教师资格，授权大学教育学院开展教师教育项目，评估、认证资质培训课程，以帮助教师在整个职业生涯中更好地适应课堂转变，应对多元文化挑战。受理、调查投诉，公开纪律听证会，对认证教师（OCT）失职、渎职行为予以处分并公示处分决定，以维护专业信誉和公众形象。③

### 3.组织结构

为达成组织目标，发挥组织功能，教师学院首先组建了管理和决策机构——理事会（Council），其组成人员中，17 人（会员代表）由学院会员选举产生，另外

---

① Ontario College of Teachers. A mandate for our times [EB/OL]. (2016-07-23). http://images. oct. ca/mandate/mandate_for_our_times_2014_eng. pdf.

② Ontario College of Teachers. A mandate for our times [EB/OL]. (2016-07-23). http://images. oct. ca/mandate/mandate_for_our_times_2014_eng. pdf.

③ Ontario College of Teachers. A mandate for our times [EB/OL]. (2016-07-23). http://images. oct. ca/mandate/mandate_for_our_times_2014_eng. pdf.

14 人(公众代表)由省政府指派。渥太华学区小学教师肯尼迪(Kennedy)被选举为第一任主席,前教师联合会领导人威尔逊(Wilson)被任命为首任总干事。每一届任期不超过 3 年,可连任,但连任不能超过 7 年,每年至少召开 4 次政策、程序制定与审批会议。2006 年,理事会扩大了规模,会员代表增至 23 人。①

根据《法案》的规定,理事会下设 5 个专门委员会:执行委员会(Executive Committee)、调查委员会(Investigation Committee)、纪律委员会(Discipline Committee)、注册申请委员会(Registration Appeals Committee)和执业委员会(Fitness to Practise Committee)。② 除了这 5 个常设委员会以外,理事会还根据实际工作需要依法设立了其他委员会,有认证申请委员会、认证委员会、编辑委员会(负责监督学院社论和宣传政策,发行学院官方出版物)、财务委员会、管理委员会(负责确保理事会和学院依法、有效地履行职能)、人力资源委员会、质量保障委员会(负责评估学院运作质量,向理事会汇报工作)、实践标准与教育委员会(负责为理事会制定、审查、实施伦理标准和实践标准及维持标准的专业学习框架提供建议。审阅工作人员的研究和政策提案,并向理事会提供建议)、指导委员会等。③ 委员会之间的分工与协作体现了一种协调有序、责任共担的组织文化。此外,根据《学习之爱》报告的第 58 条建议,各专门委员会的雇员由学院会员和相当一部分的来自整个社区的非教育工作者代表组成④,旨在保障教师群体和社会公众两方的利益,以及更长远的且有利于巩固教师专业自治的权利与能力。

## 三、演进历程

在安大略省,"伦理实践"(ethical practice)已逐渐成为教师专业的核心,它基于一套由教师专业与社会公众共同商定的伦理标准与原则,其开发与修订,一直以来也是教师学院的核心任务。⑤ 该套标准的对话式生成、检验模式契合伦理问题的

---

① Ontario College of Teachers. History of the Ontario College of Teachers[EB/OL]. (2016-05-30). http://www.oct.ca/about-the-college/what-we-do/college-history.

② Government of Ontario. Ontario College of Teachers Act,1996[EB/OL]. (2016-11-24). https://www.ontario.ca/laws/statute/96o12.

③ Ontario College of Teachers. Committees of Council[EB/OL]. (2016-07-18). http://www.oct.ca/about-the-college/council/committees.

④ Royal Commission on Learning. For the Love of Learning[R]. Toronto:Executive Council of Ontario,1994.

⑤ Smith D M. A Dialogic Construction of Ethical Standards for the Teaching Profession[J]. Issues in Teacher Education,2013(1).

研究,有助于业内外认同度的提高,具有较强的科学性、严谨性和可推广性。

1.《伦理标准》的制定

初版《教师专业伦理标准》的研究、制定工作历时两年,主要分两个阶段展开:第一阶段是伦理课题调研与政策起草阶段;第二阶段是草案的行业内外部认同度检验与修改阶段(见图 4-1)。

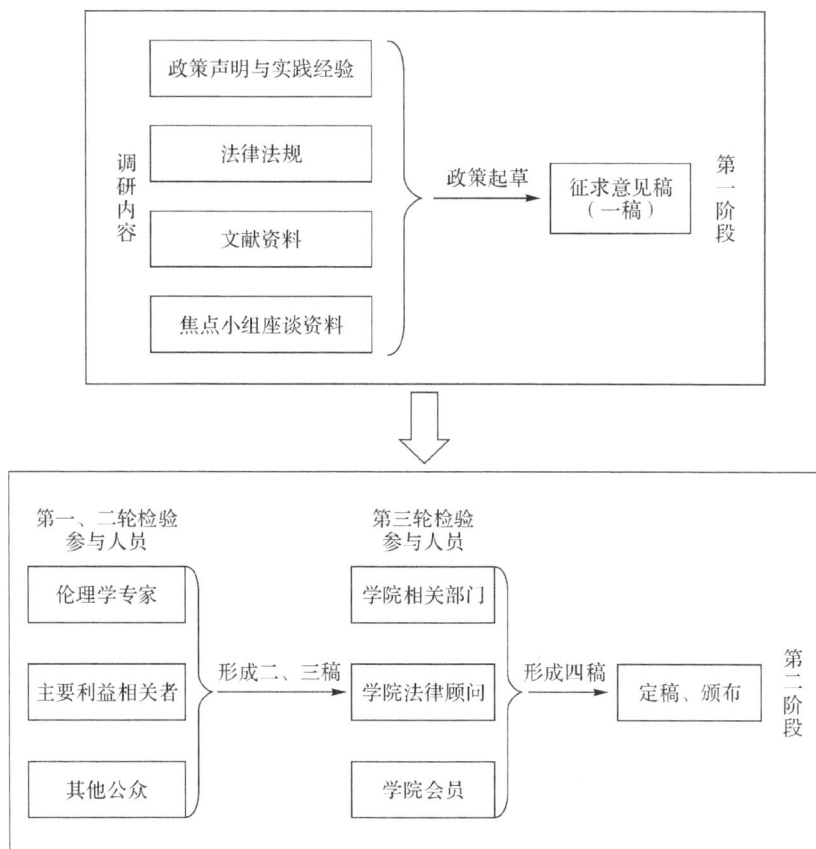

图 4-1　《伦理标准》制定过程①

(1)伦理课题调研与政策起草

从 1998 年的 7 月到 12 月,教师学院的工作人员参考了不同教师组织及其

--------

① Nuland S V,Khandelwal B P. Ethics in Education:the Role of Teacher Codes Canada and South Asia[M]. Paris:International Institute for Educational Planning,2006:51-53.

他自治专业的相关政策声明和实践经验,并对国内外相关文献进行了梳理和总结,还充分考查了涉及伦理问题的法律法规——如《教育法》《教师法》《学区教育局与教师集体协商法》(*School board and Teachers Collective Negotiations Act*)、《专业不当行为条例》(*Professional Misconduct Regulation*,1997)和《实践标准》制定过程中的焦点小组座谈所提供的数据资料,进而在此基础上拟定了《伦理标准》征求意见稿。安大略省多伦多大学、教育研究协会的伊丽莎白·坎贝尔(Elizabeth Campbell)主持了研讨会,以"思考伦理问题和伦理复杂性"切入,开展了伦理讨论。从 1999 年的 1 月到 2 月,学院工作人员(调查小组和听证会协调员、案件受理高级职员)和委员会(职前培养委员会、实践标准与教育委员会)适当听取了 15 位主要代表的反馈意见,并向一位伦理学专业博士生和一位天主教神学家做了咨询,对征求意见稿进行了初步审查和修改。[1]

(2)行业内外部认同度检验与草案修改

同年 5 月到 10 月,参与检验的有伦理学专家,也有主要利益相关者及安大略省的其他公众。工作人员收集并分析了各方对草案中特定要素的评论或建议和对"对于教师专业价值观和伦理责任而言,重要的是什么""对于教师'伦理决策'而言,标准是否具有实效"两个问题的程度描述,进而拟定了草案第二稿。2000 年,草案第三稿受到了更为严格的审查,除了学院相关委员会,法律顾问也参与了讨论。学院会员和利益相关者都接收到了草案邮件,学院官方出版物和官方网站都对草案进行了公布。随后召开的答复会还组织了案例研究。2000年 6 月,理事会最终审核通过了草案第四稿,即 2000 年版《伦理标准》,并将其写入教师学院章程。[2]

### 2.《伦理标准》的修订

在 2000 年版《伦理标准》写入学院章程之时,学院理事会就意识到了标准必须反映教师专业不断变化发展的实际,规划在五年后完成标准的修订工作。修订工作于 2005 年正式启动,分六个阶段(参见表 4-14)逐步开展,参与人员规模超越了初次水平。①安大略省教师专业人员及社会公众是如何理解伦理型教育工作者(ethical educator)之含义的? ②安大略省教师专业人员的伦理实践所体现的基本伦理标准和伦理原则是什么? ③安大略省教师专业人员与社会公众能

---

①　Nuland S V, Khandelwal B P. Ethics in Education:the Role of Teacher Codes Canada and South Asia[M]. Paris:International Institute for Educational Planning,2006:51-52.

②　Nuland S V, Khandelwal B P. Ethics in Education:the Role of Teacher Codes Canada and South Asia[M]. Paris:International Institute for Educational Planning,2006:52-53.

够合力构建什么样的伦理框架，从而指导省内教师专业伦理实践？这三个问题是项目开展的指导性问题。包括国际一流学者和精通伦理学、教师教育、教育引领和专业学习的实践工作者在内的关键人物，在标准制定和实施的整个阶段性过程中承担了重要指导责任。[①]

表 4-14　《伦理标准》修订过程[②]

| 阶段 1 | 策略规划 | • 背景与文献综述<br>• 关键人物（Key Informants）访谈<br>• 环境扫描（Environmental Scan） |
|---|---|---|
| 阶段 2 | 意见征询 | • 焦点小组座谈（Focus Groups）<br>• 在线（网络问卷）调查<br>• 开放空间技术（Open Space Technology） |
| 阶段 3 | 政策起草 | • 实践标准与教育委员会（Standards of Practice and Education Committee） |
| 阶段 4 | 省级验证 | • 教师学院官网<br>• 电子技术分发<br>• 邮箱分发<br>• 双语区域论坛（Bilingual Regional Forums） |
| 阶段 5 | 理事会审核通过<br>省级颁布 | • 地方分会（Regional Institutes） |
| 阶段 6 | 政策实施 | • 持续伦理研究（On-going Ethical Institutes）<br>• 提升教师专业化水平的集体伦理能力培养<br>• 教师教育资源开发与传播 |

　　为了从全省招募来自不同文化、不同地域的参与人员，多种调查程序和调查工具被应用于策略规划阶段。除电子问卷调查外，教师学院还运用了开放空间研讨会、焦点小组座谈会、案例研究，以及视频会议等多种调查工具。适应性环境扫描（adaptations of environmental scans）进一步强化了这些调查工具的效

---

　　①　Smith D M. A Dialogic Construction of Ethical Standards for the Teaching Profession [J]. Issues in Teacher Education，2013（1）.

　　②　Smith D M. A Dialogic Construction of Ethical Standards for the Teaching Profession [J]. Issues in Teacher Education，2013（1）.

用,它是一个获取并整合内部资源和外部环境信息,以协助组织机构(在这里便是安大略省教师学院)制定长、短期行动计划的过程,包括确定学院在伦理标准制定与实施领域所具备的优势与劣势、所面临的机遇与挑战,亦即 SWOT 分析(态势分析)。环境扫描为伦理标准在国际上的开发与应用呈现了一个全方位的图景。这些扫描被用于反思教师专业的独特情境与维度。①

为了更好地服务于公众利益,对话调查被应用于政策评估与实施阶段。学院期刊向其会员及教育界同行发布了邀请函,学院官网的参与者征集活动也贯穿始终。总之,电子技术(电子邮箱、网站、在线调查)和传统渠道(信件邮寄、纸质媒体)都被用于参与人员的招募。参与对话的人员包括在职教师、校长、监管人员、师资培育者、准教师、家长、中学生、学校理事、教师联合会、各类地方教育团体及其他利益相关者。拥有最终通过权的学院理事会,其成员也受邀参与了协商会话。② 在项目开展的整个过程中,学院用行动证明了自己的管理和领导水平,可谓自我管理组织的典范③。

（1）理论框架

支撑调查的理论框架植根于现象学传统、叙事法、案例研究法、伦理学(可谓整合了思辨的规范伦理学、实证的应用伦理学/描述伦理学及语言、逻辑分析的元伦理学)、自我研究理论,以及自我管理理论。教师应具备的知识结构既包括专业本体性知识,又包括个人实践性知识。现象学者认为,智慧和知识来源于人们的生活经验,他们分析并试图理解经验的本质。教师们所叙述的故事便是生活经验的实例,正是这些生活经验揭示了道德实践活动的本质。④

（2）对话式数据收集方法

鉴于上述学术研究理论成果,教师学院认为,生活体验,即源自真实情境的智慧是洞见教师专业伦理实践活动本质的一个重要根据。对话交流可加速集体知识的认同与建构,进而有助于发现伦理标准和道德实践的根本要素。多样的对话式数据收集方法(参见表 4-15)有助于来自公众和教育行业的不同群体表达

---

① Smith D M. A Dialogic Construction of Ethical Standards for the Teaching Profession [J]. Issues in Teacher Education,2013(1).

② Smith D M. A Dialogic Construction of Ethical Standards for the Teaching Profession [J]. Issues in Teacher Education,2013(1).

③ Smith D M. A Dialogic Construction of Ethical Standards for the Teaching Profession [J]. Issues in Teacher Education,2013(1).

④ Smith D M. A Dialogic Construction of Ethical Standards for the Teaching Profession [J]. Issues in Teacher Education,2013(1).

他们对教学伦理的不同看法和理解。多种调查工具的综合使用,确保了经验理解成为一种忠实的"本质还原"和"逼真"的意义捕捉,也为更多人搭建了发声的平台。①

表 4-15　伦理标准对话式数据收集②

| 对话方法 | 工具 | 结果 |
|---|---|---|
| 意见征询 | 访谈指南 | 书面报告 |
| 讨论 | 伦理困境<br>决策框架 | 描绘实践工作者作答信息的伦理决策框架 |
| 焦点小组座谈 | 议题<br>录音<br>视频会议 | 25组:<br>• 英语组 15 组<br>• 法语组 9 组<br>• 印第安语组 1 组<br>作答集 250 份<br>记录 25 份 |
| 案例分析 | 案例作品研究所(Case Writing Institutes)<br>案例讨论研究所(Case Discussion Institutes)<br>录像 | 案例作品 90 个<br>讨论作答集 50 份<br>录像(英语)8 份<br>录像(法语)8 份 |
| 调查 | 问卷 | 回复答卷 800 份 |
| 开放空间技术 | 对话组<br>主题生成图 | 书面报告 80 份 |

(3)数据分析

学院内部调查组、英法外聘研究员、一位双语地区外聘顾问兼主持人,以及学院实践标准与教育委员会合作开展了数据分析:通过多层次分析,对庞大的定量和定性信息进行提炼,从而对道德生活现象做出综合性的事实判断和价值理解,并最终高度概括伦理框架的构成要素。供个人和团体做分析之用的数据资料有:焦点团体访谈文字整理稿、开放空间会议报告、问卷、书面摘

---

① Smith D M. A Dialogic Construction of Ethical Standards for the Teaching Profession [J]. Issues in Teacher Education,2013(1).

② Smith D M. A Dialogic Construction of Ethical Standards for the Teaching Profession [J]. Issues in Teacher Education,2013(1).

要、讨论记录等。记录公开确保了数据分析处理过程的负责、透明与准确,各阶段验证结果的详细报告也收入了文件——《数据分析报告与标准评估》(*Data Analysis Reports*,*Review of the Standards*),并向全省公布。[①]

(4)数据分析结果整合

伦理要素是从伦理困境中萃取出来的,这些伦理困境包含在对话研究所(dialogic institutes)参与者所书写和分析的案例研究成果之中,它们需要个人做出情境性的道德决策,涉及各种伦理主题,如宗教不容忍问题、性别问题、学生及家庭如何应对挑战的问题、共享课堂中协商差异的问题、行动研究、课堂管理策略、全纳课堂中的学生需求问题、学生不诚实行为可能引发的后果、师生关系专业边界的妥善确立和维持、学校政策与管理。"经验分享坊"(case institutes)的合作与发展催生了达成共识的"核心伦理标准"(core ethical standards)与实践标准。[②]

奥克兰大学的海蒂(Hattie)认为,程序有效性(procedural validity)(包括确立标准的过程和过程中的参与人员两个方面)是任何行业制定标准的一个"关键问题",在他看来,其关键性体现在两个方面:后续评估程序的操作化和法律保护。所以,标准在生效之前,必须满足以下条件:①负责制定标准的机构是健全的、独立自主的;②标准制定机构主要由高度成熟的实践工作者组成;③呈现出多种多样的观点;④标准制定过程健全、科学,并能形成正式文书;⑤从主要专业团队中抽取一个大样本,能对标准的适切性与水平达成共识。

对于自订标准的自治行业而言,以法律条文的形式详细陈述标准的制定和审查过程,以供外行人员审查,这一点是非常重要的。[③] 安大略省《教师专业伦理标准》的整个对话建构与持续修订过程较好地解决了"程序有效性"的问题。

---

① Smith D M. A Dialogic Construction of Ethical Standards for the Teaching Profession [J]. Issues in Teacher Education,2013(1).

② Smith D M. A Dialogic Construction of Ethical Standards for the Teaching Profession [J]. Issues in Teacher Education,2013(1).

③ Nuland S V,Khandelwal B P. Ethics in Education:the Role of Teacher Codes Canada and South Asia[M]. Paris:International Institute for Educational Planning,2006:70.

## 四、主要内容

### 1.伦理标准

先了解基本信息，再把握精神实质，对安大略省教师专业伦理标准进行组织语篇分析（基于言语行为理论的语篇分析），还得从内容分析入手，进而分析、比较两版《伦理标准》、标准配套执行制度的道德语言使用及其功能。从中我们可以推知安大略省教师专业伦理标准修订的原因和修订重心的转移：凸显标准文本本身的"伦理性"和价值引领（激励引导）功能；完善配套执行制度，以弥补标准本身具体指导、约束等功能的缺位。

（1）两版《伦理标准》的结构、内容与功能

安大略省 2006 年版（现行）《伦理标准》是对 2000 年版 12 条标准内涵的概括、归类，是安大略省教师专业人员伦理实践所体现的基本伦理标准和伦理原则的高度凝练和集中表达（回答了上文所提及的对话调查指导性问题）。明显不同于其他大多数国家或地区的伦理规范类政策文本，两版《伦理标准》都单独列出了颁行目的，可能是为了宣传普及之便，2006 年版《伦理标准》更附以核心内容简图，目的更明确、内容更直观。两版标准的结构、内容与功能如下。

2000 年版《伦理标准》依次由序言、主干内容和颁行目的三个部分构成。其中，主干内容由 12 条伦理标准[1]构成：①与学生维持专业关系；②承认并尊重维持师生关系的优先性；③公正对待每一位学生，尊重其人格、其不断发展的独特学习需求与能力；④尊重学生隐私，若非法律规定，或者危及个人安全，不得公开；⑤捍卫人的尊严，树立自由、公正、民主的精神文化价值观，以及良好道德风气；⑥与教师学院注册会员及外部人员合作，共同为学生创设一个促其社会性、体力、智力、精神、文化、道德、情感全面和谐发展的专业环境；⑦在相互尊重、信任和沟通的基础之上，与学生父母或其他监护人建立合作关系；⑧以符合学生利益及法律规定的方式，与其他机构专业人员开展合作；⑨正直、诚信、公正、庄严地行事；⑩尊重教师学院注册会员的隐私，若非法律规定，或者危及个人安全，不得公开；⑪遵守法律法规；⑫在评估和修正现行政策或常规做法之时，以专业的态度向相关人员提供意见建议。

12 条伦理标准中，7 条直接或相对直接涉及维护学生利益与维持师生专业

---

① Nuland S V, Khandelwal B P. Ethics in Education: the Role of Teacher Codes Canada and South Asia[M]. Paris: International Institute for Educational Planning, 2006: 70.

关系(第1、2、3、4、6、7、8条),3条涉及与同事、同行、家长建立合作关系(第6、7、8条),3条涉及伦理思维、伦理决策与伦理行动(第5、9、12条),2条涉及保守学生、同事、同行的隐私信息(第4条和第10条),1条涉及遵守法律法规(第11条)。从内容重叠情况可以看出,所有条目都最终落实于"对学生及其学习过程负责",这一点在2006年版序言中被明确表述为"教师专业成效卓著的核心"。序言声明了安大略省教师学院注册会员的两个立场:"维持信任关系和发挥影响力。"之所以做出该立场声明,不难推测,一方面,是为了彰显教师伦理的专业特性;另一方面,也是为了回应当时公众对教育成效的质疑,表达对课程、考核和评价决策权的重视及对教育质量负责的态度(针对全省统一课程、考核和评价标准的教育改革实际问题)。

2006年版《伦理标准》依次由序言、颁行目的、主干内容、核心内容简图四个部分构成。其中,主干内容由四个基本价值观(道德概念)及其相应内涵解读[①]构成:

①关怀(care):践行正面引导、专业判断和移情性理解,对学生的幸福和学业负责,深入了解学生,以悦纳、同情、关心的态度对待其潜能的发展;

②信任(trust):具体表现为公正、开放、真诚,是与学生、同事、家长及公众建立专业关系的基础;

③尊重(respect):信任和"公平心"是其内在要求;捍卫人的尊严,珍视情绪健康,关注认知发展;树立公正、保密、自由、民主的精神文化价值观,以及良好道德风气;

④正直(integrity):具体表现为诚信、可靠、以身作则,可在持续反思专业承诺与责任的过程中得到锤炼。

从内涵解读来看,四个基本价值观虽各有侧重点,但彼此关联、相互交织,且具有广泛的辐射范围,换言之,四个基本价值观构成了一个开放整体,这也形象、直观地体现在圆形简图中。

(2)两版《伦理标准》内容与形式之比较

就文本本身而言,在基本精神和数目不变的基础上,2006年版颁行目的的位置从正文后调整到了正文前、序言后,更具激励色彩。相应地,表述上则比

---

①　Ontario College of Teachers. Foundations of Professional Practice[R]. Toronto:Ontario College of Teachers,2012.

2000 年版更具专业自主色彩,换言之,更关注伦理标准的认同度和执行力,如明确列出了"引导教师专业伦理决策与伦理行动"之目的,而这在 2000 年版中只是分散于具体条目之中,如"在评估和修正现行政策或常规做法之时,以专业的态度向相关人员提供意见建议""正直、诚信、公正、庄严地行事"。同时,2000 年版开宗明义,指出"教师专业化要求教育工作者逐渐成长为业务精湛且敬业奉献的专业人员",但表述官方、被动,反而带有政令色彩,给人喊口号之感,也可能是出于这样的考虑,本着务实原则,2006 年版删去了该提法,代之以"教师专业伦理标准是教师专业实践愿景的表达",显得真挚、主动,其号召力或许会更强。颁行目的得以确立的根基,即"维持信任关系"(或许由于"发挥影响力"最终也落实于此,本着精简原则的新版标准删去了该提法)在 2006 年版序言中得到了重申与阐释:"站在维持信任关系的立场上,安大略省教师学院的注册会员承担着协调各方(学生、父母或其他监护人、同事、同行、专家、外界及公众)的重任,以彰显其负责态度。"以上内容和形式上的修改和调整在某种意义上也反映出无论是教师学院,还是教师群体和公众,都对教师专业自治有了更准确的认识。

(3)两版《伦理标准》的道德语言使用及其功能

循着使用了何种语言、表达了何种意图、发挥了何种功能的思路,笔者将从道德语言、道德规范语言的使用频次、言语行为类别、言语行为功能三个维度,对两版《伦理标准》政策文本进行组织语篇分析。如表 4-16 和表 4-17 所示。

表 4-16　2000 年版《伦理标准》的道德语言使用及其功能

| 道德语言 | 高频词 | 频次 | 类别 | 功能 |
|---|---|---|---|---|
| 道德词 | 尊重 | 5 | 承诺类、指示类 | 激发、建议、号召、许诺、担保、命令 |
| | 关系 | 4 | | |
| | 尊严 | 3 | | |
| | 公正 | 3 | | |
| | 合作 | 3 | | |
| | 荣誉 | 2 | | |
| | 信任 | 2 | | |
| 道德规范词 | 不得 | 2 | | |
| | 须/必须 | 2 | | |

表 4-17　2006 年版《伦理标准》的道德语言使用及其功能

| 道德语言 | 高频词 | 频次 | 类别 | 功能 |
|---|---|---|---|---|
| 道德词 | 负责/责任/承诺/重任 | 7 | 承诺类 | 许诺、担保 |
| | 理解/了解/同情/悦纳/移情 | 5 | | |
| | 真诚/诚信/可靠/保密 | 4 | | |
| | 开放/自由/民主 | 3 | | |
| | 公正/公平 | 3 | | |
| | 信任 | 3 | | |
| | 关心/关注 | 2 | | |
| | 关系 | 2 | | |
| | 尊严 | 2 | | |
| | 反思 | 2 | | |
| 道德规范词 | 无 | | | |
| | | | | |

对比表 4-16 和表 4-17,第一,两版《伦理标准》都涉及的高频道德词有"关系""尊严""公正""信任",在《伦理标准》的特定语境中,"关系"、"尊严"和"信任"三个词所传达的理念,一言以蔽之就是维持信任关系,以维护教师专业的尊严,而维持信任关系,就是伦理的一个特性。给予"尊重"与赢得"尊重",是维持信任关系的基础和追求,是制定教师专业伦理标准的基础与追求,也是教师专业人员身份在实践中确立的突破口。一位参与了伦理标准对话调查的教师代表诉说了与之一致的感悟:这些是我们共同的伦理标准,是我们赖以生存的标准。在每一天结束的时候,我们都要反思。我是否尊重了每一位学生?我是否尊重了我的同事?我是否维护了教师专业的荣誉和尊严?[①] 由此可见,"伦理实践是教师专业或专业化的核心"之理念已逐渐渗透进《伦理标准》,进而为其注入精神实质和执行动力。第二,粗略统计得到的数据显示:2000 年版《伦理标准》只含有少量道德规范词,2006 年版《伦理标准》甚至不含道德规范词,其道德词的使用频次和比重均高于 2000 年版。这就意味着,修订后的伦理标准更强调教师群体自律

---

① Smith D M. A Dialogic Construction of Ethical Standards for the Teaching Profession [J]. Issues in Teacher Education,2013(1).

的"承诺",旨在引导专业共同体树立道德主体意识,在教育教学和日常交往活动中,自觉使用道德语言进行伦理思维与对话,做出尽可能明智的伦理决策与行动。

（4）修订重心转向配套执行制度

虽然,相对而言,2000 年版《伦理标准》的功能比较齐备,但事实证明其推行效果并不理想,究其原因,与伦理规范的"去环境化"不无关系①,正如伊丽莎白·坎贝尔在其《秉公办事:将伦理标准付诸实践》（"Let Right be Done: Trying to Put Ethical Standards into Practice"）一文中,结合实证数据和第一人称叙事作品所得出的结论:"真实伦理困境的（可能）解决取决于教育工作者共同体对伦理原则的内化、应用,与成文的规范或者标准并无必然联系,除非它们是'基本价值观念与广泛伦理原则'的明晰体现","在当前政策环境下,对于教育实践工作者而言,原则比戒律更有可能发挥指导和激励功能"。② 原则和规则再细、再明确,也不可能取代教师职业良心与信仰的自律作用③,避免教学活动内在冲突的产生,覆盖专业生活的全部道德领域,而约束功能和具体指导功能可由配套执行制度来行使。也许就是出于这样的考虑,《伦理标准》的修订重心转向了配套执行制度[包括专业标准视听与书面学习资源汇编（DVD）、定期发布的专业指导意见报告、投诉受理—调查—听证程序、惩处制度,等等]。

根据米歇尔·福柯（Michel Foucault）在其著作《规训与惩罚:监狱的诞生》中的观点,"书写权力"（power of writing）是规训机制（mechanism of discipling）的一个构成要素④。教师学院自主发布的专业指导意见系列报告,基本都介绍了报告发布的相关教育、法律依据和背景,明确了教师学院的相关职能及其他相关机构、部门、人员的责任,可以说是扮演了"监视者"（surveiller）的角色。⑤

教师学院 2002 年、2011 年、2013 年和 2015 年的专业指导意见年度报告中有关伦理标准的一级标题依次表述为:"Building on the standards of practice and the ethical standards""The Starting Point ""Ethical underpinnings",标题

---

① 王丽佳.美国全国教育协会教育专业伦理规范历史演进探析——兼谈教师专业伦理规范建设[D].上海:华东师范大学,2010:7.

② Campbell E. Let right be done: trying to put ethical standards into practice[J]. Journal of Education Policy,2001(5).

③ 檀传宝.教师伦理学专题——教育伦理范畴研究[M].北京:北京师范大学出版社,2000:152.

④ 米歇尔·福柯.规训与惩罚 监狱的诞生[M].刘北成等译.北京:生活·读书·新知三联书店,1999:213.

⑤ Delamont S. Handbook of Qualitative Research in Education [M]. Cheltenham: Edward Elgar Publishing,2012:303.

下的内容均侧重《伦理标准》相关内涵的解读（2008 年报告不偏不倚，依次对《伦理标准》《实践标准》《学习框架》中有关学习责任的表述进行了解读），从中也可以看出，伦理标准的核心地位已逐渐确立。

以新近发布的《举报义务》(*Duty to Report*)为例，引言和正文部分的组织语篇分析如表 4-18 所示。

表 4-18　《举报义务》的道德语言使用及其功能

| 道德语言 | 高频词 | 频次 | 类别 | 功能 |
|---|---|---|---|---|
| 道德词 | 义务/责任/负责/职责/承诺 | 32 | 承诺类、指示类 | 激发、建议、号召、许诺、担保、命令 |
| | 正直/诚实/真实/可靠 | 4 | | |
| | 关怀 | 4 | | |
| | 尊重/自尊 | 2 | | |
| | 信任/自信 | 2 | | |
| | 保密 | 2 | | |
| 道德规范词 | 应当 | 2 | | |
| | 须/必须 | 11 | | |

由道德词、道德规范词的使用情况可见，该报告同样重视道德语言的渗透，且紧扣主旨：提醒全体会员与社会公众共同履行举报虐待、忽视儿童和青少年之行为的义务。更重要的一点在于：它弥补了《伦理标准》文本本身约束和具体指导功能的缺位。

本着务实、精简原则，在 2000 年版基础上做了较大修改的现行《教师专业伦理标准》，以序言—颁行目的—主干内容—核心内容简图为结构形式，以教师专业基本价值观与相应内涵解读为主干内容，较之 2000 年版更具激励和专业自主色彩。只有将伦理标准置于以其为核心的、渗透了道德语言的完整语篇中加以审视，才能把握其精神实质与执行动力之源，即"伦理实践是教师专业或专业化的核心"。同理，只有将伦理标准置于以其为核心的弥补其本身教育、评价、问责、惩戒、监督功能缺位的制度体系中加以考察，才能一览安大略省教师专业伦理建设经验的全貌。

## 五、实施情况

专业伦理标准所导向的团体自律精神是安大略省教师专业共同体共担责任

的向心力所在，一系列自我管理举措为伦理标准的实施提供了配套制度、机制保障，围绕教师教育和教师问责两个主要层面，具体表现如下。

### 1. 教师教育层面

安大略省教师教育始于 1847 年加拿大省立师范学校（The Provincial Normal School in Upper Canada）的创办。在此后的 100 多年时间里，成为安大略省教师一般只需取得中学学历，并接受一年的教学培训。直到 1970 年，取得本科学历和教育学学士学位（学制 1 年，2015 年 9 月 1 日起延长至两年）才成为教师行业的必备条件，安大略省高等师范教育格局自此奠定，教师教育的大学化改革也逐渐完成。①

得益于教师教育国际化 20 多年的发展积淀和政策引领，②安大略省出台了一系列利好政策，并提供个性化服务，吸引和帮助具有国际教育教学背景的留学生和外来移民教师加入教师后备队伍与教学一线，重视外语学习和专业课学习的整合，鼓励、支持预备教师和正式教师出国交流、进修。为了更好地了解国外教师资格制度，认证外来移民教师，教师学院还建立了有关国外教师教育项目的庞大资讯数据库。③ 这些开放性举措使得安大略省师资、生源、课程体系与资源等都处于世界领先水平，近 10 年来，安大略省学生毕业率和考试成绩的不断提高便是最直观的证明。④

教师教育国际化不仅为安大略省持续开展的教师教育改革提供了技术、资源和人才保障，也意味着教师教育应更能适应不同文化背景教师和学生的多元需求，这就使得伦理标准具有了核心价值观引领的重要意义，师德教育随之成为教师教育的核心环节，并诉诸伦理探究与决策能力培养机制、评价与奖励机制的力量，寻求教师资格与教师教育项目认证机制的保障。

---

① Ontario Ministry of Education. Modernizing Teacher Education in Ontario[EB/OL]. (2016-03-17). https://news. ontario. ca/edu/en/2013/06/modernizing-teacher-education-in-ontario. html.

② 王子悦. 加拿大教师教育国际化对我国地方师范院校的启示[J]. 天津市教科院学报，2010(1).

③ Ontario College of Teachers. History of the Ontario College of Teachers[EB/OL]. (2016-05-30). http://www.oct. ca/en/about-the-college/what-we-do/college-history.

④ Ontario Ministry of Education. Giving New Teachers the Tools for Success—Ontario Enhancing Teacher Education, Supporting Greater Student Achievement[EB/OL]. (2016-03-17). https://news. ontario. ca/edu/en/2013/06/giving-new-teachers-the-tools-for-success. html.

（1）教师伦理探究与决策能力培养机制

《教师专业实践标准》要求"会员们通过持续的探究、对话和反思,完善其专业实践"①。为了培养安大略省教师候选人、初任教师、教育实践工作者的伦理探究与决策能力,教师学院已发布两套专业实践基础体系自主学习资源,同时也是探究式教育素材,主要包括典型案例、多媒体教学资源包、数字化叙事作品,以及反思指南,可促进批判的反思性实践。一套为《基于标准的专业生活》(*Living the Standards*),另一套为《体验式学习:支持初任教师与导师》(*Learning from Experience:Supporting Beginning Teachers and Mentors*)。以《基于标准的专业生活》为例,它是探究性视听资源和书面资源的汇编(DVD)(教师学院会员和公众都可从学院官网上下载、学习、共享)。

视听资源分为三类:《教师教育》(*Teacher Education*)、《教育领导》(*Educational Leadership*)和《服务于公众利益的自治》(*Self-Regulation in the Public Interest*)。书面资源由六本小册子和 2012 年修订的《专业实践基础》(*Foundations of Professional Practice*)文件组成。六本小册子分别是:《第 1 册:〈基于标准的专业生活〉使用指南》(*Booklet 1-Facilitator's Guide:Living the Standards*);《第 2 册:课堂教学:一位教师的故事》(*Booklet 2-Classroom Practice:A Teacher's Story*);《第 3 册:实践中的插曲》(*Booklet 3-Vignettes from Practice*);《第 4 册:促进标准的学习》(*Booklet 4-Facilitating a Standards Professional Learning Session*);《第 5 册:日常实践中的案例》(*Booklet 5-Cases from Daily Practice*);《第 6 册:实践维度》(*Booklet 6-Dimensions of Practice*)。其中,《第 1 册:〈基于标准的专业生活〉使用指南》简要介绍了《基于标准的专业生活》的组成部分,为标准和多媒体资源融入职前、职后教师教育,以促进专业学习提供建议,也为公众使用资源汇编提供指导,此外,它还包括一个案例讨论图表,以指导案例研究;《第 2 册:课堂教学:一位教师的故事》中的故事板(storyboard)内容包括:对第1册视频资源中教师语言的逐句重申;观众就视频内容所书写的反思(反思视频中的教师语言、形象和行为是如何反映伦理标准和实践标准的)。这些资源可供家长监督教师专业行为;可作为励志片,供准教师和正式教师观看、讨论;可为校委会开展专业学习提供媒介;也可纳入教师教育课程。②

作为指导安大略省教师伦理行为、专业实践和持续的专业学习的纲领性文

---

① Ontario College of Teachers. Exploring the Ethical Standards for the Teaching Profession through Anishinaabe Art [R]. Toronto:Ontario College of Teachers,2015.

② Ontario College of Teachers. Booklet 1-Facilitator's Guide:Living the Standards [R]. Toronto:Ontario College of Teachers,2007.

件，《专业实践基础》是基于标准的所有资源汇编的补充和基础材料。其主要内容包括《教师专业伦理标准》《教师专业实践标准》和《教师专业学习框架》（*Professional Learning Framework for the Teaching profession*，PLF）及其关系解读，为促进理解，文件还补充了一些专业术语（有关专业实践的信念、专业身份、专业教师教育和学习共同体中的责任共担）的概念。①

视听资源和书面资源作为学习、反思工具而被结合使用，为基于伦理原则的专业实践提供了指导，尤其是案例书写，已成为促进教师理解标准、整合标准的一种行之有效的方法。② 教师学院于 2001 年研制（2006 年修订）的（伦理框架下）对话式伦理知识探究程序（见表 4-19 至表 4-21）便是运用案例法进行研究性学习的一个典例。

表 4-19　对话式伦理知识探究程序③

| 体验（experience） | 您在专业实践中遇到了怎样的道德两难问题？<br>请陈述一个专业实践中包含道德两难问题的案例经验 |
|---|---|
| 反思（reflection） | 您是如何应对实践中遇到的困境的？<br>请借助伦理决策框架来反思困境体验。对伦理决策过程的每一环节做出明确回答 |
| 分析（analysis） | 应对该困境有哪些不同的方式？<br>站在参与者的立场，分析、探究其对伦理决策框架每一环节所做的回答 |
| 实践原则（principles of practice） | 《教师专业伦理标准》与《教师专业实践标准》在该困境中是如何得到体现的？<br>将《教师专业伦理标准》《教师专业实践标准》的指导原则与困境中得到阐明的思维、行动和体验联系起来，并注意任何有助于成长的建议 |
| 思维延伸（extending thinking ） | 倾听同事的多种观点，从中您学到了什么？<br>反思伦理决策框架与集体讨论，以识别新见解 |

---

① Ontario College of Teachers. Foundations of Professional Practice [R]. Toronto：Ontario College of Teachers，2012.

② Ontario College of Teachers. Booklet 1-Facilitator's Guide：Living the Standards [R]. Toronto：Ontario College of Teachers，2007.

③ Ontario College of Teachers. Booklet 2-Exploring Ethical Knowledge Through Inquiry [R]. Toronto：Ontario College of Teachers，2006.

| 综合(synthesis) | 与伦理思维、伦理行动及伦理决策有关的伦理知识是什么？<br>整合并反思与专业实践、《教师专业伦理标准》(呈现在小组讨论的过程中)有关的观念、问题和行动 |
| --- | --- |

表 4-20　情境模拟①

| 通过专业探究,实践中的道德两难问题为伦理知识整合提供了真实体验。<br>教育工作者每天都会在实践中遭遇伦理困境。<br>困境可能产生于如下领域：<br>• 课程计划<br>• 评价与评估<br>• 人际关系<br>• 特殊教育<br>• 领导力<br>• 政策制定 | **案例 1**<br>您是一位初任教师。一次与领导会面,您的导师对您进行了评价,而在您看来,该评价是存有偏见的。您会怎么做？<br>**案例 2**<br>您和您的调解处同事一致认为,学生未完成家庭作业就应承担次日放学后留校的后果。全体家长都已被告知这一政策。一位学生告诉您他没完成作业,原因是他和他聚少离多的父亲去看了一场曲棍球赛。您会怎么做？<br>**案例 3**<br>按照惯例,你们学校允许由学生选举学生会主席。您和您的一位同事受邀担任顾问。投票统计结果是一位学生以三票的优势赢得了选举,而您和您的同事都认为这位学生并不适合学生会主席一职。你们也都认为得票数排在第二位的候选人是更好的主席人选。于是,为了让后者赢得主席一职,您的同事撕毁了前者的四张选票。您会怎么做？ |
| --- | --- |

表 4-21　伦理决策框架②

| 伦理判断/决策 | 指导决策的伦理原则/价值观 | 做出决策的理由 | 决策的影响 | 伦理困境与伦理行动反思 |
| --- | --- | --- | --- | --- |
| 您将如何应对？ | 指导您行动的伦理原则或价值观是什么？ | 您的行动理由是什么？ | 您的决策或行动会带来哪些可能的后果？ | 在倾听同事观点的过程中,您获得了哪些新见解或新认知？ |

① Ontario College of Teachers. Booklet 2-Exploring Ethical Knowledge Through Inquiry [R]. Toronto：Ontario College of Teachers,2006.

② Ontario College of Teachers. Booklet 2-Exploring Ethical Knowledge Through Inquiry [R]. Toronto：Ontario College of Teachers,2006.

该程序已被纳入教师教育课程、校长资格计划、督导资格计划、学校教职工会议，以及各种教育论坛。可作为：①指导伦理决策的反思工具；②丰富伦理知识的专业学习工具；③自我认知强化工具；④促进伦理责任共担的共同体建设工具；⑤理解和塑造学校或组织伦理文化的工具。借助此工具，教育工作者可在参与伦理体验讨论的过程中，批判地反思具体情境，觉察影响其伦理决策的内部知识结构（推理过程），进而分析、探究与职业活动有关的信念、价值观及基本假设，理解伦理标准指导伦理思维与行动的多元策略。①

（2）关注道德成长的教师教育评价、奖励机制

2003年，为表彰因病宣布退职的第二任总干事乔·阿特金森（Joe Atkinson）的杰出事迹，学院设立了以其名字命名的卓越教师教育奖，该奖项一年颁发一次，授予对象是在安大略省任意一所教育学院就学的学生，奖金为2000加元。② 近年来，与安大略省教师教育课程改革的实践导向相一致，教师学院对预备教师综合素质进行评价的天平也越来越向拥有教学经验和社区服务经历的申请者倾斜，因为他们在实践过程中不仅锤炼了教育教学能力，更牢固树立了专业伦理精神，这从奖项获得者的获奖理由和获奖感言中便可见一斑。③ 简言之，预备教师在教育实习中的伦理表现与道德成长，亦即师德教育成果，已逐渐成为安大略省职前教师教育评优评奖的一大侧重点。

（3）基于伦理标准的教师资格与教师教育项目认证机制

教师学院自1999年1月1日起对教师资格申请人进行犯罪记录审查，自2002年起正式负责教师教育项目认证。④ 2010年，学院为安大略省认证教师推出了一个新的专业称号：Ontario Certified Teacher（OCT），以此作为安大略省教师已达到专业标准的标志，这种表明身份的称号虽然在教育行业还很少见，但在诸如工程、护理之类受监督专业中却是很普遍的。⑤ "《伦理标准》已成为《安大略教师教育项目认证条例》(*Accreditation of Teacher Education Programs*)

① Ontario College of Teachers. Booklet 2-Exploring Ethical Knowledge Through Inquiry [R]. Toronto：Ontario College of Teachers，2006.

② Ontario College of Teachers. History of the Ontario College of Teachers[EB/OL]. (2016-05-30). http：//www. oct. ca/about-the-college/what-we-do/college-history.

③ Ontario College of Teachers. 2014—2015 Scholarship Recipients [EB/OL]. (2016-07-23). http：//www. oct. ca/about-the-college/scholarships/recipient.

④ Ontario College of Teachers. History of the Ontario College of Teachers[EB/OL]. (2016-05-30). http：//www. oct. ca/about-the-college/what-we-do/college-history.

⑤ Ontario College of Teachers. A mandate for our times [EB/OL]. (2016-07-23). http：//images. oct. ca/mandate/mandate_for_our_times_2014_eng. pdf.

所述认证条件的一个有机组成部分。《安大略教师资格条例》也明确规定了《伦理标准》是教师追加资格课程（Additional Qualification Courses，AQ）的一个必要组成部分。"①

### 2.教师问责层面

加拿大安大略省学者雪莉·努兰德（Shirley Nuland）的一项研究——《教师学院发展历程》（*The Development of the Ontario College of Teachers*）——考察了教师对教师学院形成与发展的态度和反应及其成因（划归为四种：专业标准、专业学习、问责、自治），比较、实证与质性研究结果表明，专业标准的认同度与教师对教师学院的响应程度，二者呈高度正相关。② 也就是说，教师专业自治可促进专业标准的贯彻落实。而为了提升自治力、巩固自治权，教师学院必须始终将公众利益置于首位，并与其他教育组织、机构（省政府、教师工会、教育学院、中小学）建立有效合作关系，把好教师问责关。伦理标准在此过程中起着不容忽视的引导和凝聚作用。

（1）师德问题惩处与保障机制

问责，不仅要"问"人，更要"问"制度。为此，教师学院在分类问责的基础上，致力于师德问题惩处与保障机制的完善。

①明确权责的年度指导意见报告。2000 年 4 月，针对教育活动中的不正当性行为问题，法官悉尼·罗宾斯（Sydney Robins）向安大略省省政府递交了一份报告，题为《保护我们的孩子》（*Protecting Our Children*），在其 100 多项建议中，有 36 项都与教师学院管理职责和纪律处理程序有关。教师学院及时做出回应，以《专业不当行为条例》（列出了安大略省认证教师构成失职、渎职罪的作为或不作为）为依据，于 2002 年发布了首份专业指导意见报告《关于性侵犯和不正当性行为的专业不当行为》（*Professional Misconduct Related to Sexual Abuse and Misconduct*），③旨在帮助教师辨识约束其行为的法律、伦理及专业边界，强调教师对学生做出越线、逾规行为的严重后果，以调控其言行举止，预防性侵和不正

①　Smith D M. A Dialogic Construction of Ethical Standards for the Teaching Profession [J]. Issues in Teacher Education，2013（1）.

②　Nuland S V，Khandelwal B P. Ethics in Education：the Role of Teacher Codes Canada and South Asia[M]. Paris：International Institute for Educational Planning，2006：80.

③　Ontario College of Teachers. History of the Ontario College of Teachers[EB/OL]. (2016-05-30). http://www. oct. ca/about-the-college/what-we-do/college-history.

当性行为的出现。① 值得一提的是,从误导学生到虐待学生,这些行为都属于《专业不当行为条例》所界定的"专业不当行为",该条例虽未直接引用伦理标准或实践标准(因其颁布在两套标准订立之前),但已明确指出,未能达到专业标准即是专业不当行为。②

此后,教师学院开始例行发布专业指导意见报告,对内回应教师专业成员想要了解某方面专业实践、管理者(管理机构)如何看待某一行为的需求,对外回应公众想要了解教师专业应做/必做之事的需求。到目前为止,报告共发布了五份,除了上述首份报告,另外四份依次是:2008 年的《追加资格:扩展专业知识》(*Additional Qualifications:Extending Professional Knowledge*),旨在向会员澄清追加资格和追加基本资格管理制度建立的意图,并强调持续专业学习的重要意义;2011 年的《社交媒体与电子通信技术的使用》(*Use of Electronic Communication and Social Media*),概述了会员在使用社交媒体与电子通信技术时所负有的责任,并明确了何种行为是违背专业标准的,以引导教师行为;2013 年的《营造安全的学习环境:一份共同的责任》(*Safety in Learning Environments:A Shared Responsibility*),旨在帮助会员反思其实践,从而运用不断更新的知识与技能,在学生安全问题上做出负责的决策;③2015 年的《举报义务》(*Duty to Report*),旨在提醒全体会员与社会公众共同履行举报虐待、忽视儿童和青少年之行为的义务。④ 五份报告基本都阐明了特定责任的相关伦理内涵及教育、法律依据和背景,也明确了履行特定责任的相关机构、部门和人员,使得安大略省教师专业责任明确,问责有法可依。

指导意见之间是相互关联、相互补充的,以《关于性侵犯和不正当性行为的专业不当行为》和《社交媒体与电子通信技术的使用》为例,教师群体中的极个别(但相对高发,且性质和影响恶劣)不正当性行为案例折射出了一种延伸到社交媒体的"特殊"关系,提示我们划定适当专业边界的重要性。⑤《举报义务》强调

① Ontario College of Teachers. Professional Misconduct Related to Sexual Abuse and Misconduct[R]. Toronto:Ontario College of Teachers,2002.

② Nuland S V,Khandelwal B P. Ethics in Education:the Role of Teacher Codes Canada and South Asia[M]. Paris:International Institute for Educational Planning,2006:59-60.

③ Ontario College of Teachers. Essential Advice to the Teaching Profession[R]. Toronto:Ontario College of Teachers,2013.

④ Ontario College of Teachers. Duty to Report[R]. Toronto:Ontario College of Teachers,2015.

⑤ Jaffe P,et al.. Emerging Trends in Teacher Sexual Misconduct in Ontario 2007—2012 [J]. Education and Law Journal,2013(1).

安大略省教师专业人员必须"即时""直接""持续"向地方儿童福利机构举报疑似虐待儿童的行为(举报对象包括教育工作者,也包括儿童的父母或其他监护人、亲戚、邻居等人员),且无须举证,否则将被定为失职、渎职罪,并被处以罚金。[①]而我国法律目前只有虐待罪,没有虐童罪,且一般在被虐待人自己提起诉讼之后才予以立案,这对于儿童这一弱势群体而言,是非常不利的。该报告所涉及的强制举报制度对于我国相关教育立法和师德课程建设而言,具有现实参考价值。此外,5岁儿童杰弗瑞·鲍德温(Jeffrey Baldwin)死于祖父母虐待一案是该报告发布的教育事件背景,该案推动了安大略省儿童监护权授予问题上的重大政策改革,公布于2014年2月的《杰弗瑞·鲍德温死因调查审讯——陪审团裁决与建议》(*Inquest Touching the Death of Jeffrey Baldwin—Jury Verdict and Recommendations*)提出了包括举报义务在内的103项建议,旨在填补制度漏洞,遏制同类悲剧再次发生。[②]

　　行政部门、司法机构在处理师德问题时往往带有被动性、滞后性和隐蔽性,要使伦理标准执行具有强制力,并充分保障教师权益,仅仅出台实体制度明确权责分配是不够的,还需建立科学有效、公正透明的问责程序制度,提高教师群体与公众的投诉程序意识。教师学院作为专门的师德管理机构,在这方面也做了相当多的工作。

　　②注重程序的公开问责制度。为兑现公开问责的承诺,早在1998年4月,教师学院就召开了首个纪律听证会,整个流程向公众开放,决议公布在《专业话语》季刊上。[③] 2007年10月,总干事向理事会递交了一份题为《听证会处分决议的公布问题》(*Accessibility of Discipline Decisions from Public Hearings*)的工作报告,报告概述了何种听证会决议会公布,以及在何种情况下公布。[④] 教师专业人员和社会公众可以从学院发布的投诉与纪律程序宣传册中,了解到投诉步骤、投诉解决阶段流程和被调查会员权益保障措施。其中,阶段流程包括:投诉受理("进入")(intake stage)—调查(investigation stage)—纪

---

　　① Ontario College of Teachers. Duty to Report [R]. Toronto：Ontario College of Teachers,2015.

　　② Office of the Chief Coroner. Inquest Touching the Death of Jeffrey Baldwin——Jury Verdict and Recommendations [R]. Toronto：Government of Ontario,2014.

　　③ Ontario College of Teachers. History of the Ontario College of Teachers [EB/OL]. (2016-05-30). http：//www. oct. ca/about-the-college/what-we-do/college-history.

　　④ Ontario College of Teachers. Accessibility of Discipline Decisions from Public Hearings Registrar's Report to Council [R]. Toronto：Ontario College of Teachers,2007.

律委员会或执业委员会听证(discipline or fitness to practise committee hearing stage)——常规程序与辩论解决(the dispute resolution program,DR)例外程序及惩处制度。

调查委员会负责受理、调查针对会员道德、业务能力和执教能力问题的投诉;审核调查过程中收集到的信息和记录,做出投诉处理决定。纪律委员会负责就会员的道德和业务能力问题召开听证会并做出裁决;视情节轻重给予警告、停职、撤销的相应处分;审理因违纪而被吊销资格证的会员所提出的复职申请。执业委员会负责就会员的身体能力或心智能力问题(影响执教能力的健康相关问题)召开听证会,并做出裁决;视情节轻重给予停职、撤销、附加限制性条款的相应处理。可以说,做到了分类问责(道德、业务能力、身心能力问题分类处理)、处分适当。①

公众、教师专业人员、学院总干事、教育部长可按照程序向学院投诉任何一名教师会员。作为用人单位,各学区教育局有义务向学院报告教师的(疑似)违法或不当行为,2002年新修订《法案》的相关条例对此义务做了更加严格的规定。② 学院接收到相关信息后,总干事将作为起诉人提出正式投诉。学院调查委员会负责在讨论、调查后驳回无意义(不涉及专业素养问题)、不实或不在学院管辖范围内的投诉,或建议投诉人自愿辩论解决(投诉人自愿在学院工作人员的帮助下,与学校校长/学区教育局/被投诉教师本人或其所在学校负责人进行沟通,若无法解决,就再向学院提出正式投诉);(在问题需要解决,但没必要予以处罚的情况下)给予被投诉会员警告或训诫;根据问题性质将案件分别送交给纪律委员会,或执业委员会。学院会将调查书面决议邮寄给当事双方。纪律委员会负责处理道德和业务能力问题,召开听证会(纪律听证会绝大多数情况下公开,执业听证会不公开)并公开听证会决议。在听证会召开之前(学院官网公布召开日期和时间),投诉和调查过程是保密的,以保护当事双方不受可能的侵害。听证会由独立专家三人小组主持,独立法律顾问为其提供法律建议。调查委员会成员不得兼任纪律委员会或执业委员会职务,以确保专家组意见的客观、中立。一位法院书记官记录会议过程……③这些信息都

---

① Ontario College of Teachers. Resolving Complaints[R]. Toronto:Ontario College of Teachers,2006.

② Ontario College of Teachers. Resolving Complaints[R]. Toronto:Ontario College of Teachers,2006.

③ Ontario College of Teachers. Steps to Take If You Have a Concern About a Member [R]. Toronto:Ontario College of Teachers,2006.

清晰地呈现在学院宣传册上。整个程序符合《关于教师地位的建议》所提出的，"对学校或教师不满意的家长，首先应获得机会同校长及该教师谈话。其后向上级机关申诉不满的时候，应以书面方式进行，并应把副本交给该教师"。"对家长的投诉进行审查的时候，教师应获得自我辩护的公平的机会，审查经过不得公开"①。

1997 年的 5 月到 10 月，调查委员会共接到不同性质的投诉举报 54 起：刑事犯罪指控 26 起；言行不当指控 10 起（语言表达方面 6 起，肢体行为方面 4 起）；身心健康指控 5 起；不正当性行为指控 4 起；其他指控 9 起。其中的 6 起被送交纪律委员会进一步审理，1 名教师被警告处分。随着投诉程序的公开化，学院接到的投诉举报逐渐增多。学院年度报告显示，对比 1997 年，2002 年的投诉举报性质范围明显扩大（见表 4-22）。

表 4-22　教师学院 2002 年接到的投诉

| 投诉性质 | 数量/起 | | 数量/起 |
|---|---|---|---|
| 虐待 | 70 | 冷暴力 | 6 |
| | | 语言暴力 | 2 |
| | | 心理虐待 | 4 |
| | | 身体虐待 | 8 |
| | | 性侵犯 | 48 |
| | | 其他 | 2 |
| 作为/不作为（行为不端，不专业） | 6 | | |
| 行为有失身份 | 16 | | |
| 利益冲突 | 1 | | |
| 触犯法律 | 21 | 未持证上岗 | 5 |
| | | 未履行义务 | 9 |

---

① 万勇.关于教师地位的建议[J].外国教育资料,1984(4):1-5.

续表

| 投诉性质 | 数量/起 | | 数量/起 |
|---|---|---|---|
| 触犯法律 | 21 | 未遵守《儿童和家庭服务法案》 | 1 |
| | | 未遵守《教育法》 | 3 |
| | | 未遵守《安大略教师学院法案》 | 3 |
| 监管不力 | 6 | | |
| 伪造记录 | 1 | | |
| 提交虚假资质证明 | 5 | | |
| 未达到专业标准 | 5 | | |
| 欺诈/盗窃 | 1 | | |
| 不恰当泄露学生信息 | 1 | | |
| 纵容/协助传播不实信息 | 1 | | |
| 醉酒执教 | 1 | | |
| 不正当性行为 | 8 | | |
| 签署或发布非法/误导性文件 | 6 | | |
| 不称职（incompetence） | 4 | 缺乏专业判断力 | 2 |
| | | 缺乏专业技能 | 2 |
| 丧失工作能力（incapacity） | 2 | 精神疾病 | 1 |
| | | 身体疾病 | 1 |

资料来源：Nuland S V，Khandelwal B P. Ethics in Education：the Role of Teacher Codes Canada and South Asia［M］. Paris：International Institute for Educational Planning，2006：60-61.

这些投诉举报中，49 起被送交纪律委员会审理，1 起被送交执业委员会审理，余下的 29 起被驳回，5 起被处以书面警告，26 起未被送交，18 起通过辩论解决，26 起被撤回/撤销。① 截至 2003 年 10 月 1 日，学院已惩处会员 142 名（大约占到该年会员总数 18.7 万人的 0.076%）：80 名被吊销资格证（70 名男性，10 名

---

① Nuland S V，Khandelwal B P. Ethics in Education：the Role of Teacher Codes Canada and South Asia［M］. Paris：International Institute for Educational Planning，2006：60-61.

女性);62 名受到某种形式的纪律处分(55 名男性,7 名女性)。①

根据马林(Marrin)等人的观点,实践标准是对教育教学实践的谨严描述,这种语言本身几乎无助于诉讼案件的审理,伦理标准亦是如此。虽然从表面上看,几乎没有投诉是以实践标准或伦理标准为依据的,但是从上述投诉性质来看,许多投诉是建立在实践标准和伦理标准的基础上的。例如,为了对学生及其学习过程负责,教师学院会员应当尊重学生、公正对待学生,"虐待"便是违反了这条标准。随着投诉人对标准认知的日益加深,两套标准的结合使用已趋于常态化。②

"当案件被送交到多伦多市政厅,纪律听证会就不会向公众开放了。参与理事会选举投票的教师人数不到全省教师人数的 5%。有些教师对儿童实施了犯罪行为,却未被公开姓名,事后仍被允许在安大略省任教。据《多伦多明星报》(Toronto Star)报道,在教师学院 2010 年公布的 49 起案件中,有 35 起是隐瞒教师姓名的"……面对此类质疑和批判,2011 年夏,学院决定对其履行调查、惩戒职责的全套做法和程序做出评估和审查,并将该项任务委托给了安大略省高等法院前任首席大法官——帕特里克·J. 勒萨热(Patrick. J. LeSage)和高林·拉弗勒·亨德森律师事务所(Gowling Lafleur Henderson, LLP)宣传部合作人——林恩·马奥尼(Lynn Mahoney)。递交于 2012 年 5 月的研究报告《安大略省教师学院投诉受理－调查－听证程序、结果及辩论解决程序》(简称"勒萨热报告")("Review of the Ontario College of Teachers intake, investigation and discipline procedures and outcomes and the Dispute Resolution Program, the LeSage Report")聚焦于学院所面临的两大挑战:透明度与实效性。勒萨热认为,只要教师学院对其工作的透明度与实效性足够重视,许多问题就都会迎刃而解。报告提出的 49 项建议中超过半数的建议都与省级法律法规的增补或修订工作有关,其他建议则涉及教师学院规章制度与政策的改革,以确保教师学院尽早公开纪律听证会讯息,尽早公布处分结果,与更多学区教育局、警方及其他监管机构共享资讯,公布所有渎职罪名成立的教育工作者姓名。2012 年 6 月、11 月,学院在其先后召开的理事会会议上通过了 48 项

① Nuland S V, Khandelwal, B. P.. Ethics in Education: the Role of Teacher Codes Canada and South Asia[M]. Paris:International Institute for Educational Planning,2006:62.

② Nuland S V, Khandelwal B P. Ethics in Education:the Role of Teacher Codes Canada and South Asia[M]. Paris:International Institute for Educational Planning,2006:61.

建议。①

正因为如此,教师学院能够自信地宣称:"由于渎职或不称职而被处分的案例是比较少的"②,理事会下属调查委员会每年都会接到 500 起左右的投诉,但大部分与会员专业素养无关,只有 200 起左右与之相关,这其中有 50 起左右是比较严重的,需要组织调查、听证,最后,大概会有 25 名会员被吊销资格证。而这些被吊销资格证的会员,大多是由于道德方面存在问题。

但我们还是能听到一些质疑声:"'勒萨热报告'只是给了教师学院一种自我认可的权力(self-endorsed mandate),家长、受害者、批评者并没有参与问题讨论,研究耗资 50 万加元,还要由教师买单。2012 年 6 月,理事会通过了允许性侵惯犯五年后重返课堂的建议",等等。客观、可信与否暂且不论,这些质疑声至少提醒我们,行业自律可能会与公众利益产生冲突,也可能存在滥用职权、损害行业声誉或阻碍行业自身长远发展的危险,教师专业必须尽可能克服这些弱点。

(2)教师专业自律与公众监督机制

问责,不仅要自主,更要合作。为此,教师学院应在保证独立自主性充分实现的基础上,致力于教师专业自律与公众监督机制的完善。突破交流界限,为教育工作者和公众提供便利的电子信息服务,一直以来就是教师学院的运作目标之一。会员、用人单位和公众都可以通过学院官网"Find a Teacher"链接在线查询任何一位注册教师的资格证书、档案等相关资质信息。会员可以进行多种在线操作,如交纳会费,咨询问题,反馈意见,定期接收业务通讯,阅读、下载《专业话语》的现刊和过刊。大学教育学院可在官网上公布会员的追加资格课程完成情况。家长也可注册成为网站会员,接收学院寄发的公开通讯。③ 此外,还有持续开展的宣传活动,如最近一次主题为"建立专业标准,追求优质教学"(Setting the Standard for Great Teaching)的宣传活动,其宣传范围超过以往。④ 这些服务和宣传举措不仅为伦理标准的实施注入了内在动力,即教师学院组织运作的"自治性"与组织目标的"伦理性"(建立信任关系,服务于公众利益),更确保了公

① Ontario College of Teachers. History of the Ontario College of Teachers[EB/OL]. (2016-05-30). http://www.oct.ca/about-the-college/what-we-do/college-history.

② Ontario College of Teachers. A mandate for our times[EB/OL]. (2016-07-23). http://images.oct.ca/mandate/mandate_for_our_times_2014_eng.pdf.

③ Ontario College of Teachers. History of the Ontario College of Teachers[EB/OL]. (2016-05-30). http://www.oct.ca/about-the-college/what-we-do/college-history.

④ Ontario College of Teachers. Public Awareness Initiative[EB/OL]. (2016-07-23). http://www.oct.ca/Home/Public/Public%20Awareness%20Initiative.

众多渠道了解教师学院管理下的高质量教师队伍。

## 六、基本特点

"从许多方面来看,安大略省经验都是独特的,且在某种程度上可称得上是一个'成功事例'(success story)",教师规范通常是由政府部门制定并监管的,而在安大略省,其规范制定与执行主体却是一个自治组织(在医疗、法律、工程行业中很常见),且对"实践标准"(standard of practice)与"伦理标准"(ethical standards)做出了重要区分。①

由教师专业通过伦理对话自主订立并公正执行伦理标准,明确区分而又同步制定伦理标准与实践标准,这两种做法表现出了安大略省教师专业伦理建设的两个主要特点:一是以教师伦理共同体为建设主体,二是以"伦理实践是教师专业或专业化的核心"为建设理念。

### 1. 以教师伦理共同体为建设主体

首先,英国教师与讲师协会(Association of Teachers and Lecturers)政策主管梅丽尔·宋普松苏在其著作《专业伦理与教师:致苏格兰教学协会》(*Professional ethics and the teacher:towards a General Teaching Council*)中引用了垄断与合并委员会(the Monopolies and Mergers Commission)1970 年的报告——《提供专业服务》(*The Supply of Professional Services*)所指出的专业人员七大特征:①具备提供专业服务的专门技能;②受过特定学科领域的理论与实践培训;③站在客观、集体的立场上,代表客户做出个人判断;④与客户建立直接的信任关系;⑤拥有一种特殊的集体责任感:维持专业水准与专业凝聚力;⑥倾向于或者必须避免某些招揽客户的行为;⑦是建立业务能力考核机制、管理能力与操行标准的政府或非政府机构的成员。② 其中的第三、第五和第七条特征均是专业人员协调个人与群体之间关系的反映,凸显了专业共同体在维持专业水准以促使专业成员为专业共同体和全社会谋福利中的重要作用。以此观照教师专业,正如达林·哈蒙德(Darling-Hammond)所言:"专业化取决于教师在多大程度上承担起提升

①　Nuland S V,Khandelwal B P. Ethics in Education:the Role of Teacher Codes Canada and South Asia[M]. Paris:International Institute for Educational Planning,2006:19.

②　Thompsonsuo M. Professional ethics and the teacher:towards a General Teaching Council [M]. Oakhill:Trentham Books Limited,1997:6.

教学质量的集体责任。"①

其次,鉴于"教师专业特性的伦理基础",多数国家和地区已将师德建设作为教师专业化建设系统工程的一个重要方面乃至突破口。不同视角的相关研究也取得了较丰硕的成果,但仍不足以解答教育实践工作者的实际道德困惑和道德失范问题。究其原因,这与现有理论和实践多关注于教师个人维度,而相对忽视了教师群体维度有很大关系。伦理反省既是一种个人行为,又是一种对话式社会性过程,围绕师德观念所开展的对话与决策应更多关注其公开与自主程度("不受操纵"),从而尽可能达到反思性均衡状态②。伦理冲突评估不是一件私事,而是一项主体间判断活动,这预先假设了扩大的共同治理之观念与实践③。面对多元价值的挑战和师生不对等关系("权利与依附关系")的存在,教师尤其需要依靠专业共同体的力量,依据行业内外部共同认可的价值观,开展伦理对话与道德讨论,从而冲破习俗、科层制的捆缚和压制,规避滥用职权、以权谋私的内在风险。

再者,教师学院成立之初,许多教师和教师联盟对其颇有微词,质疑其作用,担心其加重工作负荷,甚至有传言说:"标准会迫使教师做出改变,教师生活会被调查。"包括教师在内,许多人都认为学院将会淘汰"不称职"的教师。④ 事实上,正如学院总干事玛格丽特·A. 威尔逊所言:"标准不是教师绩效的一种个人评价尺度——《教育法》及其第 298 条都明确规定绩效评估是用人单位的职责",学院无意使教师个人因抵触标准而身处"双重险境"(double jeopardy):首先受到教育局或用人单位绩效评估体系的评判,进而受到学院纪律程序的审判。⑤

所以,要想提升教师群体凝聚力与责任感,就必须促进伦理知识转化为伦理实践,克服行业自律的弱点,消除教师个体的恐慌和疑虑,这份责任需要教师学习共同体、伦理共同体(以教师群体为主,家长、公众共同参与)共同承担。教师学院始终都在强调这一点,而且,作为专业自治组织,其存在本身也正反映了安

---

① Thompsonsuo M. Professional ethics and the teacher: towards a General Teaching Council [M]. Oakhill: Trentham Books Limited, 1997: 8.

② 肯尼思·A. 斯特赖克,等. 教学伦理(第 4 版)[M]. 洪成文等译. 北京: 教育科学出版社, 2007: 132-137.

③ Tirri K, Husu J. Care and Responsibility in 'The Best Interest of the Child': relational voices of ethical dilemmas in teaching[J]. Teachers and Teaching, 2002(1).

④ Nuland S V, Khandelwal B P. Ethics in Education: the Role of Teacher Codes Canada and South Asia[M]. Paris: International Institute for Educational Planning, 2006: 40-41.

⑤ Nuland S V, Khandelwal B P. Ethics in Education: the Role of Teacher Codes Canada and South Asia[M]. Paris: International Institute for Educational Planning, 2006: 73-74.

大略省教师专业伦理建设对教师群体维度的深切关注。

**2.以"伦理实践是教师专业或专业化的核心"为建设理念**

所谓"伦理实践",一言以蔽之,就是以伦理价值为核心的专业实践。首先,根据梅丽尔·宋普松苏的观点,达成共识的专业价值观和伦理责任是教师专业的核心,教师专业伦理规范的内容是教师专业基本价值观和概括性伦理原则,作为教师专业对社会的一份承诺,其价值在于:①促进专业社会化(维持师生信任关系是信任社会的内容之一)、专业共同体标准内化;②证明教学本质上是一项道德事业;③鼓舞士气,使教师专业的专业自信、责任感与使命感得到提升,进而使教师专业标准得到提升。①

其次,雪莉·范·努兰德在其著作《教师规范:经验借鉴》(*Teacher Codes*:*Learning from Experience*)中,从功能上对"行为规范"(a code of conduct)和"伦理规范"(a code of ethics)做了区分:前者是对从业人员从业行为的原则性指导;后者是对从业人员职业理想的激励与价值引领。② 此外,作者还指出,"实践标准",如安大略省教师专业实践标准,虽然也涉及教师行为,但更多是对教师课堂教学活动的描述。③

教师学院明确区分而又同步制定伦理标准与实践标准的做法及其成果,与上述观点一致,间接传达了安大略省教师专业一种逐渐清晰的专业身份认同:伦理实践是教师专业或专业化的核心。教师学院在探究 2000 年版《实践标准》的关注度、有效性和标准落实策略的前测调查中,所获得的案例法和"经验分享坊"师德学习组织形式及其可供推广的伦理困境案例成果,④则直接证明了教学本质上是一项道德事业,体现了"伦理实践"的内涵。而且,对照四项伦理标准(基本价值观)的内涵解读与《实践标准》的五方面内容,我们不难发现,前者实质上涵盖了后者。

正如从 2001 年开始担任伦理标准制定与实施领导工作的实践标准与教育委

---

① Thompsonsuo M. Professional ethics and the teacher: towards a General Teaching Council [M]. Oakhill: Trentham Books Limited, 1997: 2.

② Nuland S V. Teacher Codes: Learning from Experience [M]. Paris: International Institute for Educational Planning, 2009: 7.

③ Nuland S V. Teacher Codes: Learning from Experience [M]. Paris: International Institute for Educational Planning, 2009: 23.

④ 李丹丹. 基于师德建设视角的加拿大安大略省教师守则研究[D]. 武汉: 华中师范大学, 2012: 33-37.

员会理事——玛丽·史密斯(Mary Smith)在其《教师专业伦理标准的对话建构》("A Dialogic Construction of Ethical Standards for the Teaching Profession")一文中所阐述的：实践标准传递出一种指导安大略省教育工作者日常实践的专业主义(专业化)集体愿景，即对学生及其学习过程负责；在学习共同体中发挥领导作用；持续的专业学习、专业知识、专业实践。实践标准的演进是与伦理标准及其相关伦理原则的确定和归类保持同步的。每一条实践标准都内含着伦理原则和道德尺度，以专业知识为例，它指的是一种以专业知识的形式呈现出来的道德观念。指导专业判断的道德观念，对于专业伦理实践而言，有着至关重要的意义。引用斯塔雷特(Starratt)的观点就是，伦理是刻画道德生活(包括教育教学实践)特性的原则、信念、假设与价值观。①

该文中的第三个图改编自教师学院所编《专业实践基础》学习资源文件中的伦理标准圆形图与实践标准圆形图，作者将原本孤立的两个图整合成了一个以伦理标准为核心的教师专业标准体系图。教师学院于 2013 年发布的专业实践基础和专业指导意见解读文件——《对教师专业的基本建议》(*Essential Advice to the Teaching Profession*)进一步明确了由伦理标准、实践标准和专业学习框架共同构成的专业实践基础体系(见图 4-2)，三者相对独立而又不可分割，共同描述了成为安大略省教师专业成员的意涵，也共同阐明了教师专业的目标和原望，即致力于学生终身学习和参与民主生活能力、品质的提高，引人反思示范性教师行为和持续专业发展对于有效教学的基础性价值。② 2016 年新修订《教师专业学习框架》中的第二个图在迪尔德丽·玛丽·史密斯改编图的基础上，将学习框架核心内容也整合其中，描绘出了"教师专业化的整体愿景"(a holistic vision of teacher professionalism)③(见图 4-3)，伦理标准的核心地位和辐射范围得以正式确立。

---

① Smith D M. A Dialogic Construction of Ethical Standards for the Teaching Profession [J]. Issues in Teacher Education，2013(1).

② Ontario College of Teachers. Essential Advice to the Teaching Profession [R]. Toronto：Ontario College of Teachers，2013.

③ Ontario College of Teachers. Professional Learning Framework for the Teaching profession[R]. Toronto：Ontario College of Teachers，2016.

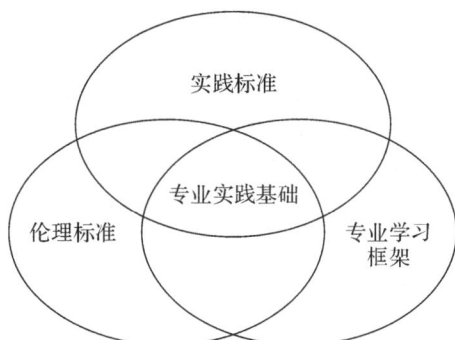

图 4-2　教师专业实践基础体系①

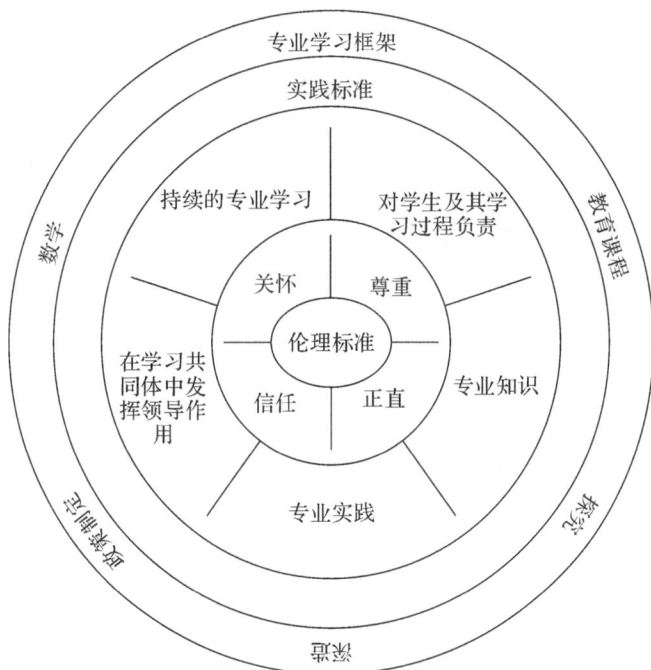

图 4-3　教师专业化整体愿景②

---

①　Ontario College of Teachers. Essential Advice to the Teaching Profession［R］. Toronto：Ontario College of Teachers，2013.

②　Ontario College of Teachers. Professional Learning Framework for the Teaching profession［R］. Toronto：Ontario College of Teachers，2016.

# 第 五 章

## 教师专业伦理规范建设的本土历程

我国建设教师专业伦理规范由来已久,早在民国时期,受美国教育协会教师专业伦理规范建设的影响,当时的"中国教育学会"就制定了《全国教育专业道德规约》。这是第一份由教师组织自行制定的教师专业伦理规范。但这份教师专业伦理规范并未得到施行。20 世纪 80 年代初期,伴随着"五讲四美"社会主义精神文明建设活动的开展,1949 年之后我国首部教师专业伦理规范于 1984 年由当时的教育行政机构和教师工会组织联合发布,此后,这部规范历经三次修订,沿用至今,并形成了以教师专业伦理规范为核心的师德教育和管理体系,深刻地影响了我国的师德建设工作,促进了教师队伍师德水平的不断提升。

### 第一节 民国时期的教师专业伦理规范建设

我国具有悠久的师德传统,历代不乏专论师道师德的言语,然而,这些言论一般指向教师个人的道德要求。这主要是因为在很长一段时间里,教师群体并没有成为社会普遍接受的职业团体。1929 年美国教育协会发布了《国家教育专业伦理规范》,我国学者开始关注教师作为专业团队成员应遵循的伦理规范,从而开启了我国近代教师专业伦理研究的先河。

#### 一、订立《全国教师专业道德规约》的始末

自 20 世纪 30 年代起,教师专业化思潮逐渐在我国勃兴,随之学者们开始对推进教师专业化的专业伦理规范建设发生了兴趣,加之当时教育界道德颓废,人们渴望通过订立教师专业伦理规范力挽狂澜,营造教育界的清风正气。

## （一）历史背景

### 1.教师专业化思潮的兴起

19世纪末20世纪初,北美教师专业化运动蓬勃发展。这一思潮于20世纪20年代进入中国。常道直、罗廷光、赵廷为、王克仁、庄泽宣等著名教育学者参与了教师专业化的大讨论。讨论主要涉及三个问题:①专业是什么? 教师的教学工作是不是一种专业? ②教师的专业是一种什么样的专业? ③如何促进教师工作的专业化?

对于第一个问题,罗廷光区分了两种职业,一种是机械性的,另一种是活动性的。前者涉及范围小,所学知识不多,沿袭成法,即可解决问题,完成工作任务。而专业涉及的工作因情况复杂且涉面较广,所以需要从业者掌握较多的知识,具有独特能力,以及运用独创思想才能予以解决。"所谓专业云云,其经纬万端无成法可守,亦无常例可遵,从事的人须时时审查,时时计划,因之,其所需之专门知识特别多,而所应受之专门训练亦特深。"①赵廷为的观点与罗廷光类似,他认为:"专业就是一种专门的职业。相当于英语中 profession 一词的意思。担任这种专门职业的人,与普通的所谓行业(trade)不同。"专业是一种富于"活动性"的工作,而行业则含有"机械性"的工作。因为前者涉及复杂性情境,需要从业人员掌握复杂的知识与技能,而后者涉及的工作范围较窄、情况简单。前者好比工程师,后者好比泥瓦匠。② 陈侠则在辨析了"行业""职业"与"专业"这三个概念之后,指出,以一技之长谋生的工作,都可以成为行业或职业。在中国,劳力较多的工作(如瓦匠、木匠、鞋匠)属于行业,而劳心较多或用手较少的工作则被视为职业。在以前西方国家里,专业往往指学者的职业,现在泛指各种专门的职业。从事专门职业的人,须经过长时间的专业训练。专业须具备三个条件:一是专业要有广博的文化根基;二是专业要有智慧的创获;三是专业要有充分的利他精神。"专业的学科一定要建立在广博的科学基础之上,专业学科的内容必为高等智慧作用的成果,而专业的目标更要有充分的、服务的与利他的精神。合于此种条件的专门职业,方能称为专业。"③王克仁认为,专业"并没有什么天生的规定",专业是经过努力发展而成的,只要"具备专业的要素,便成专业"。构成专业

---

① 罗廷光.教育概论[M].上海:世界书局,1933:322.
② 赵廷为.教育概论[M].上海:大华书局,1935:182.
③ 陈侠.从教育专业的特质说到优良教师的修养[J].中华教育界,1947(10):14-17.

的要素有三：一是专业"必要包含着若干学理"，而这种学理"总是需要经过一番归纳的研究"；二是"专业要有特殊的方法和技术……凡要获得某项专业的特殊方法和技术，必须受过相当时期的训练才行"；三是"能称作专业的，一定显有一种高尚的精神，值得人们继续不断的休养"，这种高尚的精神包括"专业的态度""专业的心地"和"专业的道德"。① 这些学者普遍认为教师从事的工作，不是机械性的工作，而需要更多的艺术性和创造性，所以教学工作接近于专业。不仅如此，通过对专业的概念分析，人们发现作为一种专业，专业伦理是不可或缺的重要组成部分。

对于第二个问题，赵廷为认为教学专业与普通专业有区别，体现在普通的专业的对象多属于物，而教学的对象则为活泼的儿童。普通的专业的范围是局部的，而教学专业的范围则为这个社会。教学必须用活的方法。社会是进步的，因而教师必须用进步的眼光加以观察。② 常道直认为教育专业的特殊性有三点：①教育专业是爱的工作。"教育家所有全部活动之动机皆出于'爱'，因为爱儿童、爱青年、爱人类，所以想借教育的力量，去帮助个人与人群，逐渐地获得并享受较完美的，较丰富的生活。"②教育专业是不求速效的工作。"教育的工作，不像别种专业工作，容易得到可以把握的效果……当教师的，终日与儿童及青年们相处，人的知识品格之进展，又极迟缓；苟非对于教育具有隆重之信心者，决难望其能够长期忍耐而不中途抛弃这种艰辛的工作。"③教师专业是不望感谢的工作。"教育者的服务是难得社会感谢报答的，而真纯从事教育者亦是不望报偿的。"③陈侠将教师与其他专业人员进行比较，分析了教育专业的特殊性。他发现教育专业服务对象、业务要项和主要效果等三个方面存在特殊之处，教育专业以培养健康的人为服务对象，以改变人性、培养健全国民和专业人才为主要业务，从而达成奠定国基，为国储才的效果（见表5-1）。

表5-1　若干专业的比较

| 专业分子 | 服务对象 | 业务要项 | 主要效果 |
| --- | --- | --- | --- |
| 教师 | 健康的人 | 改变人性使成健全国民与专门人才 | 奠定国基为国储才 |
| 医师 | 病人 | 治疗疾病 | 恢复个人健康 |

① 王克仁.什么叫做专业？[J].广西教育，1928(2)：8-12.
② 赵廷为.教育概论[M].上海：大华书局，1935：182.
③ 常道直.教育专业化之特质[J].国立中央大学学生会会刊，1930(1)：1-5.

| 专业分子 | 服务对象 | 业务要项 | 主要效果 |
| --- | --- | --- | --- |
| 律师 | 受委屈的人 | 依法保障人权 | 保障人权 |
| 工程师 | 木石机械及一切物质 | 筑路、建厂、炼钢等 | 发展工业 |
| 会计师 | 数字账册 | 核算账册 | 整理财政 |

而对于第三个问题，常道直提出两条途径：一是"由国家严格规定各级学校教职员之资格，并施以必要之检定"，二是"服务教育界者为一致的强固的团结，公同制定一种学识与技能之标准，凡欲加入此项职业团体从事教授业者，应能满足所规定之资格。是为一种同业自治精神"。① 这成为他后来领导订立《全国教育专业道德公约》的出发点。李季开则认为，"社会上各项职业，种类繁多，其进于专业而不同于普通的行业者，不仅由其具有广博的文化根基，专门的业务知能，与高尚的智慧创获，尤须赖其具有充分的服务精神，及同业间共同信守的专业道德，维系其间"。教师公约可视为启发并巩固教师专业意识的有效手段。② 由此可见，教师专业化思潮兴起后，人们希望通过订立专业伦理规范，加强教师内部的团结，提升教师的社会地位。

### 2.教育界道德颓废

抗战背景下，各个大学以及文化机构发展迅速，随之带来的是文化教育界的兴盛。几年之间，无论是大中小学还是新闻出版界都呈现出活跃的趋势，但是伴随着飞跃进步的同时也出现了很多不好的现象。例如，中等教育界出现了严重的教员流动现象。很多教员抗拒不了地位待遇的诱惑，选择了流出教育岗位。一学期一变更的情况对学校和学生造成了非常恶劣的影响，学校忙着请教员和应付人，学生的学业和德行也受到不好的影响。同行之间的相互侵害、教师的行为道德问题等屡见不鲜。

朱炳乾曾经记述了自己在抗战以来所见所闻的师道败坏的事实，上海一位教师一脚踢死一个小学生，不久一位小学校长强奸了两个十二三岁的女孩，一个中学的训导主任撕掉了一个学生的耳朵。这些骇人听闻的犯罪行为在教育界不间断地出现。在担任行政职务的时候他发现了许多教师身兼数职，很多时候只能通过依次缺课的方法来应对应该授课的时间。还有小到排挤同行、安置私人，

---

① 常道直.教育专业论[J].中华教育界，1925(12):1-3.

② 李季开.教育行政人员的专业道德[J].教育杂志，1948(4).

人到煽动学生扰乱社会秩序等,这些现象在社会中已普遍流行①。王欲为也列举了教育界中"树立党派,排除异己,收买学生,煽动风潮,滥用公款,私自经商,枉报名额,藉增米贴,身兼数职,不顾信约,同事之间,相互攻讦"等道德趋堕现象。

学风的败坏虽然不能全部归咎为教师的问题,但是教师是应该负大部分的责任的。教师的社会地位降低绝非偶然,体制的不健全导致错误的行为没有受到应有的惩罚,其他的同行也得不到警戒。教师专业道德堕落到如此境地使得一些有志之士意识到问题的严峻性。因此,他们倡导教育行业需要建立自己的组织,拥有自己的"行规",以此来规范、约束教师的行为,提高教师对于国家、民族的责任心,以及对教育的自信心,同时也为教师自身提供保障。

## (二)主要过程

民国时期的教师专业伦理规范探讨前后持续了 20 年,大致可以分为两个阶段。第一阶段主要为个别学者积极译介美国的教师专业伦理规范,并结合中国的实际情况进行仿制。第二阶段主要是民国时期的"中国教育学会"领导制定了《全国教育专业道德规约》。但《全国教育专业道德规约》未及正式发布,就湮没于历史的尘埃之中。

### 1.学者译介与仿制阶段

早在 1932 年,国人就开始关注美国的教师专业伦理规范。周天浩②、浦漪人③曾节译美国学者所著的教师专业伦理篇章,其中涉及教师专业伦理规范的编制与实施等内容。莫如孝节译美国的《校长职业伦理信条》。④ 次年,杨志先节译美国宾夕法尼亚州的教师专业伦理规范。⑤ 两年之后,另一位署名为心的论者再次译介美国宾夕法尼亚州教师专业伦理规范⑥。民国时期的重要教育学术期刊《教育杂志》也刊文介绍美国教师专业伦理规范。⑦ 这些文章以译述为主,尚未展开深入研究。

---

① 朱炳乾."全国教育专业道德规约"草案[J].教育杂志,1944(3).
② 周天浩.教师道德律[J].大夏期刊,1932.
③ 浦漪人.教师职业的伦理观[J].江苏教育(苏州),1933(10)
④ 莫如孝.校长职业伦理的信条[J].浙江教育行政周刊,1932(50).
⑤ 杨先志.教师道德律[J].绍兴教育公报,1933(238).
⑥ 心.教师的职业性质与道德规条[J].公教学校,1935(9).
⑦ 世界教育杂讯.美国教师专业规约之一斑[J].教育杂志,1937(5).

　　1939 年之后,学者不再满足于介绍,而是开始研究并仿制教师专业伦理规范。常道直于 1939 年教师节之际,撰文介绍美国教育协会的教师专业伦理规范,提出教育界应制定教育专业道德规约。他称之为"教师公约",以体现教育界的集体意志,因此常道直主张教师公约的制定应采取自下而上的民主方式。在文章中,常道直还区分了教育专业道德规约与课程标准及教师服务规程在功能上差异,同时提出了教育专业道德规约的主要内容、产出程序和制裁方式。① 同年,民国教育部战时教育委员会委员陶愚川率先仿照美国教师专业伦理规范草拟了一份"教师道德律"。这份教师道德律从"教师和学生及学生家庭的关系""教师和国家社会的关系""教师对于同事间的关系""教师自身应有的修养"等四个方面对教师的专业行为做出 22 条规定。特别值得一提的是,陶愚川指出,"政府应聘请对于教育有实际经验的人,针对着国家社会的需要、现行一般教师的通病,并参照教育上的新学说,订定一教师道德律,明令颁布"②。王炯珍也认为教师道德律应由政府订立,以此评定教师优劣,进行奖惩。她从"教育与国家社会""教师与学校""教师与学生""教师与同事""教师与自我教育"等方面厘定了 29条教师道德律。③ 陶、王二人主张由政府订立教师道德律,与常道直倡导自下而上制定教师公约,形成鲜明对比。

　　1941 年王欲为提出"教师服务道德"的概念,并译介了美国教育协会于 1929年通过的《教师专业伦理规范》,希望以此为蓝本制定我国教师服务道德公约。④次年,李相勖参照美国教育协会 1929 年《教师专业伦理规范》,从"教师和国家社会的关系""教师和学校的关系""教师和学生家庭关系""教师和同事的关系""教师和学生的关系""教师和业务的关系"等方面制定了 79 条规范。⑤ 从具体内容来看,王、李二人所提出的教师服务道德与之前的教师公约、教师道德律没有本质区别。上述教师道德律、教师服务道德、教师公约中,影响力最大的当属陶愚川所订教师道德律。这份教师道德律被萧承慎、陈时策⑥、陈村牧⑦等人多次转载并评论。即便如此,这份教师道德律同之前所有道德规范一样,都以美国《教师专业伦理规范》为蓝本而仿制。此处转录《教师道德律》如下。

---

①　常道直.全国教师公约:今年教师节对于教师们之献言[J].教育通讯,1939(33).

②　陶愚川.教师道德律[J].教与学,1939(5).

③　王炯珍.教师道德律[J].仙游教育,1942(6).

④　王欲为.教师服务道德问题[J].教育通讯周刊,1941(34).

⑤　李相勖.教师应有的服务道德[J].中央训练团团刊,1942(154).

⑥　陈时策.关于教师的道德问题[J].教育与科学,1939.

⑦　陈村牧.从提高教师道德说到教师应有的认识[J].福建教育,1940(3).

## 陶愚川的《教师道德律》①

### 一、教师和学生及学生家庭的关系

1. 教师应该常和学生接触，熟悉他们的个性，了解他们的困难，以便因材施教。

2. 教师应该时时访问学生的家长，探讨关于学生的一切家业和行为上的问题。

3. 教师对于学生，不应该有所偏爱，无论贫富亲疏贵贱，应一律看待。

4. 教师对于身心上有缺陷的学生，应该会同心理学家、校医和训育人员耐心矫治。

5. 教师应该以身作则，感化学生。

6. 教师在校外或在家庭中遇到有拂意之事时，不应该以学生为发泄气愤的对象。

### 二、教师和国家社会的关系

1. 教师应该参与社会服务，劳动服务，不应自命清高，遗世独立。

2. 教师遇到社会上有什么不公道不合理的事情时，应该据理力争，但不应罢课怠教，以影响学生学业。

3. 教师对于政府的各种设施，应积极协助，随时贡献意见。

4. 教师应该时时将个人在教学过程中所得到的经验以及所感到的困难，报告社会，借以引起社会人士对教育事业之重视，备作政府改进之参考。

5. 教师对于种种和自身有关系的商业机关如书局、文具仪器公司等，应断绝瓜葛，不应徇私徇情，以得不正当之收入。

### 三、教师对于同事间的关系

1. 教师对同事，应互相合作，保持亲切之友谊，不应以派别或所出身之学校之不同，而有所隔阂或歧视。

2. 教师对于校务有改进的意见时，应先与校长商谈，不应越级控诉，或鼓励学生作破坏学校秩序之举动。

3. 教师对于其他同事担任之功课，应予尊重，不应仅着眼于自身所担任之课目，令学生作过分之预备，因而分散学生对于其他课程之注意。

4. 教师应该度德量力，不应专着眼于薪金之多寡而请求校方增加钟点，

---

① 陶愚川. 教师道德律[J]. 教与学, 1939(5):1-4.

教其所不宜于教的功课。

5.教师对于新进的同事,应该负责指导,使他们的行为能合乎正轨,不应作恶意的批评及谩骂,打断他们从事教育事业的兴趣。

6.教师对于校方一切有关学生幸福的设施,应尽力协助,不得托故推诿。

四、教师自身应有的修养

1.教师对所教的功课,应有确切的准备,并应常常阅读各种有价值的书报杂志,使自己的思想、见解能适应社会之潮流。

2.教师应该参加各种有关自身职业的研究及学术团体,藉作进修之助。

3.教师应该认定自己的责任,不仅是教"书",还要教学生"做人",所以对于自己的行为应常加检点,再作学生模范。

4.教师于接受聘约前,应慎重考虑,是否能实践聘约中所述各点,接受后即应切实履行,不应敷衍,或托故辞职,请人庖代。

5.教师应有"职业的自觉",认定教育事业为国家百年大计,做教师为一种高尚而荣誉的职业,不应视之为一种达到其他目的的手段。

## 2."中国教育学会"订立《全国教育专业道德公约》阶段

虽然,抗日战争期间也有陶愚川、萧承慎等人倡议制定全国教育专业道德规约,但是由于时局动荡,全国性的教育组织大多停止工作,制定全国教育专业道德规约的事宜被长期搁置。抗战胜利之后,情况发生变化,全国各类教育组织迅速恢复,尤其是当时最大的教育组织"中国教育学会",联系其他组织重开全国性的会议,并将促进教师专业化作为该组织的历史使命。在这样的背景下,订立全国教育专业道德规约被提上日程。

民国时期的中国教育学会于1933年1月28日在上海成立,是当时国内最具代表性的教育学术团体,学会的成员包括当时国内著名的学者、教育行政人员以及赞助学会的教育机构团体。学会的活动涉及教育的各个方面,定期举行年会、发刊年报、从事实际的教育调查、参加国际的教育专业会议,等等。抗战全面爆发之后,学会移至重庆。除了讨论各种教育问题、通过会章之外,还选定了常道直等5人为学会的常务理事以及理事15人。

1947年10月26日至27日,中国教育学会联合中华儿童教育社、中华职业教育社、中国教育社等国内其他教育团体,组成中国教育学术团体联合会,在南京举行第五届联合年会。大会提出"为提高教育事业修养,发扬教育专业自治精神起见,应共同商定教育专业道德规约,以资信守"①。随后,中国教育学会开始筹备第九届年会。学会主要会员朱经农撰文指出,学会"须努力提倡专业服务精神与道德,务使国内每一教育工作者,能够敬业、乐业,对于教育事业具有真正信仰和抱负,能以毕生精力,贡献于教育事业"②。另一主要会员赵廷为则撰文提议:"美国教育联合会曾订有专业道德规约,以资信守,这次年会,似宜同样根据本国情形制定一种守则,供作专业的行为标准。"③1948 年 1 月 3 日,中国教育学会第九届年会在南京金陵大学开幕。出席会员有 220 余人,团体会员 70 余单位。年会共计收到提案 120 余件,论文 50 余篇。4 日在金陵女子文理学院大礼堂"最后讨论《全国教育专业道德规约以资信守》案,决定交理事会整理并书面征求会员意见后发表。"④大会讨论并通过了由常道直和朱炳乾二人主持草拟的《全国教育专业道德规约》,具体内容如下:

### 全国教育专业道德规约⑤
#### (中国教育学会第九届年会通过)

#### 第一章　总则

一、本规约所称教育专业包括全国公私立各级学校教师校长、教育行政人员及其他一切教育工作人员。

二、本规约之宗旨在以教育专业界自身之力量达成下列各项目标:

1.挽救当前教育界颓风

2.充实教育专业修养

3.发挥教育专业精神

4.加强教育专业组织力量

5.提高教育专业社会地位

#### 第二章　对于学生与社会

三、持论公平,不为某种主义作宣传。

四、不见诱于私利,不拘泥于成见。

---

① 加速教育民主化:教学年会通过重要议案,昨午闭幕下届在台举行[N].中央日报,1947-10-28.

② 朱经农.中国教育学会的时代使命[J].教育杂志,1948(1).

③ 赵廷为.编者附言[J].教育杂志,1947(1).

④ 记者.中国教育学会第九届年会经过[J].教育通讯,1948(10).

⑤ 常道直.教师节与教师公约[J].教育通讯,1948(12);朱炳乾."全国教育专业道德规约"草案[J].教育杂志,1948(3).

五、尊重学生人格与兴趣性向与能力,了解学生之社会背景。

六、不以任何方式利用学生达成偏私之企图。

七、尽忠职守保卫职务上之秘密。

八、谋学校及家庭间之密切合作。

九、不受非分之报酬。

十、对于公共事务如举行选举与办福利业务等,以公正立场,为民众之顾问。

### 第三章　对于教育专业

十一、信守专业规约,提高专业声誉。

十二、提高教学效率,增进教学技能。

十三、忠于教育,视教育为终身事业。

十四、争取应得之报酬与应有之工作环境。

十五、不依附任何权势,不以教育职务为个人晋升之阶梯。

十六、不为优厚之俸给所诱,而退还职位或擅离职守。

十七、不利用职权以谋私利,不因推荐工作而受报酬。

十八、不结党营私、党同伐异。

### 第四章　对于教育界同仁

十九、教育专业为整个的,各级学校教育均应相互尊重不得有所歧视。

二十、对同事不妄加批评,不文过饰非。

廿一、对于校内外共同问题之处理均采取民主原则与方式,不流于徇私专断。

廿二、不干涉他人分内事务。

廿三、不鄙薄非自己所专攻之学科。

廿四、与同事群策群力推诚合作。

廿五、不排挤他人而自窃高位或位置私人。

廿六、尊重他人资格与能力,以二者为任职与晋级之主要因素。

廿七、不嫉妒他人之能力与成就。

廿八、不片面毁弃聘约破坏诺言。

### 第五章　附　则

廿九、本规约经各教育团体多数会(社)员之决议通过发生效力。

三十、参加本会各会员均应明白表示愿诚意接受本规约作为其行为之准绳。

卅一、如有违悖本规约之言行,由服务机关之同仁予以规劝,较严重者,由教育团体予以谴责；必要时经全体会员之决议，得开除会籍。

卅二、本规约如有未尽事宜，得由参加人多数之表决修正之。

其后，常道直和朱炳乾分别在《教育通讯》和《教育杂志》上发表了《全国教育专业道德规约》全文，继续征集意见，以备下一届年会再行正式通过。该规约一经发表，引起了教育界的广泛关注。《教育学术》杂志编者发表短评称，"在全国人心潮……于崩溃的今天，教育界同仁，以道德规约来约束自己，团结同工，恢复信心，坚守岗位，以为社会倡导，挽救危局。这种精神，这种用心，是值得全国教育界同情好拥护的。"①《教育杂志》编辑赵廷为称，"中国教育学会"通过《全国教育专业道德规约》提案"真令人兴奋！""愿望教育界同仁重视这个规约，而在尚未正式订定之前尽量发表意见"②。《教育杂志》的另一位编辑李季开则称赞《全国教育专业道德规约》议案是"我国教育界近年极重要的创获"。

此外，学者们还提出了一些修订建议。赵廷为在《关于全国教育道德规约的问题》一文中提出，制定教育道德规约首先要弄清两个问题，一是要明了"规约"的用处。他认为规约的用处在于对教师做人之道定出若干标准，以及供作师资训练的教材，留各级师范学校讲授。二是订立专业道德规约要注意的原则。赵廷为强调规约的制定要遵循四个原则，即"标准不要太高""着重服务的理想""着重合作""着重对于专业的尊敬"。③ 莫仲义在《全国教育专业道德规约》的意见中提到，教育规约的制定应该遵循一些原则，"一是应该是积极的而不是消极的；二是应该是广泛的而不是狭隘的；三是针对目前中国的教育病态；四是能够行得通而有效果；五是有相当的拘束力；六是不限于教育团体的会员；七是集中教育界的力量而不是分散教育界的力量"。④ 对于大众提出的意见，学会成员对其进行了整理，待下一届年会再行提出正式通过。⑤ 然而，自此之后，这份《全国教育专业道德规约》并没有得到进一步的关注也没有获得正式公布，便沉寂于历史长河之中。

民国时期的教师专业伦理规范探索，由于缺乏经验，在总体上以模仿借鉴美国为主。无论是陶愚川、王欲为、王炯珍等个人编制的教育道德律，还是中国教育学会订立的《全国教育专业道德规约》，它们均参考了美国的《教师专业伦理规

---

① 编者. 今日教育短评[J]. 教育学术，1948(2).

② 赵廷为. 关于全国教育道德规约的问题[J]. 教育杂志，1948(3).

③ 赵廷为. 编者附言[J]. 教育杂志，1944(1).

④ 莫仲义. 对"全国教育专业道德规约"的意见[J]. 教育杂志，1944(6).

⑤ 李季开. 教育行政人员的专业道德[J]. 教育杂志，1948(4).

范》，在形式与内容上与之大同小异。作为全国教育专业道德规约起草人之一的朱炳乾曾撰文透露，《全国教育专业道德规约》的制定参考了美国教育协会的教育专业伦理规范和美国波士顿教育委员会的"非专业行为"，具体做法是采取美国教育协会《教师专业伦理规范》的陈述方式，综合两个文本的具体内容，然后根据实际需要，斟酌损益，简括地列成了32条道德规约。① 对比文本，在《全国教育专业道德规约》中美国教育协会《教师专业伦理规范》的文本体例与内容被较多地移植，即从教师与学生及社区的关系、教师与专业的关系、教师与专业成员的关系等三个方面陈述条款。除主干内容除了用词和个别条款存在一定的差别，其余大体相同。

民国时期，师德颓废问题突出。人们倾向于根据现实中教师失德行为订立专业伦理规范。赵廷为指出，教育专业道德规约所订标准不要太高，"期望每一教师要像孔圣人一样，那是做不到的"②。莫仲义也有类似的观点，"我们所订的道德规约不能理想太高，必须实事求是，使教育界人士立即可以遵守"，应"针对目前中国的教育病态来订定教育专业道德规约"。③ 陶愚川、王炯珍等认为教师道德律是一种教师的行为规范，也认为应依据"现行一般教师的通病"来制定④。在陶愚川制定的22项教师道德律条款中有12项包含"不"字，比如，"教师在校外或在家庭中遇到有拂意之事时，不应该以学生为发泄气愤的对象。""教师对于种种和自身有关系的商业机关如书局、文具仪器公司等，应断绝瓜葛，不应徇私徇情，以得不正当之收入。"这些条规采用禁止性的道德语言，规定了教师不应作为的底线行为。中国教育学会制定的《全国教育专业道德规约》也有同样的特点，在涉及教师专业行为26项条款中，有16条中使用"不"字表达底线行为的要求，这确实在一定程度上体现了制定者"把一切不应有的行为明白指出"的初衷。⑤ 不难看出，根据现实问题来制定约束教师行为的底线准则，是学者们的共同呼声。

（三）历史意义

尽管民国时期的教师专业伦理规范探索历时较短，但其重要意义不可忽视。这段历史是中国学者研究教师专业伦理规范的开端，是我国第一次从专业团体

---

① 朱炳乾."全国教育专业道德规约"草案[J].教育杂志,1948(3).
② 赵廷为.关于全国教育道德规约的问题[J].教育杂志,1948(3).
③ 莫仲义.对"全国教育专业道德规约"的意见[J].教育杂志,1944(6).
④ 陶愚川.教师道德律[J].教与学月刊,1939(5).
⑤ 朱炳乾."全国教育专业道德规约"草案[J].教育杂志,1948(3).

的维度研究师德。最为重要的是,从世界范围内来看,中国学者率先从教师专业的道德层面,系统深入研究教师专业的特殊性。

### 1.率先揭示教师专业的道德特色

尽管美国在世界教育史上较早研究教师专业伦理规范议题,但是其受专业化运动影响,仅从一般专业所应具备的伦理规范的角度制定教师专业伦理规范。因为当时医师、律师,甚至酒业、帽业等行业组织都有伦理规范,所以教师职业要跻身专业行列,需要制定相应的专业伦理规范。因此,制定教师专业伦理规范主要出于教师专业化的需要。换言之,只是出于伦理是专业的构成要素而去订立专业伦理规范,而非因为教师是道德的专业而制定教师专业伦理规范。民国教育学者不仅在学理上论证教师是一门专业,而且还探究了教师专业的道德特质。特别是常道直指出,教育是高尚的专业。这是教育区别其他专业的特质。教育作为高尚的专业,体现于:①教育活动的全部动机是爱儿童、爱人类;②短期内教育难见成效,故而教育者需要坚定的信心,不会中途摈弃教育工作;③教育者难得社会的感谢报答。真纯的教育者不望报偿。英美等国教育学者迟至20世纪80年代才开始讨论教师专业的道德特质。

### 2.首次实现师德从个体要求向团体准则的转换

我国传统师德的规定主要涉及教师个体道德品格,其目的是希望教师示范优良道德品格,为学生提供模仿的模范。因而古代成文的师德规范,主要指向教师个体道德,并且"师德"与"生德"并无二致,体现出传统师生道德同构的特点。并且在我国古代,教师不是一个严格意义上的职业团体,部分教师提出的师德要求只是个人的道德信条,并非约束教师团体的道德准则,更不是处理教师与其他相关人员社会关系的伦理规范。民国时期的教师专业伦理规范探索首次提出,"所谓教育专业道德规约(ethical code of the teaching profession)乃是指示教师们在各种关系及活动中所当信守之德义的和专业的原则"。它"必须依据健全的教育哲学与正确的教育科学,以简明有力的词语,条列教师对于国家、民族、儿童、家长、同工,行政人员以及一般社会之关系,并提示应付此类问题所应持之态度与所当根据之理想"。① 用常道直的话语来说,教师专业伦理规范是教师公约。自此,有关教师道德的观念发生根本性的改变,实现教师道德从个体要求向团体准则的转换。

---

① 常道直.全国教师公约:今年教师节对于教师们之献言[J].教育通讯,1939(33).

## 二、常道直对《全国教师专业道德规约》的贡献

常道直是民国时期发起教师专业伦理规范讨论并领导制定首部教师专业伦理规范的领军学者。他对中国早期的教师专业伦理规范研究做出了不可磨灭的历史贡献。

常道直由教育专业化问题入手，逐渐深入教育专业的核心议题，展开了对教师专业道德规约的探讨，并直接参与了中国第一份教育专业道德规约的制定。常道直对教育专业道德规约的研究肇始于对教育专业化的深入探讨。20世纪三四十年代欧美国家兴起教育专业化运动。常道直受其影响，于1923年发表《教育事业之职业化》一文，在国内首次提出教育应是专门化的职业，鉴于当时教育界缺乏专门人才，"不得志的政客，穷无所归的人们，都来假教育机关，作他们的暂时栖身之所"，教育界的工作者不稳定、流动性较大等问题，提出教育应被视为专门的职业而进行职业化。他明确指出："所谓教育之职业化，严格解释起来，不但没有经过教育的理论和方法之陶冶者，不当阑入教育界，就是在教育事业的界限以内，也当各自安于自己部分以内的工作和问题，不应当任意逾越。"①不难看出，此时常道直所述的教育专业化，主要是加强教师专业队伍的专门化和稳定性，让外行远离教育领域，让内行常驻教育领域。

两年之后，常道直发表了《教育专业化》一文，对职业详加分析。他发现，职业可以分为行业与专业，前者即普通谚语所说的三百六十行的行业，后者还需具有三个要素：①对于某种专门知识之造诣，以别于一种单纯技能；②对实际事物之处理，以别于纯粹学理的研究；③以他人而应用此项知识为业以别于专为追求个人之目的者。② 教育应是专业化的职业。此后常道直用"教育专业化"替代了之前"教育职业化"的提法。后来，常道直直接将专业一词解说为，"专指那些需要高深专门学识的业务，并且需要从业者以其毕生时力去从事的在每一专业群众，对于所属的份子，应该具备的普通教育和专业训练，以及有关业务活动的规范，等等"。虽然此文与前文间隔时间不长，但反映出常道直对教育专业化的认识从专业组织层面转向专业人员的专业素质的讨论，直接引发了后来专门讨论教师专业道德的研究。

1930年，常道直再次撰文讨论教育专业的特质。他认为教育是高尚的专业。这是教育区别于其他专业的特质。教育作为高尚的专业，体现于：①教育活

---

① 常道直.教育事业之职业化[J].教育杂志,1923(4).
② 常道直.教育专业论[J].中华教育界,1925(12).

动的全部动机是爱儿童、爱人类；②短期内教育难见成效，故而教育者需要坚定的信心，不会中途摒弃教育工作；③教育者难得社会的感谢报答。真纯的教育者不望报偿。① 常道直的这番分析不仅得出了教育是高尚专业的结论，也显现了教育专业的道德特色。常道直的这三篇论文，步步深入，较为深入地研究教育专业及其特点，是笔者所见中国最早系统阐述教育专业化的文献，它表明中国在20世纪20年代就开始了教育专业化的研究，比后来国际组织倡导教育专业化更早。同时，他也看到了中国教育专业化与同期美国教育专业化所不同的地方，即当时的美国更多从提升教师经济待遇、社会地位的方面实施教育专业化，而常道直已开始从教师专业素质的角度，也就是从教育专业实践的品质层面思考专业化，这一方面，英美等国的研究较为晚出。常道直不仅撰文首提教育专业化命题，而且身体力行，在组织和制度层面推进中国教育专业化。在常道直及其他教育学者的积极推动下，当时的"中国教育学会"将教育专业化作为学会的时代使命：

> 中国教育学会既是具有全国性的教育学术团体，则必须积极负起责任：设法增进教师的专业知识与其他素质提高专业水准，以使从事教育工作的人员，均有深厚广博的训练基础，而不使未受专业训练，不及标准的或已转业的份子，滥竽或重入于教育专业的领域。同时又须努力提倡专业服务精神与道德，务使国内每一教育工作人员，能够敬业、勤业、乐业，对于教育事业具有真正信仰和抱负，能以毕生精力，贡献于教育事业。②

### （一）常道直的思想贡献

常道直对教育专业化的研究促成他关注专业道德，呼吁制定全国教育专业道德规约。常道直并非第一位倡导教师专业道德的学者，但是常道直基于教育专业整体的视角审视道德规约，其视野与意义远胜于其他学者。常道直不仅明确了教育专业道德规约含义，而且还特别指出教育专业道德规约应是全国教育界共同意志的集体表现。因此，他认为教育专业道德规约也可以被称为"教师公约"。③ 此外，常道直并非从约束教师行为的角度看待教师公约，而是从激发教

---

① 常道直.教育专业化的特质[J].国立中央大学学生会会刊，1930(1).
② 朱经农.中国教育学会的时代使命[J].教育杂志，1948(1).
③ 常道直.全国教师公约：今年教师节对于教师们之献言.教育通讯，1939(33).

师专业意识，维护教师专业自尊，实现教育同业自治等教育专业化的层面讨论教师公约，并认为教师公约的制定应自下而上由教师基层组织草创。也许这就是常道直大力提倡订立教师公约，同时译介美国教育协会教师公约，而对具体教师公约条目不置一词的原因。如同他后来所说的，他只是助产，而不代替生产教师公约。最终，他领导并亲自着手订立《全国教育专业道德规约》。对于当时的中国教育界而言，道德规约是新兴事物。人们对其内涵、功用，以及订立方式并不十分了解，更不知道道德规约对于教育专业化的重要意义。常道直系统阐述了他的主要观点，为全国教育专业道德规约的制定与传播奠定了思想基础。

### 1.教育专业道德规约是处理专业关系的基本原则

我国传统师德的规定主要涉及教师个体道德品格，其目的是希望教师示范优良道德品格，为学生提供模仿的榜样。而常道直的出发点却有所不同，他是从处理各种专业关系的视角界定道德规约的。他指出，"所谓教育专业道德规约（ethical code of the teaching profession）乃是指示教师们在各种关系及活动中所当信守之德义的和专业的原则。"它"必须依据健全的教育哲学与正确的教育科学，以简明有力的词语，条列教师对于国家、民族、儿童、家长、同工，行政人员以及一般社会之关系，并提示应付此类问题所应持之态度与所当根据之理想"①。常道直在其主持草拟的《全国教育专业道德规约》文本中，将道德规约表述为教育者"对于学生与社会""对于教育专业""对于教育界同仁"等专业关系的道德要求。

不可否认，常道直对于道德规约的理解深受美国教育协会的影响，②但并非仅此而已。常道直将专业道德规约的重心置于专业关系而非专业品格之上，是有深刻原因的。常道直不满于教育界内部明争暗斗，钻营奔竞，嫉贤害能，贪污植私等状况，对于当时中国教育界人事散乱，教师地位低下的局面忧心忡忡。他寄希望于制定与实施道德规约，明晰教育中各种关系与责任，加强教育团体的专业意识、责任感与自尊心，借由这种精神力量把全国各级教师、教育行政人员以及社会教育工作人员，凝成为一个伟大的专业团体。③《全国教育专业道德规约》文本中也明确指出制定规约是为了挽救当前教育界颓风，加强教育专业组织力量。不难看出，常道直的观点有别于传统师德观，他将师德的重心从教育者个体的道德品格转向教育团体的专业精神，他将师德形成的重点从教育者个人的

---

① 常道直.全国教师公约：今年教师节对于教师们之献言.教育通讯,1939(33).
② 朱炳乾."全国教育专业道德规约"草案[J].教育杂志,1948(3).
③ 常道直.教师节与教师公约[J].教育通讯,1948(12).

修养转向教育团体的自律。从这一点来看,常道直积极推动师德从教育者个人一般道德到教育团体的专业道德的转型,无愧为近代中国教育界研究教育专业道德的第一人。

### 2.订立道德规约是促进教育专业化的民主路径

常道直认为,提升教师的社会地位,依赖于教育职业的专业化。他在详考英美等国教育专业化状况之后指出,"要把教育工作从一种'行业''艺业'提升到专业地位须靠教育工作者自身之集体的努力"。① 而专业集体的努力须借助于集体内部成文或不成文条规的指导与约束。他说"在旧的教育制度下,一般为师者当中确存在着一套共同信守的不成文的专业道德规条,他们借着这保存其清高的地位并且赢得一般社会之尊敬。新教育制度代兴以来,旧的规约早已被自然淘汰,我们也毋庸为之惋惜,目前的需要,是如何适应新时代的要求。以集体的力量来提高并保持教育专业道德的水准,俾能在中国现代化的大业中发生领导或示范的作用?"②对于整个行业的专业化必须借助于共同信守的成文条规的订立与传播,以此提升业内人士的专业意识。

然而,常道直深感当时的教育界人员相互倾轧,不择手段,或者不辨是非,置身事外,全然不见教育专业意识。他说:"在专业意识自主精神几于全然不存在的现实下,而觍颜高谈教育专业化岂非一个绝大的讽刺。"③一般人寄希望于建立法定的教育人事制度来改变现状,但是常道直认为,徒法不足以自行。"在缺乏专业意识或自觉之教师群中,纵有极详备之法令规章,也不过在业已膨胀的法令全书中再增添几张印有黑字的白纸罢了"。单靠成文的法规不足以促进教师专业化,依靠教育团体的力量净化教师群体,教师群体以教师专业道德规约为行动指南,教育专业精神的形成就获得了坚实的基础。④

对此,常道直认为,在当时特殊历史时期,教育学术团体以自身能力能做到的就是建立教育专业道德规约,它"如能被教育界同仁当作行动的指针,则教育专业精神之形成,即已获有坚实的基础"⑤。总之,对于常道直来说,促进教师专业化,须形成教育专业组织,而建设专业自治的教育专业团体,需要订立共同信守的教育专业道德规约,以此明晰教育专业精神,加强教育专业意识,约

---

① 常道直.如何促成教育之专业化[J].教育杂志,1948(4).
② 常道直.教育风气与教育团体[J].教育杂志,1947(1).
③ 常道直.如何促成教育之专业化[J].教育杂志,1948(4).
④ 常道直.如何促成教育之专业化[J].教育杂志,1948(4).
⑤ 常道直.如何促成教育之专业化[J].教育杂志,1948(4).

束从业者言行,维护专业团体利益,赢得较高社会地位。简言之,以专业道德规约教育者,建立自治的教育组织,是"达成中国教育专业化的一条最现实的最民主的途径"①。

### 3.道德规约有助于"同业自治精神"的培育

常道直认为:"一种专业之维系必须以存在于同业者的意识和自律的精神为其根基。"②要使中国教育达到专业水平,须发展一种"同业自治精神",将服务教育界的人士组成强固的团体,共同制定学识与技能标准,规范教育团体资格。要实现这种专业化,专业意识和自主精神起着关键性作用。常道直考察了当时国内的教师任用制度。他发现,校长由行政任用、教师由校长聘任,校长和教师都处于不稳定状态,因此教育专业精神难有发展的可能。

常道直认为教师的专业意识与自律精神是教师专业化的基础。发展专业意识和专业精神,教师团体必先做好自洁工作,转变教育风气。转变教育风气虽可通过教育制度的更张来实现,但大部分的责任应落到教师群体之上。教师必先尊重自己,推而及于他人,才能获得尊重。人必自尊而后人尊之。"如果教育界以内不能根绝明争暗斗,钻营奔竞,嫉贤害能,贪污植私等等风气,那就难怪自家不为人所尊重了。"③建立道德规约的目的就是通过教育团体的共同努力,自除污垢,洁净本体,实现自律自强,赢得社会的认可与尊重。因此,常道直强调教师专业道德规约是教师集体意志的具体表现,也是教师集体实现专业自律的手段。制定教师专业道德规约的目的是着眼于提升教师的专业意识,提高教师责任心与自尊心,借由这种精神力量把全国各级教师、教育行政人员以及社会教育工作人员,凝聚成一个伟大的专业团体。

正是由于常道直坚持道德规约出于自律目的,他反对将道德规约分散设置到教育法规中,他认为法规与公约不同,法规是国家权力意志的表现,对教师而言是他律的。道德规约是教师集体意志之自由表现,教师对道德规约的信守,完全出于自律的精神。通常法规仅规定有关外表的事项,道德规约则更进一步涉及教师专业的理想和态度,这完全要靠教育从业人员以自强不息的精神相互策励才能维系。法规在这方面是无能为力的。

同业自律也是为了防止不适宜的份子混迹教育界,常道直认为这需要教师专业团体共同厘定一个"检疫"的办法。内容至少包含两款:①凡曾担任公司职

① 常道直.教师节与教师公约[J].教育通讯,1948(12).
② 常道直.如何促成教育之专业化[J].教育杂志,1948(4).
③ 常道直.尊师与教师自尊[J].教育通讯,1947(32,33).

务而贪污渎职有据,或危害国家民族之利益者,一律不得担任教育职务。此等人中当不乏能痛自悔改者,但可在其他业务上力图自新,绝不宜担任教职。②凡不由正常途径而攫取其某种教育职务者,虽为主管当局所容忍,教师专业团体方面仍应不予承认。教育团体对其所属成员资格出处之审定,乃其分内所有事。学历、教学经验及著述为审定资格之唯一依据。教学以外之职务或经验绝对不能作审定教师资格之替代品。① 常道直提出这样的要求,无非是通过教师团体自纠自新,使教师专业赢得社会信任,从而提升社会地位。由此不难看出,常道直所谓的教师专业化是由内而外的自我更新式发展。也因此,他从不将道德规约视为外在于教师、外在于专业的管理工具,而是视为促进教师专业自我发展的方式。

### 4.制定全国教师专业道德规约应采取自下而上的方式

常道直认为:"教师专业道德规约乃是本于教师自身的要求,由教师们自行制定并凭着教师们自己的力量自动践履的。"②他不仅希望全国教师专业道德规约既是中国教育学会内部处理专业问题的准则,也希望能被大多数教师所能接收,形成教师专业风气。因此,道德规约的制定方式应是自下而上的。教师基层组织是道德规约草拟、讨论与批评的基本单位。由县、省通往全国教育组织,目的是唤醒教育同工的专业意识,提升他们的自尊心和责任心,形成一种专业精神力量。因此,全国性的教育学术团体不应主宰道德规约的制定,使之变为控制教师的管理工具,而应居于"辅佐与统整的地位",即帮助梳理、论证、表述道德规约。在这个意义上,常道直说中国教育学会的作用是助产全国教师专业道德规约的诞生。

为此,常道直提出了草拟《全国教师专业道德规约》的三项要点:一是全国教育专业道德规约必须依据健全的教育哲学与正确的教育科学,以简明有力的词语,条列教师对于国家、民族、儿童、家长、同工,行政人员以及一般社会之关系,并提示应付此类问题所应持之态度与所当根据之理想。二是在订立全国专业道德规约的程序上,须遵循由下而上,不可为自上而下的原则,使道德规约不会变为具文。因为这种方式使教师能参与公约的制定过程,使得教师不仅深切地理解具体条规,更使教师认识到道德规约出自教师集体意志,绝非限制教师自由的外来桎梏。三是在制裁方式上,为了保证道德规约的严肃性,对

---

① 常道直.如何促成教育之专业化[J].教育杂志,1948(4).
② 常道直.教师节与教师公约[J].教育通讯,1948(12).

于违背约章,而未触犯国家法令者,应由合法的教师团体予以制裁,以维护同业自治的纪律。①

### (二)常道直的研究局限

常道直长期致力于教师专业化和教师专业道德规约的研究,促成了中国近代第一份全国教育专业道德规约的诞生,开启了中国教师专业道德建设与研究的新篇章。但是其自身的不足与历史局限也是值得重视。

#### 1.本土问题观照不够

常道直作为比较教育学者,有其自身的学术优势,善于捕捉世界教育发展的动态,及时从美国教育协会那里学习借鉴教师专业伦理规范建设的经验。美国教育协会的教师专业伦理规范的文本体例与内容,在《全国教育专业道德规约》中被大量移植。虽然,当时中美教育存在诸多共同的问题,比如,两国当时都存在"学风败坏""教师行为失范"的现象,并且同时缺少具有权威性、指导性的规范条例来引导教师们什么是正确的、有道德的行为,因此,他们需要"挽救当前教育界颓风""使教师知晓何为恰当程序"。合理借鉴美国成果的经验,确实也能在一定程度上解决当时中国教育界的沉疴积弊。但是当时中国教育界的现状与美国存在较大的差异,仅从中国教育学会的发展来看,当时的中国教育学会历经战乱之后虽有所发展,但其规模仍然较小,且多为教育学术界人士加入,希望借助这一个学会的力量去改变当时中国教育界教师道德失序状况,恐怕只能是杯水车薪。

#### 2.专业道德研究有待深入

常道直虽然将教师专业道德规约界定为指导教师行为的德义和专业原则,但是从其研究来看,他似乎重在专业而非道德,偏重于制定约束教师行为的专业行为条规。比如,《全国教师专业道德规约》中26个实质性条款中使用"不"字的否定性条规就占到了16条。再如,常道直侧重通过加强教育团体的制裁来约束专业成员,较少论及依靠师德教育与宣传的方式,引导教师专业道德的发展。尽管《全国教师专业道德规约》中出现了"公平""尊重"等道德词汇,但是作为教育专业领域内的专业道德,教育活动中的专业道德问题并没有得到体现。此外,作为教育专业的道德与一般道德是否存在区别? 有何区别? 作为专业道德,师德

---

① 常道直.全国教师公约——今年教师节对于教师们之献言[J].教育通讯,1939(33).

与其他专业道德,如医师、律师有何区别?这些问题都没有得到深入的探讨。不难看出,无论对教育专业的道德性,还是道德的专业特点,常道直均着墨其少。最后,中国师道师德传统的创造性转化存在不足,不仅常道直在论著中没有涉及传统师德的探讨,也难以从《全国教师专业道德规约》之中窥见对中国优秀教师专业伦理规范的继承。

### 3.对《全国教师专业道德规约》的作用过于乐观

常道直制定《全国教师专业道德规约》的目的是着眼于提升教师的专业意识,提供教师责任心与自尊心,借由这种精神力量把全国各级教师、教育行政人员以及社会教育工作人员,凝聚成一个伟大的专业团体。然而,仅仅通过一个道德规约及教育团体加盟者的内部自律与制裁,是难以达成上述使命的。

首先,当时的中国教育学会只是一个以学者居多的教育学术团体,并非是在中小学教师群体具有相当影响的组织,也不是掌握诸如教师资格许可等专业自治权力的组织。广大中小学教师群体既没有加盟该组织,在专业上也不受该组织的管理,仅仅通过一个教育学术团体带动整个教师群体的专业意识与精神的发展谈何容易。

其次,这种教师团体约束力实质上是一种道德约束力。其力量主要来自三个方面:一是由专业信念与专业精神所产生的感召力,二是由教育团体内部道德舆论所形成的群体压力,三是教育团体内部纪律维护机构具有的惩治权力。莫仲义指出,教育专业道德规约须"有相当的约束力",没有约束力的规约"决不惹人重视",而这些"道德的约束力,当它尚未形成一种'权威'的时候,其力量是很有限的"。[①] 这种权威的形成需要外部社会条件的支持与保障,在当时社会道德颓废、教师道德滑坡的社会境况下,仅仅依靠几条道德规约来改变这个专业群体的面貌的希望是渺茫的。

最后,《全国教师专业道德规约》所涉及的约束力仅限于"规劝""谴责"和"开除会籍"。而开除会籍依赖于"全体会员决议"。惩办对象是会员而不是教师,即使是教师,也最多只能予以开除会籍的处分,并不能影响其教职。

然而,瑕不掩瑜,我们不能苛求前人的研究尽善尽美,常道直作为近代中国教育专业道德首批研究者和中国第一份全国教育专业道德规约的制定者,其思想与业绩是值得后人铭记及深入研究。

---

① 编者.今日教育短评[J].教育学术,1948(2).

## 第二节　新中国成立后《中小学教师职业 道德规范》的制定与修订

新中国建立之后,人民教师地位提高,教师队伍素质加强,社会主义教育事业蓬勃发展。改革开放以后,在加强物质文明建设的同时,重视社会主义精神文明建设,全社会掀起了"五讲四美三热爱"活动热潮。广大教师从自身出发、从岗位出发,不断加强自身道德修养,有力地助推了社会主义精神文明建设,也积累了师德建设的经验。教育部和全国教育工会在总结经验的基础上发布了新中国首个教师专业伦理规范——《中小学教师职业道德要求》,此后近四十年里,这部规范道德经过修改和完善,为推动师德建设起到了积极的作用。

### 一、《中小学教师职业道德规范》的演进阶段

自 1984 年起,中国教育部和全国教育工会先后制定和修订《中小学教师职业道德规范》(以下简称《道德规范》),在继承优秀师德传统的基础上,适应时代发展需要,不断调整和优化《道德规范》内容,加强《道德规范》的针对性和实效性,使之成为全体教师普遍认同的职业行为准则。从《道德规范》的功能方面来看,《道德规范》的发展过程表现为以下几个阶段。

(一)初创阶段:继承为人师表传统

我国有着悠久的师德传统,强调"教者必以正"(孟子)"师者,人之模范也"(扬雄),看重教师言行对学生的表率作用,形成了将为人师表作为教师首要素养的优秀师德传统。这一传统延续到改革开放初期,奠定了新中国首部教师专业伦理规范的思想基础。1981 年 2 月 25 日,全国总工会、共青团中央等九单位联合向全国人民特别是青少年发出倡议,开展以"五讲"(讲文明、讲礼貌、讲卫生、讲秩序、讲道德)和"四美"(心灵美、语言美、行为美、环境美)为主要内容的文明礼貌活动。在这个活动过程中,许多教师主动垂范,做学生的表率。1981 年 12 月 28 日,出席全国中小学工会思想政治工作经验交流会的全体代表,向教育工作者发出了关于建设社会主义精神文明,开展"五讲四美"为人师表活动的倡议书,提出教师"要在文化修养、思想境界、道德情操各方面真正成为青少年学生的表率",并提出了四项要求:

1.热爱党,热爱社会主义祖国,热爱教育事业,热爱学生;

2.教书育人,全面贯彻党的教育方针,关心全体学生的健康成长;

3.勤奋学习,精通业务,改进教学方法,提高教学质量;

4.道德高尚,严以律己,言传身教,为人师表。①

　　党十二大提出,把建设社会主义精神文明作为今后一个长时期要抓的重要工作,并且明确提出在各行各业加强职业责任、职业道德、职业纪律的教育的要求。时任中央书记处书记的习仲勋同志到会听取了代表们的汇报,并肯定了这一倡议,指出:"教师要成为建设社会主义精神文明的表率,这个提法很好。把全国两亿多青少年教育好,这是带有战略性的大事。"教育部很快发出了《关于支持开展"五讲四美"为人师表活动的倡议书的通知》。通知希望教育工作者都能做到倡议书中提出的四项要求。1982 年 5 月和 7 月全国教育工会先后在无锡和北京召开经验交流会之后,为人师表活动进入了以开展教师职业道德为中心内容的阶段。时任全国教育工会主席的方明同志应中央人民广播电台之约,撰写了《谈谈教师职业道德》。《教工》月刊开展了关于师德问题的讨论,各地教育工会纷纷组织教师学习讨论,举办讲座、报告、编印学习资料。特别是树立和宣传先进典型,进行师德教育。在这一阶段的为人师表活动中,各地自觉制定各种"教师专业伦理规范""爱生公约""教师守则"等,并进行定期检查、评比。② 1983年 4 月由教育部、全国教育工会在北京召开全国"五讲四美"为人师表活动先进代表会议。会议总结了开展"五讲四美"为人师表活动一年来的成绩和经验,其中指出,教师的精神面貌发生了变化,教师热爱学生、教书育人,简单、粗暴、体罚和变相体罚学生的现象显著减少,教师以共产主义道德来规范自己的言行,以身作则,对学生、对社会都产生良好的影响。③ 在教育战线总结开展"五讲四美"为人师表活动经验的基础上,1984 年 10 月,教育部、全国教育工会颁布了新中国首部教师职业道德规范——《中小学教师职业道德要求(试行草案)》。④ 颁布这部规范的目的是,借此加强师德教育,进一步加强教师队伍的思想建设,提高教

---

① 张健.建设社会主义精神文明开展"五讲四美"为人师表活动倡议书[M]//中国教育年鉴(1982—1984),长沙:湖南教育出版社,1986:358.

② 张健.中国教育工会[M]//中国教育年鉴(1982—1984),长沙:湖南教育出版社,1986:353-355.

③ 张健.全国"五讲四美"为人师表活动先进代表会议[M]//中国教育年鉴(1982—1984),长沙:湖南教育出版社,1986:103.

④ 王振川.教育部和全国教育工会联合颁发《中小学教师职业道德要求(试行草案)》并发出通知[M]//中国改革开放新时期年鉴 1984,中国民主法制出版社,2015:760.

师的社会主义觉悟和共产主义道德情操,以此直接影响学生的健康成长。

《中小学教师职业道德要求(试行草案)》

(1984 年 10 月 13 日国家教育部和全国教育总工会发布)

一、热爱社会主义祖国,热爱中国共产党,热爱社会主义,热爱人民的教育事业。

二、执行教育方针,遵循教育规律,面向全体学生,教书育人,培养学生德、智、体全面发展。

三、认真学习马列主义、毛泽东思想、学习科学文化知识和教育理论,钻研业务,精益求精,勇于创新。

四、热爱学生,了解学生,循循善诱,诲人不倦,不歧视、讽刺、体罚学生,建立民主、平等、亲密的师生关系。

五、奉公守法,遵守纪律;热爱学校,关心集体;谦虚谨慎,团结协作;与家长、社会紧密配合,共同教育学生。

六、衣着整洁,举止端庄,语言文明,礼貌待人,以身作则,为人师表。

这部规范共计 6 项条目。第一、三条体现了对教师的政治思想要求,第二条表述了当时的教育方针政策,第四、五、六条提出了对教师职业行为的具体要求,具体分为三个部分,第四条主要是针对学生的教师职业行为,第五条主要涉及对教育职业负责的教师职业行为,第六条则着重于教师自身修养的行为要求。总体而言,这部规范具有较强的政治导向性,也反映中国传统师德的要义,以及当时社会对教师的总体性期望。实施这部规范办法主要是开展师德教育,提高教师加强师德修养的自觉性,也要求师范院校将教师职业道德要求作为向学生进行思想政治教育的一项重要内容。①

1984 年《关于经济体制改革的决议》发布,中国进入社会主义市场经济发展时期。1991 年,国家教委、全国教育工会对教师道德要求做出更名与修订,正式发布颁布《中小学教师职业道德规范》。新版规范的条目数量不变,体例与表达方式不变。变更之处有三:一是对教师的政治要求进行归并,置于第一条目;二是调整教师对学生的职业道德义务的表达方式,即将之前从师生关系的角度转变为从教师应遵循的职业道德原则的角度,表述教师职业道德行为要求;三是删

---

　　① 张健.关于中小学教师职业道德要求[M]//中国教育年鉴(1982—1984).长沙:湖南教育出版社,1986:83.

除了"培养学生德、智、体全面发展""与家长、社会紧密配合,共同教育学生的要求"等内容。这些内容似乎属于教育方针政策或学校教育手段范围的要求,剔除它,有助于凸显规范的道德属性。除此之外,新版规范附有贯彻落实规范的七点说明,强化规范的具体使用。新规范的公布通知中再次强调,师范院校(含教师进修院校)应将《道德规范》与学校的培养、培训目标结合起来,贯彻落实到学校教育、教学活动中。学校党组织要把职业道德教育列入教师思想政治工作的计划。① 自此,新中国首部教师专业伦理规范正式定名为《中小学教师职业道德规范》,并沿用至今。

### 《中小学教师职业道德规范》
**(1991年8月13日国家教育委员会和全国教育工会颁布)**

一、热爱社会主义祖国,拥护中国共产党的领导,学习和宣传马列主义、毛泽东思想,热爱教育事业,发扬奉献精神。

二、执行教育方针,遵循教育规律,尽职尽责,钻研业务,精益求精,实事求是,勇于探索。

三、面向全体学生,热爱、尊重、了解和严格要求学生,循循善诱,诲人不倦,保护学生身体健康。

四、热爱学校,关心集体,谦虚谨慎,团结协作,遵纪守法,作风正派。

五、衣着整洁、大方,举止端庄,语言文明,礼貌待人,以身作则,为人师表。

这一阶段的教师专业伦理规范建设突出师德的育人功能,强调用教师专业伦理规范加强师德教育。这与我国的师德传统有着密切联系。在古人看来,教师工作的首要任务是传道,且是以身传道。不同时期所传递的道德内容有所不同,但教师以身传道的思维方式基本不变。第一份教师专业伦理规范的订立,其重要意义不只是开创性地制定了第一份官方教师专业伦理规范文件,更是强化育人是教师的第一职责,用教师专业伦理规范引导师德教育,初步形成了中国特色教师专业伦理规范。"凡是教育学生要办到的,自己一定要办到,首先办到;凡是要求学生不做的,自己一定不做,绝不去做。如果自己的言行不一,说得头头是道,做的是另外一套,其结果必然是自己丧失威信,也败坏了教育的声誉,贻误

---

① 张保庆.国家教委、全国教育工会关于颁布《中小学教师职业道德规范》的通知[C]//中国教育年鉴(1991),北京:人民教育出版社,1993:754-755

青少年的成长和发展。"①制定和推行教师专业伦理规范,需提高教师政治觉悟,加强道德修养,端正教育思想,从而以教师自身的模范行为去教育学生的契机。

### (二)转型阶段:加强师德行为管理

20 世纪 90 年代初期,受市场经济影响及不良社会风气的袭扰,一些教师滋生了拜金主义、享乐主义、个人主义思想,教师有偿家教、以职务谋私利的现象时有发生,损害了人民教师形象,给教育事业带来不良影响。加强教师的师德管理成为不容忽视的重要议题。为积极应对市场经济背景下的教育新问题,教育法治建设得到加强,《中华人民共和国未成年人保护法》《中华人民共和国教师法》(以下简称《教师法》)《中华人民共和国教育法》等教育法规相继出台,1993 年,《教师法》出台,首次在法律层面明确"教师是履行教育教学职责的专业人员"。《教师法》将教师遵守职业道德,为人师表,关心、爱护全体学生等纳入法律条文,为理解与使用教师职业道德规范提供了法律依据。受此影响,1997 年,国家教委、全国教育工会根据《教师法》再次修订《中小学教师职业道德规范》时指出,1997 年《中小学教师职业道德规范》的许多内容是《教师法》条文的具体化,使用《中小学教师职业道德规范》建立和完善中小学教师职业道德考核、奖惩机制,把职业道德作为考核教师工作的重要内容和职务聘任的重要依据。

《中小学教师职业道德规范》首次明确提出"依法执教"的条目,要求"教师要根据法治原则研究依照法律规定开展教育教学活动"。教师专业伦理规范融入了法治精神,《教师法》与新的《中小学教师职业道德规范》在内容上相互融入,趋向于用法律的语言表述教师专业伦理规范。具体而言,就是用"不""不得"等字词描述禁止性的教师行为。具体而言,《道德规范》在内容上突出"教师职业道德特点和对教师应具有的政治思想和道德品质等方面的行为要求",将爱岗敬业、教书育人和为人师表作为《道德规范》核心,同时增加"廉洁从教"的条文,以此应对新时期的师德问题。《道德规范》在表述上,设置了诸如"不得有违背党和国家方针、政策的言行""不训斥、指责学生家长""不利用职责之便谋取私利"等禁令式条文,对防止出现的道德行为做出规范,更符合实际情况,更明确,更便于操作。除此之外,《道德规范》从八个方面梳理归纳条文,并在每一个方面提炼了一个四字词作为统领,起到了提纲挈领、醒目易记的作用。

---

① 　曾德林.教书又育人 开创新局面[J].人民教育,1983(4).

## 《中小学教师职业道德规范》①
### （1997 年 8 月 7 日修订）

一、依法执教。学习和宣传马列主义、毛泽东思想和邓小平同志建设有中国特色社会主义理论，拥护党的基本路线，全面贯彻国家教育方针，自觉遵守《教师法》等法律法规，在教育教学中同党和国家的方针政策保持一致，不得有违背党和国家方针、政策的言行。

二、爱岗敬业。热爱教育、热爱学校，尽职尽责、教书育人，注意培养学生具有良好的思想品德。认真备课上课，认真批改作业，不敷衍塞责，不传播有害学生身心健康的思想。

三、热爱学生。关心和爱护全体学生，尊重学生人格，平等、公正对待学生。对学生严格要求，耐心教导，不讽刺、挖苦、歧视学生，不体罚或变相体罚学生，保护学生合法权益，促进学生全面、主动、健康发展。

四、严谨治学。树立优良学风，刻苦钻研业务，不断学习新知识，探索教育教学规律，改进教育教学方法，提高教育、教学和科研水平。

五、团结协作。谦虚谨慎、尊重同志，相互学习、相互帮助，维护其他教师在学生中的威信。关心集体，维护学校荣誉，共创文明校风。

六、尊重家长。主动与学生家长联系，认真听取意见和建议，取得支持与配合。积极宣传科学的教育思想和方法，不训斥、指责学生家长。

七、廉洁从教。坚守高尚情操，发扬奉献精神，自觉抵制社会不良风气影响。不利用职责之便谋取私利。

八、为人师表。模范遵守社会公德，衣着整洁得体，语言规范健康，举止文明礼貌，严于律己，作风正派，以身作则，注重身教。

1997 年修订的《道德规范》体现了对中小学教师应具有的道德品质和职业行为的最基本要求，核心是爱岗敬业、教书育人和为人师表。《道德规范》"是通过对教师在学校生活中经常涉及的及防止出现的道德行为做出的规范，确定了每个教师在学校工作中必须遵守的道德基本原则和应该做到的道德行为"②。其后，教育部于 2000 年发布《关于加强中小学教师职业道德建设的若干意见》，

① 郑树山.中小学教师职业道德规范(1997 年 9 月 1 日国家教委、全国教育工会重新发布)[M]//中国教育年鉴 1998.北京:人民教育出版社,1998:931.

② 国家教委、全国教育工会.关于重新颁发《中小学教师职业道德规范》的通知,教基[1997]13 号。

再次强调师德建设必须以《教师法》为依据,补充一批禁令式的师德规则:

不得有违背四项基本原则和国家法律法规的言行。

不宣扬封建迷信和歪理邪说,不参加邪教活动。

不讽刺、挖苦、歧视学生,不体罚或变相体罚学生。

不强制学生购买教学辅助材料,不向学生推销商品,不向学生和家长索要财物,不利用职务谋取私利。

不赌博,不酗酒,言行不违反社会公德。

不公开排列学生的考试名次,不单纯以学习成绩评价学生。

不指责、训斥学生家长。

不做有损集体荣誉和不利同志团结的事。①


(三)深化阶段:完善师德治理体系

进入 21 世纪,社会主义道德建设受到重视。《公民道德建设纲要》的发布,不仅明晰了公民道德建设的使命,而且明确提出了社会主义职业道德的五个主要规范:爱岗敬业、诚实守信、办事公道、服务群众、奉献社会。其中,爱岗敬业是社会主义职业道德最基本、最起码、最普通的要求②。在 2007 年 8 月 31 日全国优秀教师代表座谈会上,国家主席胡锦涛同志提出了四点希望:"一是希望广大教师爱岗敬业、关爱学生。二是希望广大教师刻苦钻研、严谨笃学。三是希望广大教师勇于创新、奋发进取。四是希望广大教师淡泊名利、志存高远。高尚的师德,是对学生最生动、最具体、最深远的教育"。③ 2008 年 5 月 12 日,四川汶川发生特大地震,灾区教师临危不惧,全力以赴抢救学生,用爱与责任践行了新时期教师的高尚职业操守,涌现出一批英雄教师。与此同时,少数教师的不当言行也影响了教师在人民群众心中的形象。为此,2008 年 9 月 1 日,教育部、中国教科文卫体工会全国委员会在广泛征求意见的基础上,再次修订和印发《中小学教师职业道德规范》。

---

① 教育部.关于加强中小学教师职业道德建设的若干意见,2000-8-15.

② 中共中央宣传部宣传教育局.《公民道德建设实施纲要》学习读本[M].北京:学习出版社,2001:121.

③ 胡锦涛.在全国优秀教师代表座谈会上的讲话[M].北京:人民出版社,2007:1.

## 《中小学教师职业道德规范》①
### （2008 年修订）

一、爱国守法。热爱祖国，热爱人民，拥护中国共产党领导，拥护社会主义。全面贯彻国家教育方针，自觉遵守教育法律法规，依法履行教师职责权利。不得有违背党和国家方针政策的言行。

二、爱岗敬业。忠诚于人民教育事业，志存高远，勤恳敬业，甘为人梯，乐于奉献。对工作高度负责，认真备课上课，认真批改作业，认真辅导学生。不得敷衍塞责。

三、关爱学生。关心爱护全体学生，尊重学生人格，平等公正对待学生。对学生严慈相济，做学生良师益友。保护学生安全，关心学生健康，维护学生权益。不讽刺、挖苦、歧视学生，不体罚或变相体罚学生。

四、教书育人。遵循教育规律，实施素质教育。循循善诱，诲人不倦，因材施教。培养学生良好品行，激发学生创造精神，促进学生全面发展。不以分数作为评价学生的唯一标准。

五、为人师表。坚守高尚师德，知荣明耻，严于律己，以身作则。衣着得体，语言规范，举止文明。关心集体，团结协作，尊重同事，尊重家长。作风正派，廉洁奉公。自觉抵制有偿家教，不利用职务之便谋取私利。

六、终身学习。崇尚科学精神，树立终身学习理念，拓宽知识视野，更新知识结构。潜心钻研业务，勇于探索创新，不断提高专业素养和教育教学水平。

这次修订强调《道德规范》的道德属性和功能，促进《道德规范》回归本位。首先，《道德规范》是教师职业道德最基本准则，不是对教师的全部道德行为和教育教学工作的要求，不能取代学校的其他各项规章制度。教师职业道德的核心和灵魂是爱与责任。二者统领《道德规范》条目的设置。其次，《道德规范》对教师的职业道德起指导作用，是调节教师与学生、教师与学校、教师与国家、教师与社会相关关系的基本行为准则。

经过这次修订之后的《道德规范》深化了师德长效治理体系的建立。首先，从师德文件来看，出现了由单一文件向组合文件的拓展。具体而言，就是以往中小学教师专业伦理规范仅由《道德规范》一份文件构成，目前已拓展为以《道德规

①　教育部师范教育司.中小学教师职业道德规范[M].北京:高等教育出版社,2008:1.

范》为中心,配套《关于建立健全中小学师德建设长效机制的意见》(2013 年 9 月)、《中小学教师违反职业道德行为处理办法》(2014 年 1 月)等师德实施机制文件,补充《严禁中小学校和在职中小学教师有偿补课的规定》(2014 年 7 月)、《严禁中小学校和在职中小学教师有偿补课的规定》(2015 年 6 月)等某类教师失德行为惩处文件而形成了教师专业伦理规范体系。这种教师专业伦理规范体系强调了《道德规范》是有关师德的统一的、总体性的最基本要求,突出了《道德规范》的指导功能,起到了规范全体中小学教师职业行为的目的,同时通过补充文件,反映不同时期、不同阶段出现的师德新问题、新的处理办法,增强了教师专业伦理规范的针对性、具体性和适应性。其次,从教师专业伦理规范的类型来看,出现了由单一规范向两类规范的拓展。具体而言,就是突破一味强调《道德规范》是《教师法》等法律法规相关条文的具体化,过度重视设置师德底线的认识局限,强调《道德规范》不是强制性法律,而是教师行业性的纪律,是倡导性要求,提出《道德规范》应结合倡导性师德要求与禁行性师德规定。最后,从教师专业伦理规范的实施看,出现了由单一机制向双重机制的拓展。具体而言,就是坚持自律与他律相结合。在继续加强师德宣传、师德教育,以期增进教师师德自律意识的同时,拓展延伸师德他律机制,建立以教育行政部门、学校为师德惩戒主体的违反师德的处置机制。

## 二、《中小学教师职业道德规范》的演进特点

教师专业伦理规范是指教师在从事教育教学这一专业工作时应该遵守的基本伦理规范和行为准则,它强调客观方面,是要求全体教师都应遵循的基本规范,以保障服务对象的利益与维护专业的社会地位,教师专业伦理规范的专业化实质是强化教师的专业伦理。徐廷福指出,教师的专业伦理是依照社会赋予教师的基本角色和教师在整个社会分工中担负的主要职责确定的,其实质是一种角色伦理。教育专业工作的特点也因此可以总结为:专业工作目的是培养人、促进受教育者的健康成长;专业服务工作的对象是成长之中的儿童青少年;教师以自己的知识和道德为手段影响学生。比较我国的四版《中小学教师职业道德规范》,可以看到以下几个方面正在体现其专业化发展的趋势。

### (一)底线道德凸显

在当代价值多元的社会中,伦理道德的一个重要特性就是基础性,即"底线道德"。而职业道德也是如此,道德底线虽不是道德的全部,但是它是基础;虽然

是基础,但是相较于道德理想却又有其有优先性。① 当面对全体从业人员时,只有满足了基础性的道德才是适用而恰当的。而过于强调道德理想的职业规范会让从业人员产生敬畏感和距离感,在现实中不利于对教师专业行为的指导。

作为道德的最低要求限度的界限,底线道德主要体现在告诉人们什么是有所不为。因此,作为一本职业道德规范,其意义除了告诉教师什么应该做到(道德理想),也应该明确指出在职业范围内什么事是不应该触犯的(道德底线)。从第一版规范到第三版规范,其均对教师提出了"发扬奉献精神"的要求,而在最新版的规范中,这一要求变为"乐于奉献"。第一版和第二版中除了提到不得"歧视、讽刺、体罚学生"外,其他规范与其说是对教师的要求,不如说是"期望"。而从第三版开始,越来越多的规定出现"不得"的字眼。第三版要求"不得有违背党和国家方针、政策的言行""不敷衍塞责,不传播有害学生身心健康的思想""不讽刺、挖苦、歧视学生,不体罚或变相体罚学""不训斥、指责学生家长""不利用职责之便谋取私利"。第四版中前五条含有"不得"。"不得有违背党和国家方针政策的言行"、对工作"不得敷衍塞责"、对学生"不讽刺、挖苦、歧视,体罚或变相体罚""不以分数作为评价学生的唯一标准",同时"不利用职务之便谋取私利"。这说明规范越来越多地向"道德底线"靠拢,越来越明确地告诉教师何为"不可为""不可违"。

(二)操作性增强

职业道德规范能起到工作指导手册的作用。从 1984 年到 2008 年中四版规范的变化显示,教师参考其指导作用时的操作性在逐步增强。这一变化体现为规范的内容更加贴近教师的专业活动。除了上述提到的在新版规范中明确了教师这一职业的道德底线,规范中对教师的要求也在细致化和具体化。以教师如何处理教学活动中的师生关系为例,在第一版中只是提到"热爱学生,了解学生,循循善诱,诲人不倦,不歧视、讽刺、体罚学生,建立民主、平等、亲密的师生关系"。虽然这是一个老师应该要做到的,但是如何做到,上述规范要求却没有说明。怎样去热爱和了解一个学生呢? 不歧视、讽刺、体罚学生就能建立起民主平等和亲密的师生关系吗? 至于"循循善诱,诲人不倦"更是一个比较"虚幻"的目标。严格来说,这样的规范只给教师指出了大的框架和方向,而缺乏实际指导。具体做法还需要教师自己从实践中摸索。第二版虽然依然用到了"循循善诱,诲人不倦"的字眼,但是增加了"了解和严格要求学生,保护学生身体健康"的要求。

---

① 何怀宏.伦理学是什么[M].北京:北京大学出版社,2002:90.

相较于第一版笼统的要求,教师显然更能从这样的字眼中找到对自己专业活动的指导。而从第三版开始,第一条到第八条每一条规范都是以一个四字短语统领全文,后面是具体的要求和做法。无论后面的具体内容是否紧扣前面的四字短语,但至少编纂者开始注意到在版面格式上使规范更加明了,从而使教师能够一目了然,更易于操作。而在规范的内容上则更加具体化,如第三版提到的"认真备课上课,认真批改作业,不敷衍塞责,不传播有害学生身心健康的思想",这就是很具体的要求。到了第四版这一趋势仍在延续。除了以一个四字短语统领全文外,更在最后指明在这一领域内的道德底线。从内容看,以执行教学活动内容为例,规范中规定教师应该"认真备课上课,认真批改作业,认真辅导学生。不得敷衍塞责",同时"实施素质教育,不以分数作为评价学生的唯一标准"。只有尽量细化和具体化,规范对教师的实际意义才能加显著。

（三）专业特点突出

一本职业道德规范,最能体现其专业化程度的地方就在于内容上与职业特点相符合的规范要求。一本成熟的教师职业道德规范,必须明确教师和教书育人这两个基本要素。对比四版教师专业伦理规范,可以看到职业道德与公德、私德混为一谈的现象在减少,而限定于教师职业活动的内容在增加,并且愈加条理化。

第一版教师专业伦理规范中,全文共六条256字,真正关于如何当好老师的内容只占一半左右。其他方面有政治要求、仪表要求等公德方面的规定。即使是职业要求,也没有特别体现教师这一职业的特殊性,如"精益求精,勇于创新"的要求似乎是放之四海而皆准的真理。第二版延续了第一版这一特点,甚至因为字数的压缩（五条204字）,职业性的特征更加被弱化了。但从第三版开始,能够非常明确地看到公德和私德的内容在减少,而职业道德的内容在增加,也在具体化。第三版共八条572个字,其中第二条至第七条都和教师专业活动直接相关。第四版共六条489个字,除了第一条政治要求外,其余都是围绕教师专业活动来进行规范的。

从内容来看,四版教师专业伦理规范对教师职业活动的规范范围也趋于全面。第一版、第二版与教书育人相关的内容不但字数相对少、比例相对低,而且范围也相对狭隘。具体可以总结为三个方面:①执行教育方针;②热爱学生;③热爱学校。但是教师要处理的职业相关问题显然不止以上三个方面。从第三版开始,《中小学教师职业道德规范》更加全面地对教师专业活动的各领域进行了规定。第三版的内容包括教书育人、处理师生关系、提升业务水平、正确处理同事及家长关系,以及廉洁从教。对于如何加强专业能力,第四版在第三版的基础上还加入了终身学习的条目。

## 三、《中小学教师职业道德规范》的发展走向

尽管历经数十年,我国教师专业伦理规范在各个方面都有了很大的进步,但是,我国的规范仍存在不足和改善的空间。

### (一)突出专业核心伦理价值

作为用以指导教师实践活动的规范,欧美许多国家在编制过程中明确框定了几个核心伦理价值,这样教师在参考时就有了更加清楚的概念。同时,在内容上以几个核心伦理价值为划分维度,更加简洁和明晰。如加拿大安大略省的教师专业伦理规范将教师专业核心伦理定义为"关心、尊重、信任、正直"①。新西兰《教师职业道德规范》也明确提出,专业活动需要遵循思想基本准则,包括"自主、公正、负责的关爱"以及"真诚"。澳大利亚南澳大利亚省的规范将教师专业伦理规范的核心价值界定为"正直,责任及尊重"。相比而言,我国的六条准则更像是简单罗列,专业核心价值不够明晰且有失主次。我们建议在教师专业伦理规范建设中应明确界定专业核心伦理价值,突出重点,使规范更有条理。

### (二)明晰专业责任边界

教师这一职业在其专业化的进程中,很重要的一个方面就是专业责任边界的明晰化。长期以来,受几千年传统文化的影响,我国教师的功能被放大化,责任被无限化,角色被泛化,道德标准被圣化,随之而来的必然是专业化发展严重受阻。在这方面,笔者认为美国和英国的教师专业伦理规范有很强的借鉴价值。比较完备的教师专业伦理规范应当涉及四种关系范畴,包括教师与教育事业的关系、教师与受教育者(学生)的关系、教师与其他教师及教师集体的关系、教师与家长及其他相关人员的关系。这也是大多数欧美国家在教师专业伦理规范中所明确列举的四项义务。两国都详细规定了教师专业行为的类型和边界,明确界定了责任。如美国的教师教育协会颁布的《教师伦理规范》中明确规定了教师履行四个义务的对象分别是学生、教学活动、家长及社会。类似地,英国苏格兰地区也将其教师专业行为定义为五个部分,分别是维护专业信任、对学生的责

---

① The Ethical Standards for the Teaching Profession[EB/OL]. https://www.oct.ca.

任、专业竞争力、对同事及家长的专业性、公平及多样性。两国的定义虽不尽相同，但是可以看到除专业活动外，内容并不涉及教师的私德、公德部分，也不涉及政治立场与法律责任等问题。然而，对比我国 2008 版《中小学教师职业道德规范》（包括所有老版），可以看到内容其实包括了公德、私德和职业道德。因此，我国的规范还需要进一步完善，尽量去除与职业不相关的内容。明确对教师专业责任的界定，并且将师德内容限定于教师的专业活动之内，使教师专业伦理规范根本独立于其他道德标准，以便更好地发挥其功能。

（三）完善师德处罚运行机制

专业处罚制度的健全也是教师伦理建设中重要的一环。西方发达国家比较重视在教师专业伦理规范中设置处罚制度的相关条款。如美国明尼苏达州的教师专业伦理规范规定，违反教师伦理道德行为的老师可能在一段时间里会被置于许可试用的阶段，试用期的时间由教学董事会决定。董事会可能会在试用期间对教师的行为进行规范和限制，限制的主要目的是改善老师在有违反教师伦理道德行为的领域内的表现。在这期间，教师的表现或举止将会被提交给董事会或者被任命者重新评价。在试用期中，这些复审的评价会直接影响对教师行为表现的时刻检测追踪的标准。在试用期结束之前，教学董事会有权决定延长或者结束许可试用的情况或者继续实施与伦理道德规则相符的进一步的培训行动。对于违反教师伦理规范的人，教学董事会会暂缓发放或者撤销其教师许可证。当然，对于教师违反道德规范的行为，教学委员会可以采取一项或者多项惩罚措施，但只有当所有用来弥补和矫正的措施用尽了，才能采取这些惩罚措施。虽然目前我国对教师失职师德的行为有了明确的界定，对明显失德教师的处罚有了相应惩罚条例，但是如何具体实施？运行机制如何？还需要进一步深入研究。

（四）加强实践指导意义

尽管与第一版的规范相比，2008 年颁布的第四版《教师专业伦理规范》已经在实践指导意义上有了显著的加强，但是对比欧美等国家的规范，仍然有许多可以改进的地方。例如，新西兰的教师专业伦理规范，在规定了教师在其专业实践内要处理的四个基本关系后，每一条义务下的规定，对于教师来说都是具体可行的指导，如培养学习者能力、全面与平衡地展现课程内容、邀请家长参与对他们子女关心和教育的决策、帮助新教师参与专业活动。但我国的规范中，实际可直接用于专业实践的内容不够详细具体，有许多仍然是原则性的条款，而非对实践活动的具体建议。教师，特别是新教师，很难通过参考《中小学教师职业道德规范》来指导自己的实践。因此,未来我国的教师专业伦理规范应该更加具体,避免泛化与空化,应将原则性的条款转变为描述性的条款,加强其可操作性。

正确理解我国教师专业伦理规范建设的现状与问题,是我们不断对其进行完善的重要前提。对比四版《中小学教师职业道德规范》,可以看到我国教师专业伦理规范正在走向专业化。但是也应该认识到,对比欧美等教育发达地区已经成熟的教师专业伦理规范,我们还有不少需要加强和改善的地方。随着时代的发展,随着对教师专业化要求的提高,作为教师专业化内容重要组成部分的师德专业化也会继续变革和发展。相信在充分参考其他国家已较为完善的规范的基础上,加入符合我国传统师德特色的内容,未来我国的教师专业伦理规范一定能在师德建设方面发挥更大的作用。

# 第 六 章

## 教师专业伦理规范的研究趋向

改革开放以后,特别是1984年《中小学教师职业道德要求》发布之后,我国教师专业伦理规范研究逐步升温,成为教育研究中的热点议题。在众多讨论问题中,人们较为关注传统师德的转化问题。研究总体趋向是强调底线伦理、专业伦理建设,加强师德规范的管理功能。

### 第一节 我国传统师德的崇高化问题

我国素来重视师德。有关师德的言论延续千年,文献汗牛充栋。本章将总体性、一般性地梳理传统师德的基本特征与问题,以及当前师德观念的底线伦理发展趋向。此处"传统师德",既非特指某人某派的专有概念,也并非于现代师德,而是出于概括的需要,指在我国长期存在的、一般性的有关师德的认识或看法。它们有着上千年的历史,也深刻影响着我们今后的师德观念。

#### 一、触不着底的师德虚高症候

师德虚高症候是我国师德建设中长期存在的重要问题。它源于人们对于师德崇高性的偏颇理解。虽然我们确实需要崇高的师德来引导和激励教师,但是将师德无限制地拔高与泛化为所有教师都应达到的标准,认为教师是道德家,追求卓越的道德是理所应当的事,以至于倡导牺牲道德、追求完人化,而脱离、丧失了应有的师德的坚实底线基础。媒体铺天盖地所宣传的皆是处于师德巅峰的"凄美者",崇高的教师皆是牺牲个人利益为教育奉献的命途多舛的形象。电影《美丽的大脚》中的主人公张美丽是个不幸的农村妇女,因愚昧无知失去了丈夫和孩子。为了让"娃儿们"不再愚昧下去,她开办了一所乡村学校。她学识有限却热情执着,把一切都奉献给了学生。然而,她最终的命运却是为了筹集教学资金,因过度劳累在拖拉机上睡着了,因发生车祸而献出了生命。再如,电影《烛光里的微笑》里的主人公王双玲是一位小学女教师,她热爱工作、热爱学生,抱病工作,想方设法扭转一个中途接手的"乱班"。王老师组织学生郊游,在爬山途中,突发心脏病,倒在了学生怀中。2011年央视《走进基层——寻找最美乡村教师》栏目所评选出来的十位最美乡村教师中有七位教师均身患疾病,而且他们即使身患重病仍然坚守在教师岗位上,无怨无悔地为学生们奉献。这些教师都对教育事业充满真挚的情感,拥有为教育事业献身的高尚道德情操,他们的确值得人们爱戴和尊敬。但是,他们工作上的艰辛与生活上的不易是常人无法承受的,为做到这些所牺牲的身体健康和家庭幸福更是难以弥补的。笔者认为,这样的牺牲精神,并非所有教师均能做到的,以此为要求来衡量每一位教师也是不恰当的。然而,这却恰恰反映出当前社会对于师德的价值取向问题——师德崇高化。人们非常推崇教师应该秉着牺牲性道德,为学生、为社会做出贡献,然而,事实上,这是一种"病态"的美德。试问,如果每一位教师都因为教学工作而身患重病、家庭不幸,那么,还会有热心投身教育事业的新教师吗? 以牺牲教师的身体健康与家庭幸福实现的教育事业将如何可持续发展?

师德崇高化在整体上拔高了师德的评价标准,使许多原本无关道德判断的行为、超道德的行为被冠上"不道德"的罪名,从而使广大的教师长期面对"道德压迫"。教师们普遍难以认同过于强调奉献精神和牺牲精神的教师职业道德,调查显示分别有 80.8% 和 74.4% 的教师最为反感树立"牺牲自己的家人家庭,一心扑在事业上"和"不顾个人身体情况,带病坚持工作"。38.8% 的教师反感树立"长期拿出自己的钱物补贴困难学生"的师德形象,这在欠发达地区表现得最为明显。[1]崇高的教师专业道德要求使教师不得不付出身体、心理等方面的代价。我们看到,许多无私奉献型的教师在接受公众的赞美时,他们的个人幸福生活却难以实现。"道德压迫"使他们的身体健康每况愈下,心理压力与日俱增。而且,经常需要牺牲与家人、朋友的相聚时间来实现崇高的师德要求,这对于教师来说是不合理的要求。试问,以牺牲个人幸福来实现崇高师德的教师能有多少? 如此崇高性能维持多久?

除了教师身心方面的压力,高标准的道德使教师的权利与义务也处在不对等的状态。崇高性的师德是不具备现实可行性的,从现代法制角度来说,师德崇高化违背了义务与权利对等的现代法制精神。无私奉献型教师是只讲义务不讲权利的,只要求教师无限付出,却无法给他们应有的回报。教师不仅要履行师德

---

① 李敏,檀传宝.师德崇高性与底线师德[J].课程·教材·教法,2008(6).

规范中对自身政治、经济、法律等方面的义务，还要对学生、同事、教育行政管理人员、家长以及公众负责。负责对象的多样化导致教师伦理职责范围的模糊化，进而使得教师的专业职责变得不清晰，教师的义务范围扩大。能够遵守这样的道德规范的教师毕竟是少部分的，想让每一位教师都成为不断付出而不计回报的无私奉献型教师，这样的道德规范只能是一种美好的道德愿望。

## 二、崇高师德背后的历史因由

我国历来重视教师个人的高尚美德，对于师德一直寄予高要求、高标准。教师被视为道德家。"师"含有"出于其类，拔乎其萃，为众之所长"①之意。产生如此观念的原因是多样的。首先，师德崇高化源于传统道德中的圣人预设，即人人皆可为尧舜。其次，教师存在的意义是传递圣人的伦理之道。再次，身教为传播的最佳方式。最后，师德建设以树立典型为主。

### （一）儒家道德的圣人预设

儒家道德观念的崇高性源于其圣人预设——人人皆可为尧舜，即只要是人就有能力成为圣人。该假设认为每个人均有成圣成贤的能力，那么，社会理应遵循这一规律，以最崇高的道德标准来要求并衡量社会成员，促使每一位社会成员均能达到最高标准的道德。再者，此假设是建立在每个人的道德能力相似的基础之上。② 在借助社会教育的作用之下，处于同一道德起跑线上的每一位社会成员必然能够发挥其能力，达到统一的道德要求。在此假设中，每一位社会成员所具备的道德基础也也是相似的，教育对其的作用也是相似的，在外界因素与个体内部因素都固化的前提下，道德要求也就无所谓高低了。每个人都应朝着达到道德最高要求的方向来努力，也就相当合理了。然而，德育过程是包括多方面因素的，包括学校、家庭、社会的影响，学生自身的主观能动性的影响，以及其他一些潜在的影响因素。学生或者是社会成员的道德修养的形成是一个动态的、复杂的、不断发展的过程，无法用简单化的、固化的思维来解释。

首先，该假设存在的合理性是有失偏颇的。虽然每个人都有成贤成圣的能力，但是因此以最高标准的道德要求来要求与衡量每个人的品德，似乎不是很合理。这就好比我们拿帕瓦罗蒂的音乐成就来衡量一个音乐系的学生的水平，拿

---

① 萧承慎.师道征故[M].台北：师大书苑，2000.
② 但昭伟.多元价值社会与教师道德枷锁的解除[C]//黄藿.教育专业伦理(1).台北：五南图书，2004：51.

郎朗的钢琴水平来衡量一个钢琴学习者的水平。同理,以圣人的标准来衡量每一个人,会令一名普通教师或者是社会成员都会倍感压力。

其次,每个人在道德上的能力是否相似?我们都知道,人类的各种能力是有高低之分的。每个人的语言能力、音乐能力、运动能力等都是有所差异的,但唯独认为人的道德能力是相似的,恐怕难以令人信服。台湾学者但昭伟提出人的道德能力与道德机遇、道德禀赋、道德资本有关,"以儒家为基调的日常道德要求相当高远,而有许多人在道德上的机遇可能不够好,他们在道德禀赋和道德资本的累积不足以让他们来符应高规格的道德要求,所以儒家道德观不能作为日常生活的行动及思维准则"。但昭伟为道德能力的实现提出了比较新颖的观点,也证实了每个人的道德能力不是相似的,一个人能否有较高的道德能力得看他是否拥有较好的道德禀赋和道德资本,在适当的道德机遇中实现其道德能力。①

再次,道德禀赋和道德资本除了先天因素的影响之外,还受后天的外在因素影响。人具有社会性,即使道德禀赋相似,道德能力也会因人生存的环境不同而有所不同。外界因素中,家庭环境是相当重要的。家长秉持积极的教育观念,鼓励孩子积极践行道德行为,为孩子营造崇尚道德的氛围,那么,孩子在潜移默化中受到感化,其道德意识和道德能力就比其他孩子要高。学校教育是影响学生道德能力的重要影响因素,是促进学生道德能力再提高的另一途径。但是,我们必须关注到,学校教育在塑造学生道德能力过程中起到的作用是通过学生的主观努力实现的,如果学生不关心教师所灌输的德育知识,那么即使学校花再多的精力教育也是无济于事的。通过学校教育,每个人的道德能力想要达到同等水平的可能性是极小的。类比其他知识,学校不可能把所有的学生都培养成清华、北大的生,因为每个人的学习能力是不一样的。同理,学生的道德能力也很难达到一致的水平。随着个体身心发展,认知能力的提高,以及受外界环境的影响,个体之间道德能力的差距会越来越大。②

(二)传递圣人伦理的教师功用观

韩愈在论述教师的任务时提出"师者所以传道授业解惑也"(《师说》),教师的职责便是传道、授业、解惑。由于古代教育轻术重道,提倡以伦理为本位,授业、解惑本就离不开道,因此,道也就成了最重要的传授内容。而且,古代教师所

---

① 但昭伟.多元价值社会与教师道德枷锁的解除[C]//黄藿.教育专业伦理(1),台北:五南图书,2004:51-53.

② 但昭伟.多元价值社会与教师道德枷锁的解除[C]//黄藿.教育专业伦理(1),台北:五南图书,2004:56.

安排的教学内容,所使用的教学方法均是为了传播伦理之道。这就奠定了教师的角色乃教诸事而喻道德者,教师存在的意义便是为了传道。从这层意义上讲,在韩愈的观念里,教师的存在价值主要为着高尚的"道统",教师的功用主要在于维护与传递这种道统。

何为"道"?"道"即"尧以是传之禹,禹以是传之汤,汤以是传之文武周公,文武周公传之孔子,孔子传之孟轲,轲之死,不得其传焉"(《原道》)的"古圣人之道"。儒家传统观点对于师德的要求向来遵循"取乎其上"的道德高标。"师者,人之模范也"(杨雄);教师是道德楷模,需要行为示范;教师乃万世师表。人们自然普遍认为,"古道"的内涵颇为高深与崇高,作为圣人之道的传播者,倘若教师自身不具备崇高的道德就无法传播其道。这便是我国传统文化(特别是以儒家文化为代表)历来对教师提出较高的道德要求,使师德逐渐崇高化的原因之一。

### (三)作为最佳传道方式的身教

我国传统道德教育将身教视为最佳的传道方式。"师"被认为是聚善积德,教事喻德的人。以身示教是最好的喻德方式,为了施行良好身教,教师必然要具备较高的道德品质。正所谓"取法乎上,仅得其中",教师必须具有高于学生的道德水准才能成为道德之师。教师不但要认同"道"的价值,同时还应身体力行,实践"道"的价值并为学生做好示范作用。这也是导致师德崇高化的原因所在。我国强调身教的原因主要源于教育施效的观念。一方面,教育施效强调上施下效的教育观念。汉朝许慎在《说文解字》一书中指出:"教者,上所施,下所效。"在《现代汉语词典》(第七版)中,"教"的解释为:"把知识或技能传给人。"教育是通过以身示范的方式以资"效仿"。相比现代教育,古代教育更加强调通过模仿来学习,所以,以身示教的方式一直被视为最佳方式。教师自然是被模仿的对象。因此,在我国的道德教育中,教师不但要认同"道"的价值,同时还应身体力行,实践"道"的价值并为学生做好示范作用。另一方面,教育施效中还有上文已提到过的"取乎其上"的含义,师德的要求尽可能的高,教师本身的师德就会相对高一些,那么学生"仿效"所得的伦理道德自然也相对高一些。

"身教"的方法并没有错,从教育的观点来看,教师若是纯粹只是口头传授一些道德观,自己却不身体力行,学生自然不会信服教师所宣传的道德观念,德育的目的就很难达到。那为什么要质疑"身教"的方法呢?这就要从教师需身教的道德观念的性质来论了。在我国,教师要身体力行的儒家道德观念是一种崇高的道德观念,然而事实上教师很难通过"身教"来实现。但如果坚持使用"身教"方式进行德育的话,这就要求人们不得不降低道德标准,出台一套适合教师"身教"且能达到德育目标的道德观念体系了。

那么,进行道德教育是否必须采用"身教"的方式?"身教"是唯一的德育方法吗?我们认为,在如今倡导多元价值文化的社会中,"身教"并不是唯一的德育方法。在多元价值观念的背景下,儒家道德观念已不是唯一的价值观念,而是一种主流价值观,学生有权利了解各种价值观念。这就对每一位教师提出了相当高的要求,依然按照目前的传统观念来看,教师不仅要了解多种价值观念,而且还要"身教"多种价值观念。显然,教师很难达到如此高的要求。既要让学生接受多种价值观念,又要保障德育的教育目的,"身教"作为唯一的方式已经不是那么合适,这就会导致教学效率低下及难以实现教学目标的问题。既然"身教"很难实现儒家高远的道德观念,而且在多元价值观念的社会中更难实现多元价值观念,那么我们应该适当降低对教师的要求,转变并创新德育方式,教师能做的是让学生了解儒家价值观和其他的一些价值观①。

### (四)以树立典型为主的师德建设模式

我国师德的宣传和教育的方式主要是通过树立典型来实现,即选择一些优秀教师作为模范,通过经验式传授,让其他教师效仿,以达到提升师德的目的。"劳动模范""骨干教师""学习标兵"都是我们所熟悉的"典型"称号。树立典型的观念源于儒家道德观念,"见贤思齐焉,见不贤而内自省也"(《论语·里仁》),"择其善者而从之,其不善者而改之"(《论语·述而》)。孔子相当重视树立道德行为的榜样,如管仲、尧舜等都是孔子认为具有理想人格的榜样。由此可见,树立典型来达到师德的宣传与教育目的是一种古已有之的方法。

师德的宣传与教育效果通常比单纯的书面教育要好得多,这是因为典型的感召力,往往更加形象。但是,目前我国在宣传师德时以树立师德典型为主要方法或唯一方法,缺乏对合格师德的教育与宣传。况且,树立师德典型存在"唯人""拔高""护短"等问题。一是在培养师德典型上存在"唯人"的问题,例如现在的典型往往是领导者在某次视察中所观察到或偶然所发现的,而并非公众所认可的。这样的典型,缺乏群众基础和公认度,想要发挥预期的榜样效应是很难的。二是在宣传师德典型上存在"拔高"的现象:典型往往是一好百好的完美形象,没有任何缺点。在这样的氛围下,不仅使所谓的典型失去了客观性,而且使这些模范教师顶着"榜样光环"却承受巨大的压力,一定程度上影响了他们的工作和日

---

① 但昭伟.多元价值社会与教师道德枷锁的解除[C]//黄藿.教育专业伦理(1).台北:五南图书,2004:56.

常生活。三是在保护师德典型上存在着"护短"的问题：多数人认为模范教师不应该甚至不能犯错误，保护典型就是保住典型，对于他们的错误尽力掩盖，采取大事化小小事化了的方法。其实，这种"捂"缺点的"护短"法，反而破坏了典型的精神，模范教师代表的是某一时期内人们所推崇的一种道德精神，而非模范教师本身所带有的所有道德观念。况且，任何事物都是在不断发展变化的，模范教师也不一定在任何时候都是模范的，我们需要做到的是继承与发展模范教师所代表的道德精神，保持精神的先进性。①

## 第二节　教师专业伦理底线及其论争

### 一、教师专业伦理底线的特征

伦理底线描述的是一种普遍责任。这里的底线不能单纯地理解为道德与不道德的临界线，而是表示一种"很基本的"或"最重要的"的含义。② 将底线伦理视同责任，是为了区分于崇尚崇高道德理想的信念道德。底线伦理不再把关于教育、教师的至善理想追求纳入规范之内，而是专注于进入教师专业需要恪守的最小责任是什么。普遍性主要是指它是普遍地适用于所有人的，是同等地要求所有人的，不允许有任何"主体的例外"是客观性、共识性的伦理规范。再者，底线伦理强调的是一种基本义务。现代"伦理"观念集中指向于具有社会意义、会直接且严重影响到他人和社会的行为及制度，不再把人们对完善的追求或心灵的至高境界视作道德规范和要求。

教师底线伦理是一种不可违反的最低限度的师德要求，在执行当中几乎没有可以商量变通的余地。③ 它是一种普遍主义的义务论，是一种强调基本义务的义务论。所谓"普遍主义"是指规范普遍地适用于所有教师，不论是哪一位教师，都要受同样的师德规范的约束。④ 至于"基本义务"是指这种普遍主义的伦理不再把人们对"至善理想"的价值追求纳入道德原则规范的范畴之内，这样，不仅缩小了师德规范的范围，而且降低了师德规范的要求。但是，正如前文提到的，这并不意味着在"底线师德"中就没有"崇高"。底线师德是一种大多数人在

---

①　刘建国.怎样树立典型[J].思想政治与工作研究,1987(5).
②　何怀宏.底线伦理的概念、含义与方法[J].道德与文明,2010(1).
③　黄向阳.教育专业伦理规范导论[D].上海：华东师范大学,1997:55.
④　何怀宏.底线伦理的概念、含义与方法[J].道德与文明,2010(1).

人多数情况下不难做到的,但是仍然存在并非所有教师都能做到的特殊情况,此时,履行底线师德则就体现出一种崇高,与现在推崇的"病态美"不同,这是一种值得推荐和赞美的崇高。

教师底线伦理与其说告诉教师要去做什么,不如说更多的是告诉教师不去做什么,它也并不意味着教师做什么事都想着义务、规则、约束,而是意味着不论教师做什么事,总是有个界限不能越过。追求崇高的师德也应该从履行基本义务开始。因此,制定教师道德规范时,我们应当从一种普遍的、一视同仁的观点引申出道德的原则规范并努力推广对这些原则规范形成一种广泛的、普遍的共识,即形成一种普遍和基本的义务;同时,我们需要更加明确、全面地指出哪些行为是教师不应该做的。①

具体来说,师德规范应具备以下几个特征:

(1)具体性:明确规定教师的专业行为,具体描述哪些行为属于违反教师道德底线伦理;在语言表达方式上以"不应该""不能"等否定词语为主。

(2)全面性:尽可能地全面涵盖教师所有的专业行为。

(3)可操作性:规范应具备较高的可操作性,便于教师应用于具体教学实践,避免空洞性。

从伦理规范的语言—逻辑规范来说,底线伦理规范一般包含"不得""不许""禁止"等体现道德禁令的规范词,体现了底线伦理的约束功能。

## 二、师德底线建设的律法化倾向

在市场经济条件和开放环境下,某些教师理想信念坍塌、道德操守滑坡,甚至做出侵害学生身体,向学生牟取利益等行为,严重地影响了教师队伍的良好社会形象。出于加强师德管理,警示惩办少数道德沦丧的"害群之马"的目的,强调师德底线建设,师德规范律法化的观点与实践受到愈来愈多的关注,确有加以审视与探讨的必要。

师德规范律法化不是一个概念,而是描述一种业已存在的观点。这种观点批评现有师德规范过于崇高、抽象、泛化,在实践中缺乏操作性,没有起到规约教师言行的作用,因而,主张师德规范应该向法律法规靠拢,强调师德规范应该在表述形式上以法言法语清晰界定教师行为底线,在涉及范围上限于教师专业道德行为,在约束方式上建立强有力的惩处机制。简言之,师德规范律法化就是以法律规范的建设方式改造师德规范。师德规范不足以解决实践中的师德问题,

---

① 何怀宏.良心论[M].北京:北京大学出版社,2009:335-340.

需要以法律的方式驾驭师德。

在教育部发布《中小学教师违反职业道德行为处理办法》之后，一些学校本着从严治理教师队伍的立场，采取律法化的思路制定校级的师德条规。主要表现为，仅采用禁令式的语言规定教师的行为，如教师"不准埋怨、指责学生家长""禁止在课堂上抽烟或使用通信工具"；制定详尽的师德惩处制度，对违反师德禁令的教师进行经济处罚，不予晋升评优，甚至解聘。诚然，我国师德规范存在过于口号化、标语化的弊病，缺乏底线规范建设。用法律的语言方式表述师德规范，能够体现师德规范的严肃性和神圣性。但是，令人担忧的是，以法律规范替代道德规范的师德规范建设观点，极有可能混淆两类规范之间差别，误读师德规范的应用性，削弱师德规范的教育性，造成师德规范的去道德化。

师德规范律法化会导致师德属性与功能的丧失。师德规范作为教师专业领域里的道德规范，有特定的属性与功能。加强师德规范建设的目的就是要彰显其应有的属性，以及充分发挥其全部的功能。然而，师德规范律法化却在强化师德规范管理功能的同时弱化了其道德属性，造成其功能的缺损。

（一）抹杀两类规范的差异，弱化师德规范的道德属性

师德规范律法化的实质是将法律规范作为师德规范的临摹对象，意图实现过于空泛的、无用的师德条文向具体的、强约束力的法律规范转化。然而，法律规范与道德规范是既有联系又有区别的。虽然，有些规范既归属法律规范，也属于道德规范，如"不可杀人"。也有人认为法律以道德为基础，但是，两类规范的区别是显而易见的。首先，二者在范围上有差异。道德规范和法律规范同样起着约束人们行为作用。但法律规范与道德规范相比较，其范围较狭窄。法律规范一般是将严重损害社会和他人利益的行为纳入制约范围，以此维持社会生活的基本秩序。其次，二者在语言表达方式上不同。法律规范是禁令式的，往往以"必须"和"不必须"的句式加以表述，突出了对行为强烈的约束性。道德规范却是劝诫性的，常常以"应该"和"不应该"的句式来表述。虽然法律也能指导人们走向正途，但是法律强调是不做严重有损社会和他人的恶的行为，而道德规范却有一定的温度，它总是期望人们表达出好的行为。再者，二者的约束机制不一样。法律是一种"硬约束"，而道德是一种"软约束"。① 法律规范使用强制的手段来保证其得以贯彻实施，而且这种强制的手段是剥夺性或惩处性的。道德规范有所不同，是借助内在的良心和外部社会舆论来起作用的。人们常常用表扬

---

① 何怀宏.伦理学是什么[M].北京：北京大学出版社，2008：58.

和奖励来鼓励某些道德行为。最后,二者在现实性和理想性的程度上也有差异。虽然,法律规范内涵的司法精神反映了某种社会公平正义的诉求,但是具体的法律规范更多地体现现实性。它总是针对现实生活中的某些具体行为加以约束。法律也因此具有一定的滞后性,法律需要与时俱进,根据社会中涌现的新问题,不断修订完善。道德规范虽然也针对某类具体行为,但明显表现出理想性,希望人们出于某种道德理想来做出行为选择。由此,二者导致的结果也不尽一致。人们遵守法律,可能出于惧怕惩罚,而恪守道德规范则可能出于内心的道德信念。孔子曾说过,"道之以政,齐之以刑,民免而无耻;道之以德,齐之以礼,有耻且格。"(《论语·为政》)我们不难得出结论,道德较于法律更能提升为人处事的境界。

我国现实教育生活中已然存在着调节教师行为的多种规范。其中就有教师应遵守的法律规范和师德规范。这些法律规范和师德规范文本中存在一些交叉重叠情况,尤其是各级师德规范条文中包含着大量的法规、政令等非道德规范的内容,但不能因此将法律规范和师德规范混为一谈。比如,《中华人民共和国义务教育法》第四章第二十九条规定:"教师应当尊重学生的人格,不得歧视学生,不得对学生实施体罚、变相体罚或者其他侮辱人格尊严的行为,不得侵犯学生合法权益。"这是法律强制教师必须履行的规则。违反它就意味着触犯法律,要受到法律制裁。但是,某些教师缺乏教育法律知识,以为它只是教师职业道德规范,从而看轻了这一套规则的重要性,在现实教学中屡有违法行为。这是需要教育行政领导和教育研究者注意的重要问题。师德规范律法化,可能造成师德规范趋向法律规范,出现以法律的方式解决道德问题,或以道德的方式处理法律问题等处理措施匹配错位的结果。

### (二)忽视师德规范的指导功能,抑制教师的道德实践自信

师德规范具有规范教师专业言行,维护教师队伍社会形象的管理功能。除此之外,师德规范还发挥着引领教师伦理实践的指导功能。当代许多国家在制定师德规范的时候无不着重强调这一功能。美国教师教育与认证管理者协会于2015年发布的《教育工作者伦理准则典范》中规定,该典范用于现任和未来教师应对复杂教育问题时,指导教师具备伦理理解和反思能力,以及伦理决策能力。加拿大安大略省在其师德规范文件中指出,教师专业伦理标准有明确教学专业的伦理责任与义务,指导教师专业中的伦理决策与行动。澳大利亚在制定教师伦理规范时强调,规范应激发专业行为,反映专业的荣誉和尊严;确定专业核心价值和责任;指导教师专业的伦理决策和行动。师德规范建设者也认为"伦理规

范并不是用来驯服教师的工具,而是帮助教师反思决策与伦理问题的框架"[①]。

之所以各国将师德规范的功能指向解决专业实践伦理问题,是因为教师的日常专业实践具有复杂的情境性,其中道德的不确定性和冲突大量存在。近些年来的教师伦理研究也表明,教师实践存在"道德模糊"的地带。教师不是每日刻板地执行道德原则,而是面对形形色色的伦理挑战,创造性地做出合乎专业伦理的行动。如同苏联教育研究者契尔那葛卓娃等人所言,"规范向实际运用的转化并不是简单地遵守传统和范例就能做到的,而是与教育道德上的创造性活动相关联。这种创造性活动每次都要求教师独立地做出决定,甚至要求他冒风险,迅速地分析行为、情势和环境"。[②] 师德规范可以告诉我们什么是善的行动,但是在某个时刻认识到什么是善并以此行动,对任何人来说都是不容易的。教师需要具有对教育情境的高度敏感性,体察教育实践的道德意义,创造性地做出伦理决策。没有任何一套师德规范可以应对所有的伦理实践问题或提供完备的答案。教师做出符合伦理的行动,只能参照基本师德价值,主动思考教育情境中的伦理难题,创造性地回应情境中的伦理需要。因此,基于核心道德原则,比基于伦理条规,更能帮助教师进行伦理思考,做出道德行动。

一味地强化师德规范的管理功能,可能忽视教师的真正内在道德动机,让教师只是屈从于遵守规范,以至于失去作为专业人员进行伦理判断的自信。突出师德规范的指导功能,旨在激励教师的内在道德动机,让教师在道德实践中拥有道德自信,建立自信心,做出最佳的伦理决策。师德规范应给教师的道德实践留有自主空间,使他们能够进行自主的伦理判断。倘若将师德规范置换为近似法律的行为规范,那么教师只能忠实地执行规范,创造性地应用规范解决实际伦理问题的空间则荡然无存。

### (三)无视师德规范的教育功能,不利于加强教师道德修养

师德规范不但是约束、鞭策和教育教师的道德手段,也是鼓舞和教育学生的道德手段。[③] 这体现了师德规范的二重性,一方面,师德规范是教师专业存在和发展的需要,是教师较好地履行专业职责的需要;另一方面,教师履职所表达的道德风貌是最为生动的道德教科书。美国学者班杜拉提出,通过对教师言行举

---

① Code of Ethics for the Teaching Profession in South Australia[EB/OL]. (2015-04-23). http://www.trb.sa.edu.au/sites/default/files/Code-of-Ethics.pdf.

② 契尔那葛卓娃,契尔那葛卓夫.教师道德[M].严缘华,盛宗范,译.上海:华东师范大学出版社,1982:215.

③ 黄向阳.教育专业伦理规范导论[D].上海:华东师范大学,1997:34.

止进行的观察学习,是学生道德学习的重要方式。教师行为本身的示范性对受教育者的道德发展水平起着潜移默化的作用。教师的言行尽管只出现微小的偏差,但在眼睛像"录像机"、耳朵像"录音机"、脑子像"电子计算机"的学生面前,就会被成倍地放大,并加以迅速模仿。因为,为了促进学生的道德发展,人们普遍要求师德先于、高于、优于社会一般道德,师德应该比其他职业道德体现出更高的道德水准。制定体现较高道德水准的师德规范有助于引导教师加强自身道德修养,成为学生模仿的道德楷模。

过度推崇师德规范的律法化,可能导致师德规范在道德上的平庸。尤其是以禁令方式表述的师德规范,以消极(即不为,而不是积极作为)的方式规定一些底线行为的要求,如,不准谩骂学生。不作为的行为可能不会造成贬损教师道德的结果,但一定不会引起学生道德学习的动机。因为个人的消极行为难以具备超越群体的温度,不足以引燃学生内心的道德火种。倘若全部的师德规范都是涉及消极行为的准则,那么如何指导教师加强自身道德修养,又如何能让教师用师德激起学生个体道德发展的渴望?

审视师德规范律法化的诸多问题,并非拒斥或全盘否定加强师德底线行为规范的必要,而是要为师德底线规范的建设选择适当的路径。用法律规范取代师德规范不可行,将师德规范降低至底线规范也不可取。二者都会取消师德规范的应有属性与功能。将师德规范中对底线行为的要求剥离出来,单独建设教师专业行为规范是解决问题的可行出路。在第二章里,我们已经讨论过教师专业伦理规范与教师专业行为规范之间的差别。教师专业伦理规范属于专业道德价值的倡议型规范,教师专业行为规范属于专业行为的规制型规范。前者阐明专业的核心道德价值,更多地发挥专业引领功能,而后者详述具体的行为要求,主要用于加强教师专业行为的管理。后者不适合放入教师专业伦理规范或师德规范之中。将二者分开,有助于充分发挥各自的作用。但是,我们不能忽视上述两类规范之间的联系。教师专业伦理规范为教师专业行为规范的制定提供专业伦理基础,教师专业行为规范是基于师德价值拟定的行为标准。离开伦理规范,将丧失判断行为对错的道德标准。总之,我们主张师德规范与教师专业行为规范适当分离,进一步凝练教师专业共享的道德价值观,让师德规范愈发体现道德的意味,成为引导教师专业道德发展,解决专业道德实践问题的有用道德指南,在此基础上建立独立的教师专业行为规范,让教师专业行为规范充分发挥约束教师专业言行的功能,成为惩戒专业行为不端的有用管理工具。

### 三、师德崇高与教师伦理底线的结合

师德虚高症带来了诸多问题,也引起了不少责难之声。有学者认为,教师不可能成为道德家,教师和普通人一样只是一个追求道德完善的"常人"。[①] 也有学者认为,教师德性与学生德性之间只具有逻辑上的必要条件关系,实证层面尚未得到有力的支持。高尚师德仅是一种根深蒂固却不曾深究的理论预设。[②] 在一个多元的社会里,一味地强调教师的道德示范,可能会导致教师将自己认同的道德观念强加于学生,削弱学生的道德主体性,使学生处于道德奴隶的地位。也有学者认为,现代社会是强调权利与义务对等的法制社会,强调教师专业道德的高尚性就违背了权利与义务的对等性,超过了教师所能承受的范围,使教师不得不付出身体、心理等方面的代价,甚至牺牲与家人、朋友的相聚时间来实现,这对于教师来说是不合理的要求。[③] 还有论者认为"'师德崇高性'立场上存在着'抽象'和'不当'的困境"。所谓"抽象"问题,是指在教师职业道德结构组成中,关于教师职业理想的表述过于抽象,以致架空了崇高师德的现实感。所谓"不当"问题,是指对师德崇高性的理解和把握存在误区。"抽象"和"不当"的困境都会使教师在一定程度上存在道德压力,从而影响教学质量和教师个人的生活质量。对于崇高的师德,许多教师是持望而却步的态度。[④] 面对上述对崇高师德的种种诘难,有论者激进地认为,"教师职业道德只是一种底线道德",没有必要对教师提出高度理想化的师德要求。[⑤] 也有论者提出,应加强消极性教师伦理建设,消极性伦理是相对于师德理想层次的积极性伦理要求而言的约束性师德底线。他认为消极性伦理更具优先性。[⑥]

其实,崇高师德和底线师德之间不是非此即彼的极端对立关系,而是一种相互支持的共生关系。这与教育专业特点密切相关。首先,教育属于帮助他者的服务型专业。服务对象的利益是服务型专业人员的第一考虑。为了确保专业人

---

① 甘剑梅.教师应该是道德家吗——关于教师道德的哲学反思[J].教育研究与实验,2003(3).

② 王晓莉,卢乃桂.当代师德研究的省思:与国外教学道德维度研究的比较[J].外国教育研究,2011(6).

③ 杜时忠.教师道德越高越好吗?[J].中国德育,2010(2).

④ 李敏,檀传宝.师德崇高性和底线师德[J].课程·教材·教法,2008(6).

⑤ 甘剑梅.教师应该是道德家吗——关于教师道德的哲学反思[J].教育研究与实验,2003(3).

⑥ 傅淳华.论教师消极性伦理[J].教育发展研究,2012(4).

员在使用专业权力时不至于侵害服务对象的利益,专业人员需要恪守基本的义务。比如,为了保障学生学习自由的权利,《美国教师专业伦理规范》规定了教师"不应毫无理由地限制学生的独立学习和探索""不能毫无理由地阻止学生获得不同的观点""不能蓄意歪曲或压制学科知识,影响学生的进步"。这些"不应""不能"就是美国教育协会规定的教师底线义务。再者,教育是一种特殊的服务型专业。不同于医师、律师专业,它的突出特点是以教师自身作为教育手段去影响学生的发展,尤其是道德发展。在伦理道德上,早慧的中国人极其重视教师品德的道德教育意义,旗帜鲜明地提出"教者必以正",成为一个有道德的人是成为教师的逻辑前提,对教师提出道德品质的高要求实质上是教育专业的内在要求。即便在社会文化发展多元化趋势下,教师也不能放弃以身作则示范社会核心道德价值、基础性道德价值。退一步说,教育交往中师德对学生的道德发展影响是一种客观事实,教师即使做不到以高尚道德引领学生发展,也断不能降低对自身的道德要求,在学生面前暴露为一般人所不能接受的道德瑕疵。因此,成为教师意味着做人的道德水平确实需要高出一般人群。因此,合适的师德建设应该两手抓,底线师德和崇高师德二者不可偏废。一方面要有基本的道德要求,对违背要求的教师进行谴责和惩罚,另一方面应该确立崇高的道德理想,作为广大教师"虽不能至,心向往之"的精神方向和更高教育人生追求的持久动力。①

虽然底线师德和崇高师德建设同样重要,但是,当前重点关注底线师德建设也是十分必要的。首先,底线师德是基础性的,具有逻辑的优先性。② 确立师德底线是师德建设的基础,是促使千百万普通教师成为合格教师的根基。只有言行不跌破师德底线的人才能立足教师行列,才有迈向崇高师德的可能。没有底线师德作为根基的崇高师德,如同没有地基的高楼大厦。我们可以说,底线师德是教师职业生涯和专业发展的起点。底线师德是共识性的,是所有教师应该共同遵守的基本规范,反映了教育专业在社会伦理中的基本水平,也是教师职业赢得社会信任的基础。因此,加强底线师德建设对于教育职业的总体发展具有重要的现实意义。从确保整体师德水平、增强社会对教育专业的信任等方面出发,强调转向底线师德,加强师德的基础性是有意义的。

长期以来,我们比较重视师德的示范功能,认为教师是学生学习的榜样,教师的思想政治素质和职业道德水平直接关系到大中小学德育工作状况和亿万青少年的健康成长。学生需要从教师身上模仿的是社会上普遍需要的优良的思

---

① 檀传宝.当今需要什么样的师德[J].教育,2010(3).
② 何怀宏.伦理学是什么[M].北京:北京大学出版社,2008:90.

想、政治、法纪和道德等各方面的素质,因而一般认为师德应该是拓展性的,应该超越教师职业和道德范围,包括思想、政治、法纪和道德诸方面。①《教育部关于进一步加强和改进师德建设的意见》(2005 年)也明确地将思想政治、法律法规、职业理想、职业道德纳入师德建设的主要内容。这种拓展性的"大师德"观念对师德教育实践产生了很大的影响。每年中小学暑期师德培训成了囊括政治、经济、文化、法律、道德的"大杂烩"。

这种拓展性的师德观念受到一系列质疑。有论者认为师德属于道德范畴,既不是法律,也不是政令,而是教育界内部道德方面的行规。师德有着不同于政治规范、法律规范、礼仪规范的评价标准和约束机制,不能将教师的政治错误、违法行为、失仪举止都纳入"缺德"范畴。② 师德应该有一个清晰的边界。现有的师德规范文本与教师活动中经济、政治、法律、技术等非道德规范相混淆,给师德规范的实施带来了困难。③ 师德应该充分反映教师职业的特点,不能也不应该要求教师的个人道德、家庭道德和其他公共道德。如果将这些道德规范纳入师德,就会冲淡师德的专业特性,不利于我们具体而深入地思考师德的专业特点,不利于设立一套充分体现教育工作要求和特点的专业道德规范。有论者认为解决这一问题的前提是确立向教师专业道德观念的转移。

从上述内容不难看出,师德观念走向回归道德领域,凸显专业特性的趋势。但是,这种走向回归与凸显路线的师德专业化不等于缩小教师的约束范围,细化师德操作规范。这绝不是简单地在原有《中小学教师职业道德规范》中删改"依法执教""爱岗敬业"等所谓的非专业性的条规。师德专业化实质上是师德类型的重构或转型,即从过去专注师德教育功能的德性论师德类型转向作为体现师德服务功能的义务论师德类型。在教育并未成为独立专业形态的社会里,师德更多地承担着教育的任务,其目的是促使教师更好地发挥自身的教育工具价值,通过身教向未成年人传递欲求的社会价值。因此,凡是教育欲求的社会价值,包括政治的、经济的、文化的、道德的,等等,只要学生需要掌握的,都必然成为对教师的要求。因此,前专业化时代,师德关心的是教师全方位的、可供学生仿效的德性品质。这里的德性不限于今天我们一般所理解的道德品性,而是囊括社会生活诸多方面的卓越品性。体现师德服务功能的义务论师德类型是以维护专业服务对象权益为目的,恪守专业义务为特征的师德类型。这一点在《美国教师专

---

① 王逢贤.师德建设的理论思考[J].中国教育学刊,1997(4).

② 黄向阳.师德的边界——兼评电视辩论"先跑老师该不该受到指责?"[J].河南教育学院学报(哲社版),2010(6).

③ 冯婉桢.教师职业道德规范的边界[J].教师教育研究,2009(1).

业伦理规范》中得到了充分的体现。首先,该规范开宗明义,教师专业伦理规范的"核心是确保学与教的自由,让每人都享有平等的受教育权",即为服务学与教而尽义务。这全然不同于拓展性师德所表达的示范某些学生需要仿效的品质。第二,该规范以教师应该对专业、专业服务对象的义务为核心构建。黄向阳将其概括为二分的义务论。具体是,对所教学生负有道德义务,教师应该造福学生,努力促进全体学生全面发展;教师必须公正、公平地对待学生,努力确保所有的学生享有均等的教育机会;教师必须尊重学生的人格、尊严和权利,并在执教过程中付出合理的努力,使学生免受伤害。此外,教师作为教育行业中的一员,还对自己的行业负有道德义务。教师应该忠诚于教育事业,努力维护教师行业以及教师队伍的声誉和利益;教师应该尊重同事同行、恪尽职守。

不可否认拓展性师德的观念也具有积极的意义。它充分体现了师德内在特性——教育性。但是,以此要求所有教师都具备并示范人类社会的一切美好品质,结果是应者寥寥。即便如此要求教师,也只能将其界定为教师的非义务性道德,即是教师可以自主选择而非必须具备的道德。我们可以提倡那些"像仁慈、怜悯、自我牺牲、利他等都是道德上好或者高尚的事情,然而它们不是一个人的义务,人们可以提倡,但不能强制性要求"。由此可见,专业化道德与拓展性师德相较更具必要性、基础性。今天,约束教师不侵害专业服务对象的基本权益比要求教师示范某些德性更为重要,更是一种前提性要求。

# 参考文献

## 中文文献

[1] David Carr.教学伦理[M].张慧芝,陈延兴,译.台北:韦伯文化,2003

[2] 程亮.教育的道德基础——教育伦理学引论[M].福州:福建教育出版社,2016.

[3] 龚兵.角色与追求——美国全国教育协会之嬗变[M].长沙:湖南师范大学出版社,2012.

[4] 何怀宏.底线伦理的概念、含义与方法[J].道德与文明,2010(1).

[5] 何怀宏.良心论[M].北京:北京大学出版社,2009,

[6] 何怀宏.伦理学是什么[M].北京:北京大学出版社,2008.

[7] 黄藿.教育专业伦理(1)[C].台北:五南图书,2004.

[8] 黄向阳.教育专业伦理规范导论[D].上海:华东师范大学,1997.

[9] 贾馥茗.教育伦理学[M].南京:江苏教育出版社,2008

[10] 教育部师范教育司.中小学教师职业道德规范[M].北京:高等教育出版社,2008

[11] 肯尼思·A.斯特赖克,索尔蒂斯.教学伦理(第4版)[M].洪成文,译.北京:教育科学出版社,2007.

[12] 马修·桑格、理查德·奥斯古索普.师德教育培训手册[C].北京:中国青年出版社,2015.

[13] 契尔那葛卓娃,契尔那葛卓夫.教师道德[M].严缘华,盛宗范,译.上海:华东师范大学出版社,1982.

[14] 任顺元.师德概论(第3版)[M].杭州:浙江大学出版社,2005.

[15] 檀传宝,等.走向新师德——师德现状与教师专业道德建设研究[M].北

京:北京师范大学出版社,2009.

[16] 檀传宝.教师伦理学专题——教育伦理范畴研究[M].北京:北京师范大学出版社,2000.

[17] 王丽佳.美国全国教育协会教育专业伦理规范历史演进探析——兼谈教师专业伦理规范建设[D].上海:华东师范大学,2010.

[18] 王正平.教育伦理学[M].北京:人民教育出版社,2019.

[19] 沃夫冈·布雷钦卡.信仰、道德和教育:规范哲学的考察[M].彭正梅,张坤,译.上海:华东师范大学出版社,2008.

[20] 休·索科特.教师专业素养的道德基础[M].王凯,译.福州:福建教育出版社,2018.

[21] 徐廷福.论我国教师专业伦理的建构[J].教育研究,2006(7)

[22] 伊丽莎白·坎普贝尔.伦理型教师[M].王凯,杜芳芳,译.上海:华东师范大学出版社,2011.

[23] 约翰·I.古德莱德,罗杰·索德,肯尼思·A.斯罗特尼克.提升教师的教育境界:教学的道德尺度[C].汪菊,译.北京:教育科学出版社,2012.

[24] 朱贻庭.伦理学大辞典[M].上海:上海辞书出版社,2011.

## 英文文献

[1] Becker L C,Becker C B. (eds. ). Encyclopedia of Ethics[M]. 2nd ed. London: Routledge,2001.

[2] Brezinka W. Belief, Morals and Education: Collected Essays on the Philosophy of Education[M]. Aldershot:Avebury,1994.

[3] Campbell, E.. Let right be done: trying to put ethical standards into practice[J]. Journal of Education Policy,2001(5).

[4] Colnerud G. Ethical conflicts in teaching[J]. Teaching and Teacher Education, 1997(6):627-635.

[5] Crook K,Truscott D. Ethics and Law for Teachers[M]. Toronto:Nelson Education,2007.

[6] Deirdre M S. A Dialogic Construction of Ethical Standards for the Teaching Profession[J]. Issues in Teacher Education,2013(1).

[7] Feeney S,Freeman N K. Ethics and the early childhood educator:Using the NAEYC code[M]. Washington,DC:National Association for the Education of Young Children,2005.

[8] Forster D J. Codes of Ethics in Australian Education: Towards a National Perspective[J]. Australian Journal of Teacher Education,2012(9).

[9] Goodlad J I, Soder R, Sirotnik K A (eds.). The Moral Dimensions of Teaching[C]. San Francisco: Jossey-Bass Publishers,1990.

[10] Kenneth A S,Ternasky P L (eds.). Ethical for Professionals in Education [C]. New York: Teachers College Press,1993.

[11] Nuland S V. Teacher Codes: Learning from Experience[M]. Paris: UNESCO, 2009.

[12] Oser F. Professional Morality: a discourse approach (the case of the teaching profession). //Kurines W,Gewirts J (eds.). Handbook of Moral Behavior and Development, Vol. 2[M]. New Jersey: Lawrence Erlbaum Associates,1991:191-228.

[13] Poisson M. Guideline: For the Design and Effective Use of Teacher Codes of Conduct[M]. Paris: UNESCO,2009.

[14] Rich J M. Professional Ethics in Education[M]. Springfield: Charles C Thomas Publisher,1984.

[15] Soltis J. Teaching Professional Ethics[J]. Journal of Teacher Education, 1986(3):2-4.

[16] Strike K A,Soltis J F. The Ethics of Teaching[J]. 5th ed. New York: Teachers College Press,2009.

[17] Strike K A. The Ethics of Teaching[J]. Phi Delta Kappan,1988(2): 156-158.

[18] Thompson,M.. Professional Ethics and the Teacher:Towards a General Teaching Council[M]. Staffordshire: Trentham Books,1997.

[19] Tirri K,Husu J. Care and Responsibility 'The Best Interest of the Child':relational voices of ethical dilemmas in teaching[J]. Teachers and Teaching,2002(1).

# 后　记

　　我来杭州师范大学工作已有十余年,期间虽参与了多个国家社科基金科研项目的研究,但始终念念不忘教师专业伦理的研究主题。它始终是我的科研自留地,我一直默默耕耘着,自得其乐,便有了这本书。我不敢自诩书中有高见,只是将多年搜集的资料进行了梳理,希望获得一些新的认识。

　　本书虽然只署了我的名字,但并非全部是我个人的心血,而是我与我可爱的学生们一起交流、一起探讨、一起书写的合作成果。在这里,非常有必要写下他们的名字,交代他们对本书所做的贡献。他们是冯婷(合作撰写第四章第一节)、刘智超(合作撰写第四章第二节)、张家雯(合作撰写第三章第一节的部分内容)、张婷(合作撰写第二章第一节的部分内容)、夏佳儿(合作撰写第六章第一节的部分内容)。我或是指导了他们的学位论文,或是与他们合作发表论文。本书中的相关章节均由这些论文的部分内容改写而成。

　　本书仓促草就,多有错漏,还请读者批评指正。

王　凯

2019 年 6 月于杭州师范大学恕园